GWN GLÂN a
BEIBL BUDR
John Williams, Brynsiencyn
a'r Rhyfel Mawr

GWN GLÂN

a BEIBL BUDR

JOHN WILLIAMS, BRYNSIENCYN

A'R RHYFEL MAWR

HARRI PARRI

bwthyn
GWASG Y BWTHYN

I Enlli yn 18 oed |||||||||||||||||||||||||||||||||||||||||||||||||||||||||||||

Cyhoeddwyd yn 2014 gan Wasg y Bwthyn,
Lôn Ddewi, Caernarfon LL55 1ER.

ISBN 978-1-907424-64-9

Dyluniad mewnol gan Dylan Williams

Cyhoeddwyd gyda chymorth ariannol
Cyngor Llyfrau Cymru.
Argraffwyd a rhwymwyd yng Nghymru gan
Wasg Gomer, Llandysul, Ceredigion SA44 4JL

CYNNWYS

PAN elych i ryfel yn erbyn dy elynion, a gweled meirch a cherbydau, a phobl fwy na thi, nac ofna rhagddynt: o herwydd yr ARGLWYDD dy DDUW *fydd* gyd â thi, yr hwn a'th ddug di i fynu o dir yr Aipht.

2 A bydd, pan nesaoch i'r frwydr, yna ddyfod o'r offeiriad, a llefaru wrth y bobl,

3 A dywedyd wrthynt, Clyw, Israel: Yr ydych chwi yn nesâu heddyw i'r frwydr yn erbyn eich gelynion: na feddalhâed eich calon, nac ofnwch, na synnwch, ac na ddychrynwch rhagddynt.

4 Canys yr ARGLWYDD eich DUW *sydd* yn myned gyd â chwi, i ryfela â'ch gelynion trosoch chwi, *ac* i'ch achub chwi.

5 ¶ A'r llywiawdwyr a lefarant wrth y bobl, gan ddywedyd, Pa ŵr *sydd* a adeiladodd dŷ

RHAGAIR

||||||||||||||||||||||||||||||||||||||||

U N O DDYWEDIADAU TAD JOHN WILLIAMS, BRYN-
SIENCYN – a oedd o'r un enw â'i fab – a'i gyngor
i lanc ifanc ar ddechrau'i daith, fyddai gofalu fod ganddo
'wn glân' a 'Beibl budr'. O ran y gwn, y ffroen yn lân
i fedru lladd cwningen neu betrisen gyda rhwydd-
ineb; y Beibl, wedyn, yn fudr oherwydd cymaint
y darllen a'r bodio a fyddai wedi bod arno gyda'r
blynyddoedd. Wrth gwrs, hanner anghenraid
oedd gwn i John Williams, y tad, er mwyn iddo
gael ymborth i'w deulu. Ond i'w fab, daeth hela
yn hobi awr hamdden. Yr un modd, Beibl Cymraeg
1588 a roddodd i'r mab ei feistrolaeth ryfeddol ar yr
iaith Gymraeg. O'r un Beibl, hefyd, y daeth yr alwad
a deimlodd i bregethu'r Gair a gwneud hynny gyda'r fath
grefft ac artistri.

Yna, ddydd Mawrth, 4 Awst 1914, cyhoeddodd Herbert
Asquith, y Prif Weinidog, fod Prydain yn mynd i ryfel yn
erbyn yr Almaen a chaed pedair blynedd a mwy o dywallt
gwaed na fu ei debyg. Yn drigain oed argyhoeddwyd John
Williams, neu fe'i perswadiwyd hwyrach, fod y rhyfel hwn
yn un cyfiawn – os nad yn un sanctaidd. O ganlyniad,
daeth 'gwn', a gynnau, i flaen ei feddwl, a'i 'Feibl' mwyach
i'w ddehongli yn unol â'r amgylchiadau. Penderfynodd
mai ei ddyletswydd bellach fyddai perswadio hogiau ifanc,

*Harri Parri: am adael
y tafoli a'r moesoli am
John Williams i eraill.*

Y Bull Inn a chapel cynnar yr Annibynwyr ym Mrynsiencyn. Golygfa y byddai John Williams yn gyfarwydd â hi. Tynnwyd y llun gan John Thomas, 1838–1905.

wrth y cannoedd ar gannoedd, i ymuno â'r Fyddin fel y gallen nhw gael eu hanfon i faes y gad. O'r herwydd, daeth iddo fwy o amlygrwydd nag erioed. Ond roedd ei ran yn y Rhyfel Byd Cyntaf yn un a oedd i rwygo byd ac eglwys a'i alw'n Herod ac yn sant.

Doedd yr atgofion am y Rhyfel Byd Cyntaf ddim wedi peidio, na'r hunllefau o'i herwydd wedi tawelu, pan ddaeth cofiant iddo o'r wasg yn 1929. Mewn blynyddoedd pan oedd cofiannau i weinidogion yn 'llifeirio o laeth a mêl', a'u gwrthrychau'n ffinio ar fod yn berffaith, rhoddodd R. R. Hughes bortread gonest a theg ohono, a gwneud hynny'n gofiadwy. O wybod mai ar gais y teulu yr aeth ati, mae i'w ganmol fwy fyth am gadw'r glorian yn wastad. Roedd ganddo adnabyddiaeth drylwyr iawn o'i wrthrych: yn blentyn ac yn hogyn ifanc ym Mrynsiencyn pan oedd

John Williams yn weinidog yno ac yna, yn fyfyriwr disglair 25 oed, yn ei ddilyn fel bugail yr eglwys 1896–98.

Ond aeth dros 80 mlynedd, a mwy, heibio er cyhoeddi'r cofiant cynhwysfawr hwnnw. Bellach, mae'n debyg mai dim ond *connoisseurs* y math yna o lenyddiaeth a ŵyr am ei fodolaeth. A pheth arall, mewn cyfrol 307 tudalen dim ond un bennod, 17 tudalen – 'Gwaith Cyfnod y Rhyfel' – sy'n trafod rhan John Williams yn y Rhyfel Mawr a'i gwymp oddi wrth ras, fel petai. Ar y pryd credai naw gweinidog o bob deg, fel yntau, y byddai'r rhyfel hwn, serch ei enbydrwydd, yn ergyd derfynol i bob rhyw ymladd mwy.

Wrth fywiogi'r cyfrifiadur am y waith gyntaf i ysgrifennu peth o hanes John Williams – ei leoli, os byddai hynny'n bosibl, yn y darn o Gymru sy'n ymestyn o ogledd Môn, dros ucheldir Arfon ac i ben draw Llŷn, a'i gyfyngu i flynyddoedd y rhyfel – fy mwriad i oedd nodi'r ffeithiau amdano a fawr mwy na hynny. Yn sicr, doedd yna ddim bwriad i ysgrifennu ail gofiant iddo, pe medrwn, ond yn hytrach llunio math o lyfr lloffion a fyddai'n bortread ohono, yn arbennig felly yn ystod blynyddoedd y Rhyfel Byd Cyntaf. Hynny ydi, gadael i luniau a llythyrau, cofnodion neu atgofion, canmoliaeth a beirniadaeth, a straeon papurau newydd – rhai lleol yn bennaf – adrodd y stori ac nid fi. Doedd dim bwriad chwaith i athronyddu a diwinydda ynghylch cwestiwn oesol rhyfel a heddwch. Gwyddwn mai hawdd iawn ydi rhoi llinyn mesur dros

Roedd rhan John Williams yn y Rhyfel Byd Cyntaf yn un a oedd i rwygo byd ac eglwys a'i alw'n Herod ac yn sant.

bobl a digwyddiadau ddoe o dan amgylchiadau heddiw, ysgrifennu yn ein crwyn ein hunain, megis, am deimladau a phrofiadau, ffaeleddau a rhinweddau pobl oes arall, heb erioed fedru bod yno:

> If in some smothering dreams you too could pace
> Behind the wagon that we flung him in.

Felly, gadael y tafoli a'r moesoli i'r barnllyd a'r rhagfarn-llyd, i rai a chanddynt argyhoeddiadau neu ragfarnau – dyna'r bwriad. Ond 'pe medrwn', ddywedais i. Darllenais, o raid, am frwydrau uffernol fel rhai'r Somme a Verdun, Passchendaele a Gallipoli, a rhai dieflig megis Neuve Chapelle a Trum Aubers, Ypres a Loos; crwydrais yn fy nychymyg drwy Fflandrys a Macedonia; clywais, hyd at ddagrau, alargan 'Joseph y Garn', fel y'i gelwid, am eu mab ffyddlon a chlywed, a dal i glywed, erfyniad ofer y fam honno dros ganllaw'r sêt fawr, 'Paid â mynd, Gito bach, mi lladdan nhw di' – a dyna a ddigwyddodd. 'Pa galon mor galed na thodd?' oedd hi i mi wedyn.

CYDNABOD

||||||||||||||||||||||||||||||||||||||||||||||

G AN MAI'R BWRIAD OEDD LLUNIO MATH O LYFR
LLOFFION a fyddai'n bortread o John Williams, yn
arbennig felly ym mlynyddoedd y Rhyfel Mawr, chwilota
fu hi wedyn am fisoedd hir. O'r herwydd, bûm yn
fwy dibynnol nag erioed ar wahanol sefydliadau
ac ar nifer mwy nag arfer o unigolion, a hoffwn
gydnabod hynny. Cyn belled ag y mae unigolion
yn y cwestiwn, mae'n amhosibl cynnwys
enwau'r holl rai y bûm ar eu gofyn a phob un a
gysylltodd â mi ond gwerthfawrogais yn fawr eu
cymorth a'u caredigrwydd. Ond ceisiais gyfeirio
atynt bob tro y dyfynnwn o'u gwaith – boed
hynny mewn print neu ar lafar – a chydnabod fy
ffynonellau yn y nodiadau sydd ar derfyn y gyfrol.
Yn gefndir, manteisiais yn helaeth ar weithiau beirdd
a llenorion y cyfnod ac ar sylwadau'r rhai a gasglodd a
golygu eu gweithiau, a hoffwn gydnabod hynny.

O ran y sefydliadau, yn Archifdy Prifysgol Bangor y
bûm i'n ymdroi fwyaf; mae yno dri bocsaid o ddogfennau a
mân bethau a ddiogelodd teulu John Williams. Manteisiais
yn fawr ar arbenigedd a chymwynasgarwch yr Archifydd,
Einion Wyn Thomas, a'i gyd-weithwyr: Ann Hughes,
Elen Wyn Simpson a Lynette Hunter; bu'r sgyrsiau yno'n
anogaeth ac yn ysbrydiaeth. Drws nesaf, roedd Llyfrgell y

John Williams (1854–1921):
'Cydnabyddid ef fel y meistr
mwyaf ar areithyddiaeth
glasurol yn y pulpud
Cymreig.' – Y Parchedig
John Edward Hughes

11

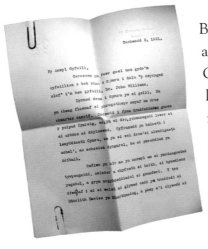

*Llythyr Cymraeg,
dyddiedig 3 Tachwedd,
1921 oddi wrth Lloyd
George yn 10 Downing
Street yn ymddiheuro
na allai fod yn angladd
John Williams:
'Carasswn yn fawr gael
uno gyda'm cyfeillion
o bob rhan o Gymru i
dalu "y deyrnged olaf"
i'm hen gyfaill,
Dr. John Williams . . .'*

Brifysgol a'i chasgliad helaeth o lyfrau, cylchgronau a phapurau newydd. Unwaith y rhoddodd Llyfrgell Genedlaethol Cymru bapurau newydd 1914–18 ar-lein – a dyna gymwynas oedd honno – ni fu'n rhaid teithio mor aml i Aberystwyth. Ond bu'r gwasanaeth, bob amser, heb ei ail. Ond gan mai lleol, i raddau, oedd cylch fy ymchwil, yn Archifdy Gwynedd y gelwais amlaf, ac Archifdy Môn hefyd ar dro, a chael hwylustod cartrefol fel bob amser. Hoffwn hefyd ddiolch i Wasanaeth Llyfrgell Gwynedd yng Nghaernarfon am aml gymwynas. Cadwyd at orgraff y gwreiddiol wrth ddyfynnu.

Unwaith eto, gwerthfawrogais yn fawr gefnogaeth y Cyngor Llyfrau yn olygyddol ac yn ymarferol. Fel gyda'r gyfrol flaenorol, *O'r Un Brethyn*, bu'r un dau'n gefn ac yn gynhorthwy i mi: Marred Glynn Jones, Golygydd Creadigol, a Dylan Williams, y dylunydd. Gwnaeth y ddau lawer mwy na'r gofyn a bu'r cydweithio'n bleser. Gwerth-fawrogais unwaith eto lafur W. Gwyn Lewis yn cywiro'r gwaith ac Arwel Jones yn darllen y broflen derfynol ar fy rhan. Ond Nan, fy ngwraig, fel erioed, a welodd y fersiwn cyntaf gan roi aml gyngor a chynnig sawl cywiriad. Bu Gwasg y Bwthyn yn fwy na pharod i gyhoeddi'r gyfrol a hoffwn ddatgan fy ngwerthfawrogiad unwaith yn rhagor.

HARRI PARRI
Caernarfon 2014

WYLFA MANOR a CHAE'R GORS

S UT DYWYDD OEDD HI FORE MERCHER, 10 MAI 1899, MAE HI'N anodd gwybod. 'Teg a hyfryd am ryw enuyd' oedd proffwydoliaeth *Almanac Caergybi*.[1] Ond o fod yn darogan y tywydd fisoedd ymlaen llaw does dim sicrwydd a wireddwyd y rhagolygon hynny ai peidio. Prun bynnag, 'teg a hyfryd' neu wynt a glaw, y bore hwnnw roedd pentref Cemaes, ar arfordir gogleddol Ynys Môn, yn barod am ddigwyddiad y flwyddyn – os nad y blynyddoedd. Yn ôl *Y Genedl Gymreig*, 'Ni welid tŷ yn y cylchoedd nad oedd yn chwifio baner i ddathlu'r amgylchiad'.[2]

Nid ei bod hi'n dawel o bell ffordd yn Amlwch, y dref agosaf. 'Doedd y stesion yn fwg ac yn dân – yn llythrennol felly – er y noson flaenorol: trenau'n cludo gwahoddedigion o Lerpwl i Fôn a'r orsaf o dan ei sang. A chwarae teg, doedd yna'r un bwlch yn y trefniadau. Ar y platfform roedd gŵr o safle 'Mr J. Matthews, Y.H.' yn barod i gyfarwyddo'r ymwelwyr ac egluro'r trefniadau oedd yna i'w cludo nhw'n ddiogel i ben eu taith – er y byddai trafferthion yn bosibl. Wedi gadael Amlwch, mewn coets neu gar a cheffyl, fe allai oglau brwmstan gwaith copr Mynydd Parys gyrraedd eu ffroenau, hyd at lynu wrth eu gwisgoedd. A phetai hi'n od o wyntog, wedyn, byddai'n ofynnol i'r merched roi rubanau dros eu hetiau a'u clymu o dan eu genau. Wedi'r cwbl, doedd hon, o bob un, ddim yn briodas i fynd iddi yn drewi neu'n bennoeth.

A PHRIODAS OEDD YR ACHLYSUR

Yng nghapel Bethesda, Cemaes, y gweinyddwyd y briodas, ddydd Mercher, 10 Mai 1899, ac roedd yno 150 o wahoddedigion. Y briodferch oedd Edith Mary Hughes, merch ieuengaf David Hughes a'i briod, Wylfa, Ynys Môn a Winterdyne, Lerpwl; y priodfab oedd John Williams, gweinidog eglwys frigog Princes Road yn yr un ddinas. Roedd David Hughes yn un o'r adeiladwyr mwyaf llwyddiannus a welodd Lerpwl a'r priodfab yn un o bregethwyr amlycaf ei enwad, a thu hwnt.

Yr unig air anghymharus yn yr adroddiad pum gair ar hugain a ymddangosodd yn *Y Goleuad* oedd 'ieuanc'.[3] Yn ôl y dystysgrif, roedd y priodfab yn 43 mlwydd oed a'i briod yn 31 mlwydd. Ond y gwir amdani oedd fod John Williams wedi dathlu'i ben-blwydd yn 45 oed noswyl Nadolig y flwyddyn flaenorol. Collodd ddwy flynedd a phedwar mis yn rhywle ar y daith ond nid o fwriad – gobeithio.

Ond sawl 'Gweinidog Methodus' arall a welodd hanes

Agorodd cysylltiadau priodasol John Williams lwybrau gwahanol iddo a chafodd gyfeillion newydd. Oni bai am hynny, hwyrach y byddai ei ran yn y Rhyfel Byd Cyntaf wedi bod yn un llai amlwg a llai dylanwadol.

ei briodas mewn rhifyn o'r *Lady's Pictorial*? Cysylltiadau dosbarth canol teulu'r briodferch a barodd hynny. Anelu'n uniongyrchol at ferched o'r dosbarth hwnnw, os nad uwch na hynny, oedd bwriad y cyfnodolyn, gyda phwyslais ar ffasiynau'r dydd. Roedd yr ieithwedd yn union at ddant a deallusrwydd teuluoedd o'r fath. A diau fod rhai o'r brethyn hwnnw, os nad amryw ohonynt, ymhlith y selogion yn Princes Road ac wedi'u gwahodd i'r briodas:

The bride, who was given away by her father, was attired in ivory duchesse satin trimmed with chiffon, pearls, and orange blossoms, and wore a tulle veil and wreath of the same flowers. Her train was carried by her two little

Yn ôl cofiannydd John Williams, 'Dedwyddwch perffaith a fu iddo yn ei briodas.'

Heb gysgod gwên! I'r chwith i'r briodferch mae David Hughes, ei thad. Yna, i'r chwith eithaf, ar bwys ei ffon, John Williams, tad y priodfab. Yn nes i'r môr, dau swil i gamera, hwyrach, neu am gael sbéc ar bethau ond heb wahoddiad.

Edith Mary Hughes
ifanc, yn hardd ei
gwedd a hyfryd ei gwisg.

nieces, the Misses Phyllis and Edith Venmore, in white satin Liberty frocks and quaint bonnets of fancy straw trimmed with chiffon and white plumes . . . Bolland's of Chester supplied the wedding cake.[4]

Eto, o'r holl adroddiadau am y briodas a gyhoeddwyd, yn y ddwy iaith, y mwyaf lliwgar o ddigon oedd un Peredur yn y golofn 'Manion o Lanau Mon' yn *Baner ac Amserau Cymru*.[5] Nid gohebydd arferol y wasg Gymraeg mo Peredur, un yn bodloni ar esgyrn stori yn unig. Manteisiodd ar ei ofod i fynegi rhagfarn a chynnig ychydig gynghorion, a mentro, yn y dyddiau difrifddwys hynny, ar fymryn o hiwmor. Wedi tanlinellu mor 'eithriadol' oedd y digwyddiad, mynegodd ei obaith y byddai'r amgylchiad yn symbyliad i eraill i deithio i'r un cyfeiriad. Yn ogystal, roedd yn dda ganddo weld bod y 'capel wedi ei baentio' at y digwyddiad, 'yr oedd arno fawr angen am dani er's llawer dydd'. A dirgelwch iddo oedd 'paham yr â pobl o'r wlad hon mor bell â Bournemouth am eu mis mêl' – ac mi wyddai'n ddiamau mai yno yr oedd Edith Mary a John Williams yn bwrw'u swildod – a mannau fel Porth Llechog a Bae Cemlyn ar garreg eu drws.

Stori 'O'r Caban Pren i'r Tŷ Gwyn' oedd un David Hughes, tad yng nghyfraith John Williams, ac un oedd yr un mor chwedlonol: y mab tŷ capel o Gemaes, Môn, na chafodd fwy na blwyddyn o ysgol, a'r prentis saer a hwyliodd yn ugain oed ar long fechan o Amlwch i Lerpwl gyda dim ond hanner coron yn ei boced. Bûm yn ddigon ffodus i gael sgwrs efo Gwilym Jones, un o bentrefwyr Cemaes, ac un sydd wedi olrhain ei hanes. Cafodd gryn wybodaeth gan y diweddar Owen Griffith, un o wyrion John Williams. Ymddiddorodd Owen yn yr etifeddiaeth a bu'n fwy cyfrifol na neb, dybiwn i, am drosglwyddo dogfennau, toriadau papurau newydd a lluniau i ofal Archifdy Prifysgol Bangor.

Wylfa Manor, cartref Edith, dyweddi John Williams, gweinidog Princes Road, Lerpwl, a phlentyn Cae'r Gors gynt. Saif atomfa'r Wylfa ar union sail y Manor erbyn hyn.

Fel y nodwyd, roedd David Hughes yn adeiladydd eithriadol o lwyddiannus. Gyda'r blynyddoedd, yn ôl Gwilym Jones, cododd siopau, ystordai a strydoedd ar strydoedd o dai gan enwi rhai ar ôl y merched yn ei deulu a mannau yn ei hen ardal ym Môn – Wylva, Kemlyn, Skerries. Cyn y diwedd roedd yn berchen 1,229

o adeiladau mewn 63 o wahanol strydoedd a'r rhent blynyddol, yn 1870, yn gyfwerth â £750,000 heddiw. Yn y diwedd, roedd ei ystâd yn werth £14,000,000. Ar ôl dros ddeugain mlynedd yn troi cerrig yn fara, dychwelodd i Fôn i godi plasty iddo'i hun a'i deulu ar Drwyn yr Wylfa, gyda'i draeth preifat, a'i alw yn Wylfa Manor. Arfer y teulu oedd treulio'r gaeaf yn Lerpwl, mewn tŷ moethus ddigon o'r enw Winterdyne, yn agos i Barc Newsham. Yna, pan ddeuai'r haf, mudo i Gemaes. Ac ym Methesda, Cemaes, y bu'r briodas.

Ond, fel amryw o'i debyg, bu David Hughes yn eithriadol o hael a chefnogol i fyd crefydd ac i waith dyngarol – a hynny ym Môn fel yn Lerpwl. Cododd gapel yn y ddinas ar ei gost ei hun ar gyfer y Cymry a chyn y briodas adeiladodd neuadd bentref yng Nghemaes a'i chyflwyno'n rhodd i'r pentrefwyr. Yn wir, ei ddiddordeb yn y neuadd, fel un o'r ymddiriedolwyr, a barodd i Gwilym Jones benderfynu diogelu peth o hanes y sawl a'i cododd. Ond wedi codi maenordy a neuadd roedd ganddo ddigon yn weddill i sicrhau priodas i'w chofio i'w ferch hynaf â'i darpar briod. Ac roedd yna ragor i ddod i'r ddau.

Ceir rhestr o gyfraniadau 70 o deuluoedd capel Bethesda, Cemaes, a gyfrannodd arian yn anrheg priodas i 'Miss E. M. Hughes, Wylfa' a'r symiau'n amrywio o bunt y teulu i geiniog yn unig.[6] Ac yn 1899 roedd punt yn swm teidi dros ben ac yn anrheg hael ryfeddol. Ond, yn ôl *Y Genedl Gymreig*, roedd 'Miss Hughes' eisoes, noson cyn ei phriodas, wedi cael ei anrhegu ar ran y capel â 'silver afternoon tea service hardd'. Ac roedd yna fwy fyth i ddŵad: 'Deallwn yr anrhegir Mr a Mrs Williams gan gynulleidfa Princes' Road, Lerpwl, ar eu dychweliad'.[7]

Ymhlith y defnyddiau a ddiogelwyd mae yna gerdd Saesneg, dafod yn y foch – wedi cael ei fframio – a dderbyniodd y briodferch gan 'ffrind' iddi a ddymunai aros yn ddienw:

A few lines to Mrs John Williams concerning marriage:
Let not dear Edith now a wife
Bid all her cares adieu,

Yn 1899 hefyd:
— Mae Felix Hoffan yn creu patent ar aspirin ac mae Byer yn cofrestru'r enw fel enw masnach.
— Mae Prydain yn dal i ymladd yn Afghanistan.
— Perfformir *Enigma Variations*, Edward Elgar, am y tro cyntaf yn Llundain.
— Mae Rhyfel y Boer yn parhau.
— Agorir adeilad newydd y Glasgow School of Art, adeilad o waith Charles Rennie Mackintosh.

Comforts there are in married life –
Yet there are crosses too.[8]

Ni welodd cofiannydd ardderchog John Williams, R. R. Hughes, un a wyddai'n dda iawn, iawn am y teulu, unrhyw arwydd o'r croesau hynny: 'Dedwyddwch perffaith fu iddo yn ei briodas ac yn ei holl gysylltiadau teuluol'.[9] Ond hwyrach fod yna beth goreuro yn y math yna o ddweud.

'CHRISTMAS BOX' I'R CYFUNDEB

Ond magwraeth gyffredin a gafodd y priodfab. Treuliodd John y degawd cyntaf – y degawd mwyaf dylanwadol, hwyrach – gyda'i rieni, a chwaer ei fam, mewn tyddyn o'r enw Cae'r Gors. Mae gan bregethwr a gweinidog arall o Fôn, ac un a fu'n weinidog ym Mrynsiencyn – Gerallt Lloyd Evans – ddiddordeb ysol yn John Williams. Y fo aeth â mi i ardal y Parc ym mhlwy Llandyfrydog i chwilio am fan ei eni. Os mai tyddyn oedd o ddoe, mae'n dŷ moethus yr olwg heddiw, yn ei libart ei hun, ond yn swatio yng nghysgod hen waith copr Mynydd Parys.

Dim ond yn awyrgylch crefydd ddiwygiadol y cyfnod mae deall amcanion a breuddwydion ei rieni ar gyfer eu hunig fab, ac ymateb parod y mab hwnnw i'r dylanwadau hynny. Aeth ei gofiannydd ati i drafod y fagwraeth honno'n fanwl, 'Ym mwriad John Williams [y tad], pregethwr

Fel gyda rhai egin bêl-droedwyr yn ein dyddiau ni cafodd 'John Cae'r Gors' ei brentisio o'r crud ar gyfer bod yn bregethwr. A'r Cyfundeb oedd dewis dîm ei dad.

oedd John o'r dydd y ganed ef; arferai ddywedyd iddo benderfynu ei roddi yn *Christmas Box* i'r Cyfundeb'. Yn academaidd, wedi cyfnod mewn ysgolion ym Miwmares a Phorthaethwy a choleg ei enwad yn y Bala, llwyddodd yn anrhydeddus – yn anrhydeddus hwyrach, yn fwy na disgleirio.

    O ran adloniant, wedyn, magwraeth awyr agored a gafodd John y plentyn. Roedd ei dad, fel yntau'n ddiweddarach, yn ddyn ci a gwn. Ymddengys fod elfen gwn ynddo o'i ddyddiau cynnar yng Nghae'r Gors, elfen a frigodd i'r wyneb wrth iddo hela'n blentyn gyda'i dad ar lethrau Mynydd Parys. Disgrifid y tad fel 'un sgut am bry'. Hel

'Ysgol Holmes', fel y tybir. Dyfalwn mai John Williams yw'r ail o'r chwith yn y rhes flaen.

tamaid i'r teulu o amgylch y mynydd – ffesant neu betrisen, cwningen neu sgwarnog, dyweder – dyna oedd ystyr hynny. Ac yn rhyfedd iawn, pan oedd Gerallt a minnau'n cael cip ar yr hen gartref, beth groesodd lawnt Cae'r Gors, 'A phob goludog liw a fu / Yn mynd a dyfod hyd dy gefn', ond clamp o geiliog ffesant. 'Petai John Williams yn fyw,' meddai Gerallt, 'mi fydda hwnna 'di cael clec i ti.' Mor wir y gair. Ond mewn blynyddoedd diweddarach a brasach aeth hela i John Williams, boed lwynog neu ffesant, yn fwy o hobi nag o anghenraid. Wedi'i briodas daeth 180 cyfer o borfeydd gwastad, toreithiog Wylfa Manor yn faes hela delfrydol iddo.

Erbyn dydd ei briodas, ac yntau'n ganol oed, roedd gan John Williams ei statws ei hun a hynny ar sail ei ddoniau mawr a'i gyraeddiadau. Yn 24 oed aeth yn fugail eglwys, taledig – galwedigaeth weddol ddiarth ar y pryd – i Frynsiencyn ar lannau'r Fenai ym Môn a gwneud llwyddiant mawr ohoni, cymaint felly nes i 'Frynsiencyn' aros yn fath o enw brand arno weddill ei ddyddiau. Fel 'John Williams Brynsiencyn' y cyfeirid ato'n amlach na pheidio.

Ond bedair blynedd cyn diwrnod ei briodas roedd wedi cefnu ar Frynsiencyn a symud i Lerpwl i fugeilio eglwys ddethol Princes Road, ac ni chafodd ymadael yn waglaw. Mae yna albwm hardd, dyddiedig Ebrill 1895, yn cynnwys, 'Enwau cyfeillion a dansgrifiasant tuag at Dysteb cyflwynedig i'r Parch. John Williams ar ei ymadawiad o

Wedi rhoi Brynsiencyn ar y map ymadawodd â Môn am ddinas Lerpwl. Fel gyda'r Frenhines Mari a'r gair 'Calais' roedd 'Brynsiencyn' wedi'i argraffu ar lech ei galon.

Ar y pryd, wyddai neb
ei fod yn ymadael i
ddychwelyd – serch iddo,
ar awr wan, honni mai
yno y byddai ei fedd.
Mae'r gair 'Cyfeillion'
yn arwyddocaol.

Brynsiencyn': 308 enw i gyd ac aelodau Horeb yn bennaf.[10]
Erbyn 1899, blwyddyn priodas John Williams, roedd gan
eglwys Princes Road dros fil o aelodau a'r 'theatr', meddir,
yn orlawn i wrando pregeth – hyd yn oed at orfod cario
meinciau i mewn a'u gosod yn y llwybrau.

Ond, a'r briodas yn dal yn ifanc a thri plentyn bychan
ar yr aelwyd – Dilys Edna, John Merfyn a Miriam Jane
Evrys – roedd John Williams i ddychwelyd i'w hoff
Frynsiencyn. Unwaith eto, ni chafodd ymadael yn waglaw.
I'r gwrthwyneb yn llwyr, a chan Gerallt Lloyd Evans y
cefais i'r hanes a hwnnw'n dod o lygad y ffynnon:

Map labels: I / Wylfa Head / Mynydd y Wylfa / C E M A E S / Porth Wnal / Ynys yr Ŵyn / B A Y / Trwyn y Galen-ddu / Lifeboat Station / Porth yr Ogof / Porth y Galen-ddu / GALEN-DDU / Porth y Gwartheg / TY'N Y MAES / WYLFA / Porth y Wylfa / Stones / Porth y Pistyll / SKERRIES VIEW / Porth-pistyll

NOTE.—This Plan is based upon the Ordnance Survey Map with the sanction of the Controller of H.M. Stationery Office.

NOTE.—This Plan is published for the purpose of identification only, and, although believed to be correct, its accuracy is not guaranteed.

Cynllun o ystâd Wylfa
a digon o le i
John Williams saethu –
ar awr hamdden.

'Am fod gynnoch chi gymaint o ddiddordeb yn 'y nhad,' meddai Mrs Dilys Griffith, wrth wneud lle ar y bwrdd cinio, 'mi ddangosa i rwbath ichi.' Cist arian oedd hi a llun o gapel Princes Road ar ei chaead addurnedig, a'r llun mor fyw a da nes y dychmygwn weld John Williams yn cyrraedd yng nghwmni'r llu addolwyr, a sŵn siffrwd

sidan y merched yn llenwi'r cynteddau. Ac wrth y gist
fe gaed memrwn cain a swyddogion yr eglwys fawr wedi
arwyddo eu henwau arno a mynegi eu gwerthfawrogiad
o weinidogaeth John Williams. Fu erioed y fath rodd . . .
Ar nos Sul, 18 Mawrth 1906, pregethodd John Williams
ei bregeth olaf fel gweinidog Princes Road a chynulleidfa
o 1,500 yn gwrando arno. Profiad a arhosodd yng
nghalon ac enaid Dilys, gydol ei dyddiau, oedd ei thad
yn ei chodi yn y sêt fawr fel arwydd o ffarwél, a'r môr
o wynebau o'i blaen hi. Cwta bump oed oedd Dilys y
dwthwn hwnnw.[11]

David Hughes, tad-
yng-nghyfraith John
Williams, yn ei henaint.
Bu David Hughes farw
12 Mawrth 1904 yn
84 oed.

Yng ngoleuni'r briodas freintiedig honno a weinyddwyd
yng Nghemaes, Môn, ym mis Mai 1899, a'r hyn a ddig-
wyddodd o ganlyniad i hynny, y mae deall peth o hanes
John Williams o hynny ymlaen. Agorodd y cysylltiadau
priodasol lwybrau gwahanol iddo a chafodd gyfeillion
newydd. Oni bai am hynny, hwyrach y byddai ei ran yn
y Rhyfel Byd Cyntaf wedi bod yn un llai amlwg a llai
dylanwadol. Fel y nodwyd yn y Rhagair, roedd ei ran yn
y Rhyfel Byd Cyntaf yn un oedd i rwygo byd ac eglwys a'i
alw, gwaetha'r modd, yn Herod ac yn sant.

I'R GAD, FEIBION GWALIA

Y N ÔL YR HEN DDYWEDIAD: PAN DDAW'R AWR, FE
DDAW'R DYN. Felly roedd pethau yn hanes John
Williams, Brynsiencyn, a'r Rhyfel Mawr: yr awr wedi
cyrraedd, a'r awr a'r dyn yn ffitio'i gilydd fel maneg am
law. Ar ddechrau'r rhyfel rhoddodd *Y Brython* ddisgrifiad
swydd o'r math o ddynion a allai ennill porthiant i'r
fyddin: gweinidogion 'â thipyn o fin yr iaith ar eu tafodau
a grym meddwl ar eu brawddegau'. Yna, ychwanegu bod
'araith gan un o feistriaid y gynulleidfa, a mer yr efengyl tu-
ôl iddi yn werth troliad o gymhellion Seisnig o'r Senedd'.[1]

Ar y pryd, oedd yna Gymro arall a fedrai fod wedi
ateb y gofynion yna'n well na 'Brynsiencyn'? Mae'r nodyn
Saesneg a anfonodd Alfred Edwards, Archesgob Cymru,
at ei weddw wedi iddi ei golli yn tanlinellu hynny: 'It
was to that distinguished soldier, General Cuthberston,
that I owe the pleasure and privilage of first knowing Dr
John Williams, the power he wielded over a gathering of
Welshmen was more than magnetic, it was magical'.[2] (Ond
rhyfedd meddwl, serch hynny, mai milwr o'r hen ysgol,
Edward Boustead Cuthberston, a ddaeth â'r pregethwr

Gyferbyn:

Annibyniaeth pwy?

Y 'Gwledydd Bychain'?

Poster Rhif 148 W

16434/763 gan y

Pwyllgor Recriwtio

Seneddol. Defnyddiwyd

yr un ddelwedd mewn

poster Saesneg yn ogystal.

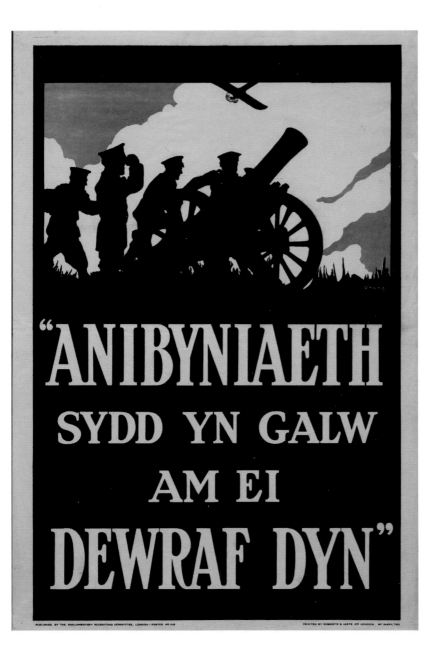

mawr a'r Archesgob i berthynas â'i gilydd am y waith gyntaf.) Mae cofiannydd John Williams yn cytuno â'r Archesgob, ac yn mynd gam ymhellach: 'Pe penderfynasai John Williams arwain yn erbyn dwyn arfau . . . gellir dychmygu am Ogledd Cymru, o leiaf, yn cymryd cwrs gwahanol i'r hyn a gymerodd ynglŷn â'r Rhyfel Mawr.'[3] Pe byddai hynny wedi bod yn wir, byddai bywydau cannoedd ar gannoedd o hogiau ifanc ar y darn tir y bûm i'n ei gerdded i ddilyn yr hanes wedi cael eu harbed.

Dydd Mawrth, 4 Awst 1914, y cyhoeddodd Herbert Asquith, y Prif Weinidog, fod Prydain yn mynd i ryfel yn erbyn yr Almaen. Yn y gyfrol *Chronicle of the 20th Century* ceir llun llond stryd o wŷr ifanc y Ddinas yn chwifio'u hetiau i uchder nef ac yn rhuthro am y swyddfa gofrestru agosaf i law.[4] Mae'n debyg i gynifer â 100,000 ymuno o'u gwirfodd yn ystod deng niwrnod cyntaf y rhyfel.

Un bwriad oedd amddiffyn y 'gwledydd bychain'. Bu amddiffyn hawl y 'gwledydd bychain' yn nodyn y bu John Williams yn ei daro'n gyson, yn neilltuol felly ar ddechrau'r rhyfel. Wrth i filwyr yr Almaen ymdeithio'n fygythiol ar draws gwlad fach Belg ar eu tramp i oresgyn Ffrainc bu creulonderau mawr. Er enghraifft, llosgwyd a dinistriwyd trefi fel Liege, Dinant a Louvain, a lladd nifer fawr o'r trigolion. A dyfynnu'r Ysgrythur, 'gwreichionen fechan' oedd honno a roddodd 'goedwig fawr ar dân'. Yr ymateb oedd llygad am lygad, yn arbennig, hawlio pris am y plant a losgwyd neu a laddwyd. Ac roedd yna nifer o

Nid nad oedd tân wedi ei gynnau ddiwedd Mehefin, pan lofruddiwyd Archddug Franz Ferdinand a'i wraig yn Sarajefo.

erchyllterau tebyg, a gwaeth, i ddilyn:

> Plant bach tlysion Belgium laddwyd,
> Chwalwyd hwy ar hyd pob gwlad.
> Plant y *Lusitania* foddwyd
> Heb drugaredd – creulon frad!
> *Ddaw dydd dial plant y dagrau?*
> Daw medd lleisiau nef a llawr,
> Deil cyfiawnder at ei hawliau,
> Llwyr y dial Duw ryw awr![5]

Meddai Gerallt Lloyd Evans, yn cytuno i raddau â safbwynt John Williams:

> Mae hi'n anodd peidio â chredu fod yna egwyddor go sylfaenol yn sail i safiad John Williams ynglŷn â'r Rhyfel Mawr, sef yr egwyddor o achub cam Gwlad Belg. Yn ei hanfod, egwyddor Gristnogol yw hon, sef ceisio adfer rhyddid, hawliau cynhenid ac 'integrity' y sawl sydd dan orthrwm – boed unigolyn neu genedl. Dichon i John Williams gael ei gario gan lif meddylfryd imperialaidd y dydd ac ymchwydd milwrol yr ymerodraethau, a hynny'n enbyd o rymus; eto, fe welai ef yn yr heldrin waedlyd hon rhwng 1914 ac 1918 a hagrwch pethau a'r 'rhwyg o golli'r hogiau' ryw egwyddor brydferth ar waith. Ni fynnai ef ysgaru hon oddi wrth deithi meddwl y ffydd Gristnogol.[6]

Cerdyn post propaganda Ffrengig a ddengys Kaiser Wilhelm II yn brathu'r byd. "Y glwth – rhy galed" yw ystyr y geiriau.

Ond, fel yr awgrymais yn barod, credai John Williams,

yn gwbl ddidwyll, hyd y gwn i, fod y rhyfel yn un cyfiawn os nad yn un sanctaidd. Mae'n debyg mai yn ysbryd ac yn nhermau rhyfeloedd yr Hen Destament y dehonglai'r amgylchiadau. Meddai unwaith: 'Wynebais yr holl gwestiwn mor onest ag y gallwn gerbron Duw ar ddechrau'r Rhyfel, a deuthum i'r casgliad mai fy nyletswydd oedd gwneuthur popeth a allwn i helpu fy ngwlad ac i ennill y fuddugoliaeth i Brydain'.[7] Argyhoeddodd ei hun nad oedd dysgeidiaeth y Bregeth ar y Mynydd am 'garu gelynion' yn berthnasol nag yn bosibl o dan amgylchiadau eithriadol y cyfnod.

Amgylchiadau eithriadol neu beidio, y syniad oedd mai rhyfel byr-dymor fyddai hwn ac y byddai drosodd mewn ychydig fisoedd. Dyna bropaganda llywodraeth y dydd a dyna gred Lloyd George a oedd yn aelod o'r Cabinet. (Yn ddiamau, byddai'n chwith iawn ganddo wybod mai *The War that Ended Peace* a ddewisodd ei orwyres, Margaret MacMillan, yn deitl i'w chyfrol am y Rhyfel Byd Cyntaf.)[8] A neges felly glywodd T. C. Simpson o enau John Williams ei hun ar sgwâr Llangefni: 'Dwi'n cofio'r Parch John Williams yn sefyll mewn car agored o flaen Gwesty'r Bull yn Llangefni, yn gwaeddi ar i'r hogiau joinio'r fyddin oherwydd na fyddai'r Rhyfel yn para'n hir iawn. Roedd awydd gan nifer ohonom i ymuno er mwyn cael siwt Khaki a meddwl ei chael hi'n braf ac na fyddai isio gweithio.'[9] Dau bennawd ar yr un ddalen o'r *Wyntyll*, ddeufis wedi i'r rhyfel dorri allan, oedd 'Y Frwydr Fawr ar

Yr ydych chwi yn nesáu heddiw i'r frwydr yn erbyn eich gelynion: na feddalhaed eich calon, nac ofnwch, na synnwch, ac na ddychrynwch rhagddynt. Canys yr Arglwydd eich Duw sydd yn myned gyda chwi, i ryfela â'ch gelynion trosoch chwi, ac i'ch achub chwi. —
Deuteronomium **20**

Droi' a 'Buddugoliaeth yn ymyl'.[10] 'Drosodd cyn y Nadolig' oedd proffwydoliaeth amryw o bapurau newydd y cyfnod.

Roedd nifer mawr, meddir, mewn hast i ymuno er mwyn cael manteisio ar y profiad cyn i'r brwydro ddod i ben. Fel y soniodd Monwysyn dawnus arall, Ifan Gruffydd, roedd yna ramant yn yr apêl a siawns oes i newid byd:

> Pan dorodd y rhyfel byd cyntaf allan ddechrau Awst yr haf hwnnw, ymddangosodd milwr newydd tal yn Llangefni unwaith yn rhagor. Gwisgai gôt goch, trowsus glas a chap melfad, ond roedd gan hwnnw sbardynnau hefyd, ac aeth sôn mawr amdano a'i fod yn swyddog uchel ac yn lletya yn y Bull . . .
>
> 'Tyrd hefo mi', meddai, a dilynais ef i mewn i'r 'Red Lion' – y tro cyntaf erioed imi fod mewn gwesty, ac

Pennawd yn Le Soir, Brwsel, 4 Awst 1914: "Yr Almaen yn rheibio niwtraliaeth Gwlad Belg. Wltimatwm i'r Almaenwyr – bydd Gwlad Belg yn ei hamddiffyn ei hun mewn pob modd posibl." A chroglath tynnu Cymry i ryfel.

yr oedd yn beth mor ddiarth imi, oblegid fe dynnais fy nghap yn y drws mor barchus â phe bawn yn mynd i'r capel. Pwy oedd yn eistedd gerllaw i mi ond y dyn drws nesaf uwchben ei lasiad cwrw. 'Ydach chi am neud sowldiwr o Ifan?' meddai wrth y Sarjant. 'Ydw', atebodd yntau, 'mae 'ma ddeunydd sowldiwr yn hwn; tara d'enw yn fan'na', dan osod ei fys ar y llinell. Ufuddheais innau heb wybod dim o gynnwys y papur.[11]

Brwdfrydedd a gwên a diniweidrwydd rhyfeddol, mae'n siŵr.

O ganlyniad, bu ymhell iawn o Baradwys – o ran lle ac awyrgylch – a hynny am chwe blynedd, ac fe'i clwyfwyd ym Medi 1915 wrth iddo fynd 'dros y top' ym Mrwydr Loose.

O benderfynu, neu gael ei berswadio, mai ei ddyletswydd bellach fyddai hel bechgyn i'r fyddin ar gyfer y rhyfel byr, mantais fawr John Williams oedd y byddai ganddo adnoddau ar gyfer y gwaith. Yn un peth, gallai fforddio'r amser, a hynny heb fynd yn brin o fara. Fel yr awgrymwyd yn flaenorol, y briodas freintiedig honno a weinyddwyd yng Nghemaes yn 1899 a ddaeth â'r breintiau hynny iddo. Yn 1906 gadawodd eglwys ddethol Princes Road a dychwelyd i Frynsiencyn. Ei fwriad wrth ymddeol oedd bod yn fwy rhydd i grwydro i bregethu'r efengyl a hyrwyddo amcanion ei enwad. A bu'r 'cerddwr mawr' yn ddyfal wrth y gwaith hwnnw am gryn wyth mlynedd cyn i'r

Llwyn Idris, Brynsiencyn

rhyfel dorri allan. Mewn dyddiau pan oedd gweinidogion yn byw o'r llaw i'r genau ac yn dal ati nes diffygio, roedd John Williams yn ddigon da ei fyd i fedru ymddeol o'i swydd yn 52 oed. Ac yn ffodus, wedi ymddeol roedd gan y teulu le i roi eu pennau i lawr. Cyn mudo i Lerpwl cododd dŷ iddo'i hun ar lannau'r Fenai, filltir o'r Bryn. Wrth ddychwelyd, helaethodd Lwyn Idris nes ei fod yn hanner plasty, ei oleuo â thrydan – un o'r tai cyntaf ym Môn i'w oleuo felly – a chael garddwr i osod allan y gerddi.

Wrth gwrs, golygai'r gwaith recriwtio y byddai oddi cartref yn barhaus. Ond doedd dim rhaid iddo boeni'n ormodol am hynny, chwaith, cyn belled ag roedd gofal am

'Adeiladasai John Williams y tŷ ar ganiatâd Owen Thomas (y Cadfridog wedi hynny), goruchwyliwr Plas Coch, un o gyfeillion saethu John Williams, heb feddwl am damaid o bapur, nac am ddim ond ardderchowgrwydd yr olygfa honno.'
– o'r Cofiant.

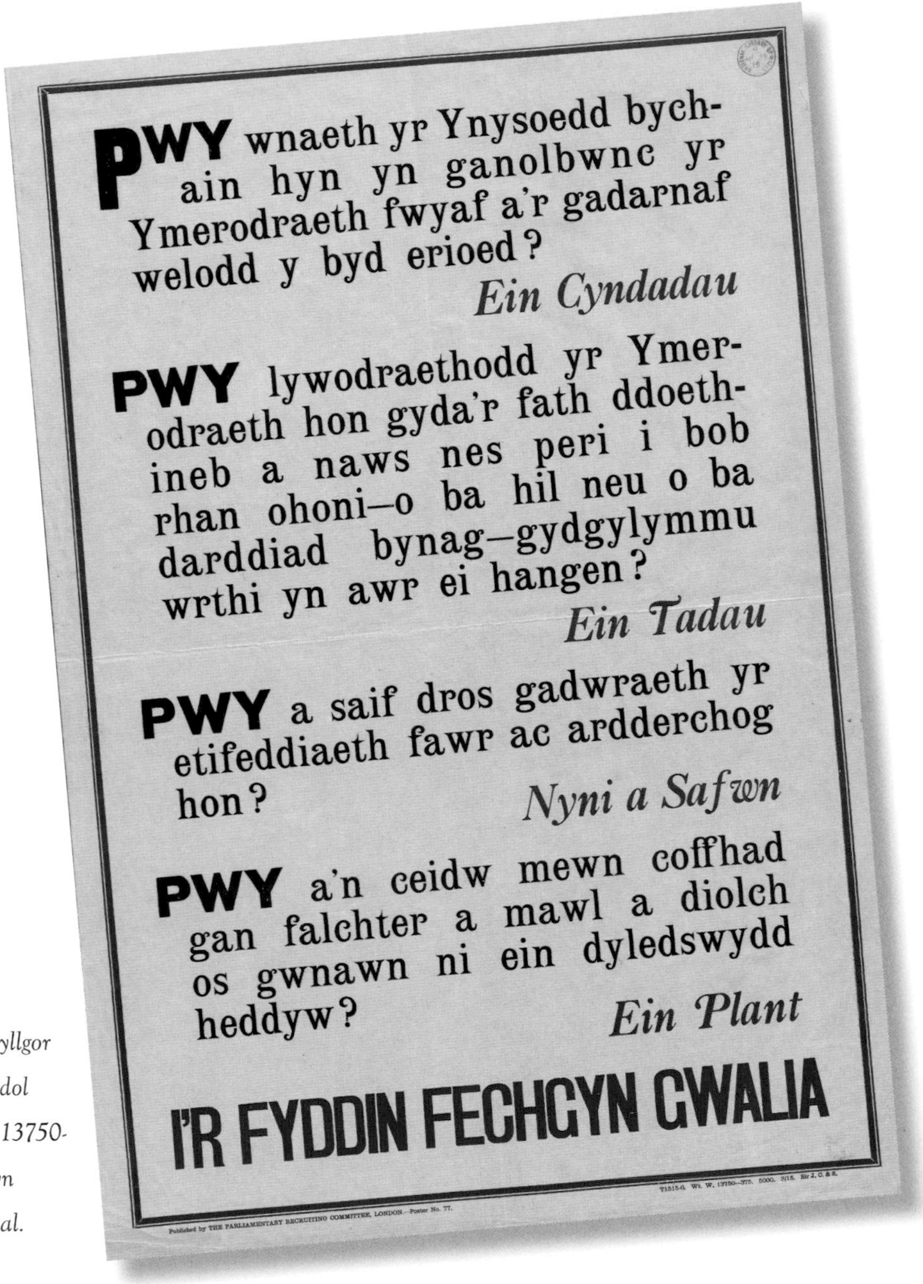

PWY wnaeth yr Ynysoedd bychain hyn yn ganolbwnc yr Ymerodraeth fwyaf a'r gadarnaf welodd y byd erioed?
Ein Cyndadau
PWY lywodraethodd yr Ymerodraeth hon gyda'r fath ddoethineb a naws nes peri i bob rhan ohoni—o ba hil neu o ba darddiad bynag—gydgylymmu wrthi yn awr ei hangen?
Ein Tadau
PWY a saif dros gadwraeth yr etifeddiaeth fawr ac ardderchog hon?
Nyni a Safwn
PWY a'n ceidw mewn coffhad gan falchter a mawl a diolch os gwnawn ni ein dyledswydd heddyw?
Ein Plant
I'R FYDDIN FECHGYN GWALIA
T1515-G. Wt. W. 13750—375. 5000. 3/15. Sir J. C. & S.
Published by THE PARLIAMENTARY RECRUITING COMMITTEE, LONDON.—Poster No. 77.

Un o bosteri Pwyllgor Recriwtio Seneddol Rhif 77 Wt. W 13750-375. Ceid fersiwn Saesneg yn ogystal.

y teulu yn y cwestiwn. Yn ôl Cyfrifiad 1911, roedd yna staff o bump yn byw i mewn yn Llwyn Idris, yn cynnwys athrawes breifat ar gyfer y plant, tair o forynion a hyd yn oed sioffer i yrru car. A hwyrach y cyflogid eraill, oedd yn byw allan. A sôn am 'yrru car', dyna fendith ychwanegol arall ar gyfer y listio. Daeth John Williams yn berchennog car pan oedd moduron yn bethau prin iawn ym Môn. Tua diwedd Mawrth 1911 cafodd gar yn rhodd gan aelod o'i deulu yng nghyfraith a dyna pryd, mae'n debyg, y cyflogodd yntau ŵr ifanc i'w yrru o le i le. Yna, yn 1915, a'r angen iddo deithio yn amlach a phellach oherwydd ei waith gyda'r fyddin, fe'i cyfnewidiodd am gar oedd deirgwaith mwy pwerus.[12] Hwyrach fod yr ail gar yn rhodd hefyd, ond welais i ddim prawf o hynny. Ond, yn ôl y sôn, byddai'n swil o deithio mewn steil, yn arbennig felly yn ei gynefin ac ymhlith rhai tlotach eu byd.

O ddyddiau cynnar y Rhyfel Byd Cyntaf ymlaen, gwn i John Williams annerch llu o gyfarfodydd recriwtio, o Fôn i Benrhyn Llŷn – a llawer iawn pellach na hynny wrth gwrs – ond llwm ac anwastad ydi'r deunydd sydd ar gael. Felly, penderfynais ei ddilyn o gwmpas, cyn belled ag roedd hynny'n bosibl, cofnodi ambell ddigwyddiad a cheisio clymu pen ambell stori. Nid bod a wnelo John Williams yn uniongyrchol benodol â phob enghraifft a nodir. Ond mae'r cyfan yn rhan o'r un meddylfryd, a chysgod John Williams yn drwm dros y cyfan i gyd.

Cymru 1914:
— Dyfed yw Archdderwydd Cymru.
— Ni chynhelir yr Eisteddfod Genedlaethol.
— Gohirir dadwladoli'r Eglwys Sefydleidig oherwydd y Rhyfel.
— Mae Jimmy Wilde yn ennill teitl 'Pwysau Pryf' Ewrop
— Ganed Tommy Farr, D Tecwyn Lloyd, Dylan Thomas . . .

DECHRAU WRTH EI DRAED

Ddeuddydd union wedi i'r rhyfel dorri allan – anodd coelio – roedd John Williams yn annerch cyfarfod recriwtio ym Mrynsiencyn. Yn yr Assembly Rooms, mae'n fwy na thebyg, y bu'r cyfarfod hwnnw. Hwyrach fod John Williams am osgoi Horeb, yr ystyriai ei bulpud yn fwy cysegredig nag odid yr un pulpud arall. Ond serch ei gariad at ei gynefin, a hoffter 'pobl y Bryn' ohono yntau, noson siomedig fu hi, gymaint felly, nes i John Williams, yn ôl y gohebydd i'r *Clorianydd* – un o bapurau wythnosol Môn – golli'i limpyn:

> RHYWBETH HEBLAW CANU
>
> Wedi areithiau gan y Parch. J. Williams ac eraill yma nos Iau gwahoddwyd dynion ieuainc i ymrestru, ond un dewr a gafwyd, sef Mr Jones, is-athraw yn yr ysgol. 'Wel,' ebai'r cadeirydd, 'nid oes ond terfynnu. Fe ganwn God Save the King.' Ar hyny cododd y Parch J. Williams a dywedodd fod eisiau rhywbeth heblaw canu y dyddiau hyn.[13]

Wn i ddim pwy oedd yr 'eraill' a fu'n annerch. Go brin fod Owen Thomas, 'Rhyfelwr Môn', yno.[14] Byddai enw gŵr o'i statws ef yn debygol o fod wedi cael ei gofnodi. Ond roedd y ddau yng nghwmni ei gilydd yng Nghemaes dair wythnos yn ddiweddarach. A phwy tybed oedd y 'cadeirydd' a gam-synhwyrodd awyrgylch y noson a ledio

Ar gyfartaledd, hyd disgwyliedig bywyd milwr yn y ffosydd oedd oddeutu chwe wythnos.

'God Save the King' cyn pryd? Ond o fwy diddordeb i mi, beth fu hanes 'Mr Jones, is-athraw'? A gafodd yr 'un dewr' ei dderbyn yn filwr, aeth o i faes y gad ac, yn fwy ingol fyth, a gafodd ddychwelyd i'w gynefin ac at ei alwedigaeth?

Yn 1910, wedi dilyn cwrs yn y Coleg Normal, penodwyd Owen T. Jones yn athro yn ysgol Llanidan.[15] Cofnodir yn llyfr lòg yr ysgol, yn Saesneg, iddo adael fore Gwener, 16 Hydref, i ymuno â'r 'Pals' Brigade' yn y Rhyl a'i bod hi'n fis Mawrth 1919 arno'n dychwelyd. A dyna finnau'n llawenhau am i un gael ei arbed. Ond o gyfarfod eto â John Williams – fel y gwnaeth mae'n ddiamau – tybed i ba gyfeiriad y llifai'r sgwrs? 'Rhywbeth heblaw canu'?

Mewn tafarn ym Mrynsiencyn yn niwedd y pumdegau, wrth baratoi ei gyfrol *Crwydro Môn*, daeth Bobi Jones ar draws un arall a gafodd ddychwelyd:

> Yr wyf yn eistedd wrth ochr henwr dall parablus ac y mae yntau'n adrodd hanes ei fywyd wrthyf. Un o Frynsiencyn ydyw ef.
>
> 'Mi fydda'-i'n barddoni 'fyd.' . . .
>
> Roedd y gerdd gyntaf yn adrodd ei hanes pan ddaeth y Parch. John Williams yn ei khaki i ricriwtio bechgyn i'r fyddin.
>
> ''Rwy'n gweld twyll yr hen gythral yna erbyn hyn,' meddai fo gan sychu ei geg. 'Dyma hi'r gerdd:

Os oedd John Williams yn recriwtio ddeuddydd yn unig ar ôl datgan rhyfel, tybed ers pa bryd cyn hynny y bu perswâd arno i guro'r drwm, a chan bwy?

Ryw noson yn 'r Asembli
  Flynyddoedd maith yn ôl,
Tyrrodd holl blant y pentra
  I wrando y "Roll Call".

Daeth y d'weddar Arglwydd Boston
  A'r Reverant Dr. John
I hela am wirfoddolwyr
  I frwydro'r frwydr hon." [16]

Pan dorrodd y rhyfel allan roedd hi'n rhy hwyr i'r *Clorianydd* fedru cyhoeddi'r newydd hyd yr wythnos ganlynol. Ond i dorri ar yr oedi aeth ficer Rhos-y-bol, y Parchedig Morris Roberts, i'w stydi yn y persondy i weddïo am yr awen. Fe'i cafodd, a chyfansoddodd dri phennill heriol – dau yn wyth llinell a'r olaf yn ddeg – o dan y pennawd 'I'r Gad! I'r Gad!' Cyn i'r inc sychu, bron, fe'i hanfonodd, neu fe'i danfonodd, i'r swyddfa yn Llangefni. Yn y rhifyn dilynol, roedd y golygyddol yn cyfeirio'n benodol at y rhyfel o dan y pennawd, 'Un Llais ac Un Galon' ac roedd rhyfelgerdd 'M.R.' yno, ar dudalen pedwar, ac wedi'i fframio:

Ar ddechrau'r rhyfel yn 1914 roedd gan y fyddin Brydeinig 700,000 o ddynion ar gael. Roedd gan fyddin yr Almaen afael ar dros 3.7 miliwn o ddynion.

I'r Gâd, feibion Gwalia! mae ysbryd Glyndwr
Yn tramwy trwy'n bröydd, yn gwysio pob gwr.
I'r Gâd, chwi chwiorydd! mae Buddug yn fyw
I'ch arwain i'r gwersyll yn deilwng o'ch rhyw.
I'r Gâd gyda Nightingale, codwch ac ewch,
A bendith y clwyfus a'r dewrion a gewch.

I'r Gâd, Famau Cymru! Bendithiwch eich plant
Wynebant y gelyn, ei draha a'i chwant.
O Dduw y Byddinoedd! Amddiffyn ein gwlad!
Bendithia'n hymdrechion rhag gormes a brad.[17]

Mae arddull y bardd, ac amlder ei ebychnodau, yn tanlinellu maint y brys a deimlai a'i awch i rannu'r neges ag eraill. Yn ôl y gerdd, roedd 'M.R.' am weld merched Cymru, a mamau yn eu plith, yn rhuthro am faes y gad wythnos union wedi i'r rhyfel dorri allan. Dim ond wedi i orfodaeth filwrol ddod i rym yn 1916 y penderfynodd John Williams gefnogi'r syniad hwnnw, gan ddigio llawer iawn o'i edmygwyr yr un pryd.

'DOEDD DIM DAU DDWSIN YN Y NEUADD'

Wedi i gerdd 'M.R.' gael pythefnos o amser i gylchredeg o aelwyd i lofft stabl, ac o festri capel i dŷ tafarn, aeth John Williams a'i debyg ati i ystyried y camau pellach. Cytunwyd, yn weddol rwydd, mai'r ddyletswydd gyntaf fyddai goleuo'r werin bobl o'r mawr angen am filwyr i faes y gad ac y dylid, yn hynny o beth, ganoli ar Langefni. O hynny ymlaen, gydol y Rhyfel Byd Cyntaf, bu John Williams yn trampio yn ôl a blaen rhwng Brynsiencyn a Llangefni mor gyson aml â bws wennol. Traddododd gawodydd o areithiau yno: yn Neuadd y Dref a thu allan iddi; o'i llwyfan ac oddi ar ei balconi; ar y sgwâr, tu allan i'r Bull; oddi ar lwyfannau gosod, yma ac acw, ac o'i sefyll tu mewn i geir penagored. Eto, er ei herio dewr a'r bygylu cyson fe ymddengys mai tir caled fu Llangefni iddo at ei gilydd, a chymryd bod adroddiadau'r papurau newydd – *Herald Môn* a'r *Holyhead Mail*, *Y Clorianydd* a'r *Wyntyll*, dyweder – yn ddiduedd. Os mai gwrthwynebus oedd pobl ardal y chwareli, a phobl Llŷn, meddid, yn ddi-ddangos-ochr, 'dicra' ydi'r gair a ddefnyddir amlaf yn y papurau newydd am ddynion ifanc Sir Fôn.

Er enghraifft, yn Nhachwedd 1915 caed oedfa galed ryfeddol yn Neuadd y Dref yn Llangefni. Y prif siaradwr oedd Syr Henry Jones, y prentis crydd o Langernyw a ddaeth yn Athro Athroniaeth ym Mhrifysgol Glasgow. Dal y gannwyll iddo oedd dyletswydd John Williams y pnawn hwnnw. Er ei bod hi'n ben tymor ac yn ddiwrnod marchnad, bechan iawn oedd y gynulleidfa. Am hanner awr wedi dau, yr amser dechrau, doedd dim dau ddwsin yn y neuadd a'r rheini'n bobl mewn oed – 'hen ddynion wedi oeri'u gwaed', fel y canodd W. J. Gruffydd.[18] Bu raid apelio at y ddau ddwsin cadwedig hynny i fynd allan i genhadu.

Cadeirydd y cyfarfod oedd y Milwriad T. E. J. Lloyd a thrawodd nodyn allan o diwn ar ddechrau'r cyfarfod:

Wrth ddod drwy'r sgwar nis gallai efe beidio teimlo peth cywilydd o weld cynifer o lanciau mor ysgafn-galon, ac hyderai efe y byddai i'r boneddigion oedd bresennol arfer eu holl ddylanwad er dangos i'r dosbarth hwn eu cyfrif-oldeb. Nid oedd efe'n hoffi edrych ar ei gydwladwyr fel llwfriaid; gwell oedd ganddo briodoli'r ffaith eu bod mor ddicra i anwybodaeth. Yn bersonnol, dwfn oedd ei ofid ef na buasai ei oed yn caniatau iddo fod yn y maes yn gwneud ei ran er gorchfygu'r Germaniaid llofruddiog.[19]

A chafodd gymeradwyaeth. Yna, gofynnodd i Syr Henry Jones ddweud gair:

Cododd yntau, ac yn gyntaf peth gofynnodd i bawb

Milwyr Almaenig y tu allan i'r Palais des Princes-Évêques de Liège yn 1914 yn dilyn gwrthodiad gwlad Belg i roi hawliau tramwy i'r Almaen trwy'u gwlad.

dros ddeugain oed godi llaw. Gellid tybio fod yr holl cynhulliad wedi croesi ffin y deugain. 'A fydd y rhai dan ddeugain oed eto gystal a chodi llaw?' Gwnaeth rhyw ddwsin – dim mwy . . . 'Y peth gore yma – gore i'r achos – fydd i mi beidio siarad, ac hyderaf yr aiff y gair ar led fy mod yn gwrthod; nid yw'r dosbarth y dymunaf siarad gyda hwy yma o gwbl.'

A llyncodd ful.

Cododd John Williams i hel esgusion a gwerthu lledod: dyna hanes cyfarfodydd diwrnod marchnad yn Llangefni; yn lled hwyr yr hysbyswyd am y cyfarfod. Ond roedd amryw wedi gadael eu gorchwylion i fod yn bresennol am fod Cymro mwyaf dysgedig y deyrnas yn eu plith, un oedd yn hysbys 'drwy'r byd gwareiddiedig, a thu draw i'r byd gwareiddiedig'. Ac wedi clywed mor rhyngwladol, a thu hwnt i hynny, oedd yr adnabyddiaeth ohono, cytunodd y 'crydd athronydd', fel y'i gelwid, i roi cynnig arall arni. I gloi'r cyfarfod, apeliodd John Williams am i 'bawb' oedd yn bresennol wneud eu gorau dros eu gwlad, yn awr ei pherygl, a chytunodd pawb, yn unfrydol, i wneud hynny.

Yn swyddogol, roedd yn ofynnol i filwr fod yn 19 oed i gael mynd dramor. Honnir i gynifer â 250,000 o rai dan oed dwyllo'r awdurdodau. Yr ieuengaf i gael ei ddal, a'i arbed, oedd hogyn 12 oed.

A DAETH YR AWR

Ond y tu allan, ar y sgwâr yn Llangefni – yng nghanol y stondinau a'r troliau a'u llorpiau i fyny, y merlod yn cicio'u pedolau yn eu hanniddigrwydd a channoedd wedi ymgasglu – y traddododd John Williams ei anerchiad rhyfel mwyaf cofiadwy. Roedd o eisoes wedi siarad yn rymus, mae'n debyg, o blaid milwrio ond heb gael llawer o ymateb. Wedi'r cwbl, un peth oedd ysgwyd cyrddau mawr ar hyd a lled y sir. Peth arall oedd perswadio gwŷr ifanc cefn gwlad, i ffeirio caib am gleddyf a chryman am waywffon. At y rheini roedd am anelu. A dyma'r swyddogion milwrol a eisteddai tu cefn iddo yn ei gymell i apelio at y bechgyn unwaith yn rhagor. Yna, yn ias y foment megis, fe draddododd John Williams anerchiad rhyfel a hir, hir gofiwyd ac a ymddangosodd mewn print drachefn a thrachefn. Mewn gair, pan ddaeth yr awr fe ddaeth y dyn:

Recruiting-Sergeant Punch, *2 Medi, 1914. Roedd y pwysau ar ddynion ifanc i ymaelodi â'r Fyddin ym mhob man, a'r awydd i wneud hynny yn rhyfeddol.*

> Chwi fechgyn gwridgoch Môn, wnewch chi adael i fechgyn gwyneblwyd y trefi aberthu eu bywydau i'ch cadw chi yn groeniach? Wnewch chi adael i'ch brodyr groesi y weilgi o'r America a Chanada ac Awstralia, a chwithau'n trigo yn ddiofal yn ymyl? Gaiff yr Indiaid melynddu ddod yma wrth y miloedd i ymladd dros eich rhyddid a'ch iawnderau chwi, a chwithau'n ymdorheulo mewn cysur a chlydwch? Byddwch ddynion. Sefwch i fyny yn eofn dros eich gwlad, dros eich rhyddid a thros eich Duw.[20]

Am y merched
anghofiedig a gollodd
eu cariadon y canodd y
Prifardd Guto Dafydd
yn ei gerdd 'Pelydrau':

Chanodd neb i'r genod
a adawyd â sws /
a chlepian sgidiau
/ ac amod simsan i
gusanu eto: / y genod
heb syniad a oedd
ieuenctid ar ben, / yn
berwi'n sych o serch,
/ yn gwlychu bysedd
dan gynfasau'r nos /
nes daeth y newydd
ail-law o'r siop / heb
na theligram na hawl i
alaru, / dim ond atgof
poeth am amod.

– Guto Dafydd

Mae'n ddarn hyfryd o areithyddiaeth, beth bynnag ydi barn dyn am John Williams a'i ran yn y Rhyfel Mawr. Yn wir, aeth awdur *Anglesey at War*, Geraint Jones, cyn belled â throsi'r rhyfelgri i'r Saesneg a chael cryn hwyl arni.[21] Does dim rhaid cytuno â'i fwriad, chwaith, i fedru edmygu maint ei ddawn areithio: y dewis o air, yr ansoddair cydnaws a'r rhethreg o saethu cwestiwn ar gefn cwestiwn. Ond mae'n araith y dyfynnwyd ohoni mor aml heb ystyried yr athroniaeth oedd tu cefn iddi. Cywilyddio'r ansicr a'r ofnus oedd y seicoleg a'r beirdd, wedyn, yn aildwymo'r syniad a'i yrru ymhellach ar ei daith:

Beth golli di, fachgen, beth golli di
Pan fo'r merched yn chwyfio llaw,
Gan waeddi Hwre! i'r bechgyn o'r lle
Drechasant y gelyn draw?
A geisi di waeddi Hwre! gyda hwy?
Ti wridi gan g'wilydd dy hun,
Pan weli y ferch roes gynt i ti serch
Yn d'adael am rywun sy'n ddyn![22]

Edliwiai John Williams ac eraill i fechgyn ifanc deunaw oed, na chafodd fawr brofiad o'r byd, eu diffyg dynoliaeth: 'Eventually, the Revernd John Williams became an anathema to many people . . . His usual manner of addressing an audience included taunts at their manhood'.[23] Yn ôl y bardd Gwyndaf, i osgoi gwatwaredd o'r fath ac nid o unrhyw argyhoeddiad yr aeth 'Wil y Glyn', a'i debyg, i'r gad:

Nid rhag i fwth ei dad a'i fam

Ddioddef cam

Y malwyd Wil y Glyn yn chwilfriw mân

Ar faes y tân,

Ond am fod Jones y *Manse* yn bwrw gwawd

Ar bawb a feiddiai wrthod lladd ei frawd.[24]

Dyna'n union oedd her John Williams i fechgyn ifanc Cymru, yn union wedi i'r Almaen oresgyn gwlad Belg yn Awst 1914: 'Byddwch ddynion!'

THE CONCERT HALL, LLANBERIS

Wn i ddim sut y teithiodd John Williams o'r Bryn i Lanberis ar y nos Fercher gyntaf ym Medi 1914. Hwyrach iddo gael ei gludo yno bob cam yn ei gar ei hun a dychwelyd yr un noson. Neu iddo groesi gyda'r Stemar Bach o Dal-y-foel i Gaernarfon a chael ei hebrwng yno wedyn gan un o garedigion yr achos a chysgu noson yn y fro. Yn ddiddorol, a dim mwy na hynny, o orfod cysgu noson mae'n bosibl y byddai ei wely wedi bod gyda hynafiaid Dafydd Whiteside Thomas – yr hanesydd lleol.[25] Arferai chwaer hynaf ei fam gyfeirio at wely y bu i John Williams, Brynsiencyn, gysgu noson ynddo. (Gyda llaw, mae Dafydd a'i briod yn dal i ddefnyddio'r gwely hwnnw ond am bwysleisio nad yr un ydi'r fatras.)

Derbyniai swyddogion recriwtio dâl o naill ai 1/6, 2/6, 5/0 neu £3 y recriwt, yn dibynnu ar natur y recriwt. Nid oes unrhyw awgrym bod John Williams wedi derbyn ceiniog nac wedi ystyried gwneud hynny.

Yn y Concert Hall, yn Llanberis, y cynhelid y cyfarfod ymgyrchu. Yn ôl Dafydd, bu'r Concert Hall ar un cyfnod yn fan i ddangos ffilmiau a daeth yn sinema yn ddiweddarach. Ond bellach, yn eironig ddigon, dyma safle Clwb y Lleng Brydeinig. Un arall oedd yn annerch y noson honno oedd y Cadfridog Owen Thomas, gyda 'gweinidogion yr ardal', yn unol â'r arfer, yn rheng ar y llwyfan. Adrodd ei brofiad milwrol yn Ne Affrica wnaeth 'Rhyfelwr Môn': y brwydrau llwyddiannus a'r diangfâu gwyrthiol a gafwyd yn ystod Rhyfel y Boeriaid. Caed un anerchiad Saesneg yn ogystal.

Yna, cododd John Williams ar ei draed, yn dalgryf a hardd ei wedd. Yn ddiamau, byddai ei goler gron a'i wasgod uchel ganddo a siwt o frethyn tywyll i gydweddu. (Roedd hyn cyn iddo gael ei gyrnoleiddio a dechrau gwisgo lifrai milwr.) Ond o flaen popeth arall, yr hyn oedd ganddo oedd ei ddawn areithio ddigymar. Meddai'r *Herald Cymraeg*, 'Yn ôl ei arfer cariodd y dorf fawr gydag ef'.[26]

'Gall rhai ryfeddu,' meddai'r siaradwr, 'fy mod yn annerch cyfarfod cyhoeddus i gefnogi dynion ieuainc i ymuno â'r lluoedd arfog. Ond mae'r achos yn un cyfiawn.'

'Clywch, clywch!' meddai llais o'r gynulleidfa.

'Yn fy marn i, ni chyflawnais i erioed ddyletswydd fwy anhepgorol na gadael fy nghartref ym Mrynsiencyn, heno, a theithio i Lanberis.' A chafodd gymeradwyaeth a barodd eiliadau lawer. Ond aeth John Williams ymlaen, 'Os gall unrhyw un yn Llanberis aros yn ddigyffro yn yr argyfwng presennol, y mae ei ddynoliaeth wedi darfod.'

'Clywch, clywch!' o'r un cyfeiriad.

'Os byddai i Jyrmani ymosod arnom . . .'

"Wnan nhw byth!'

'. . . be ddaw o'n crefydd ni? Be ddaw o'n hiaith ni? Be ddaw o'n sefydliadau ni?' Wedi codi emosiwn y gynulleidfa i dir uchel, gyda chwestiwn ar gefn cwestiwn, daeth â'i araith i ben. Mewn llais tawelach apeliodd, gan chwilio â'i lygaid am yr ychydig rai ifanc oedd yn y neuadd lawn, 'Bydded i ddynion ifanc yn Llanberis ddod ymlaen ar y terfyn. Pe gwnaech chi hynny, yna mi fyddai'r ardal yma'n well yn foesol ac yn ysbrydol.'

Pan eisteddodd i lawr, torrodd y gynulleidfa allan i ganu 'Hen Wlad fy Nhadau'. Wedi i'r canu beidio ac i'r curo dwylo ostegu, cododd amryw ar eu traed i ofyn cwestiwn. Yn ôl Y Dinesydd Cymreig, 'aeth yn bur anhrefnus' yno.[27] 'Gofynnodd Mr Owen, Pen y Pas, paham na wnâi'r Llywodraeth dalu am wasanaeth y gwirfoddolwyr fel y gwnaed yn Ne Affrica?' Hwyrach mai clywed Owen Thomas yn canmol ei filwriaeth yno a ddaeth â'r cwestiwn i'w feddwl. Cymaint fu'r ymyrraeth, yn ôl yr Herald, fel 'y bu raid ei gael i'r llwyfan i anerch y cyfarfod. Ond buan iawn aeth i'r niwl'.[28] Niwl neu beidio, y drws ymwared ar y

Owen Thomas, 'Rhyfelwr Môn', (1858–23). Fe'i codwyd yn Frigadydd-Gadfridog ar ddechrau'r Rhyfel Byd Cyntaf a rhoi iddo gyfrifoldeb am godi a hyfforddi milwyr yng Ngogledd Cymru.

Saethwyd 346
o filwyr Prydain
gan eu cyd-filwyr,
yn bennaf am
iddynt wrthgilio.
Y gosb yn aml ar
faes y gad oedd
eu clymu wrth
bostyn neu wn
mawr, o fewn
cyrraedd y gelyn.

noson i Mr Owen, Pen y Pas, a John Williams, fel ei gilydd, oedd i'r gynulleidfa godi ar ei thraed i ganu unwaith eto. Ond y dewis i gloi, fel ym Mrynsiencyn fis ynghynt, oedd 'Duw Gadwo'r Brenin' – yn Saesneg, dybiwn i.

'PAID Â MYND, GITO BACH'

Geraint Jones, Trefor – yr ymgyrchwr a'r hanesydd – a soniodd wrthyf am gyfarfod a gynhaliwyd yng nghapel Ebeneser, y Ffôr, ger Pwllheli, yn ystod blynyddoedd cyntaf y Rhyfel Mawr. John Williams ei hunan oedd ar flaen y gad y noson honno:

> Ar fwrdd y cymun fe daenwyd lliain gwyn, yn arwydd sacramentaidd o gysegredigrwydd y weithred o listio. Gerllaw, â'i phwys ar ganllaw'r sêt fawr, erfyniai Nain druan, yn ei dagrau, ar i'w mab beidio â thorri ei enw ar y Llyfr Listio, 'Paid â mynd, Gito bach, mi lladdan nhw di'. Ond fe'i siarswyd gan John Williams i ymdawelu, bod yr hogyn yn ddigon aeddfed i benderfynu drosto'i hun; onid hwn oedd y rhyfel oedd i fod yn angau i bob rhyfel mwy? Yno, yng ngŵydd y Porthmon, y torrodd f'ewyrth ei enw, ei ddedfryd marwolaeth ei hun . . . Treuliodd Nain weddill ei hoes mewn galar. [Roedd hi wedi colli'i brawd hefyd yn yr un frwydr, yr un wythnos.] Un lliw yn unig a gofiaf – du. Ei het, a'i blows, a'i chrafat, a'i sgert, a'i ffedog, a'i sanau.[29]

'Seiat i'w Chofio' oedd y pennawd y deuthum ar ei draws yn ddamweiniol yn rhifyn 14 Hydref 1914 o'r *Udgorn*. Yn y seiat a gynhaliwyd yng nghapel Salem, Fourcrosses, fel eu hathro yn yr ysgol Sul cyflwynodd Richard Griffith, Plas Belle, Feibl hardd i Gito [Griffith Jones (ieu) Pandy, Rhydygwystl] ac un ifanc arall. 'Da oedd eu gweled,' meddai'r frawddeg glo, 'yn y gyfeillach y noson cyn dechreu ar eu bywyd newydd, sef amddiffyn eu gwlad a'u Brenin.'

Ond yn ystod cyrch ar goedwig Mametz yn nyffryn y Somme, ddechrau Gorffennaf 1916, lladdwyd Griffith,

'Yr oeddynt yn bwriadu foreu dranoeth adael am Gwrecsam. Da oedd eu gweled yn y gyfeillach y noson cyn dechreu ar eu bywyd newydd, sef amddiffyn eu gwlad a'u Brenin.'
– Yr Udgorn,
14 Hydref 1914

brawd hynaf ei dad, yn 23 oed – yr hynaf o ddeuddeg o blant. 'Yno,' meddai Geraint, 'y pladurwyd i'r llaid, gan ynnau parod y gelyn, ryw bedair mil o lewion ifainc diniwed y 38th Welsh Division.'

A thân y gelynion ddisgynai yn greulon.
A'r glewion lu'n syrthio cyn cyrraedd y coed.[30]

Yn ôl ŵyr arall iddi, Pryderi Llwyd Jones, ddaru hi ddim addoli yn y capel wedyn. Ond llwyddodd, rywfodd, i ymgynnal a marw yn 96 mlwydd oed yn 1965. Daliodd ei daid i fynychu fel cynt, a bod yn ŵr amlwg iawn ynglŷn â'r achos yn Ebeneser. Y rheswm am hynny, medd Pryderi, oedd ei fod yn un o blant Diwygiad 1904–5 a chanddo brofiad a'i cynhaliodd drwy'i drallod. Mae'r geiriau a naddwyd ar y garreg fedd ym mynwent Chwilog fel pe bai'n tanlinellu hynny: 'Canys mi a wn fod fy mhrynwr yn fyw'.[31]

O gyfeirio at erchyllterau brwydrau'r Somme, un a gerddodd drwy'r uffern honno ond a ddychwelodd i adrodd yr hanes, oedd y Parch. J. W. Jones, a aeth i'r weinidogaeth wedi blynyddoedd y Rhyfel Byd Cyntaf: 'Do, mi fûm ar y Somme, ac yn brwydro ym Mametz Woods, Ypres, ac ar yr Isar Canal.' Fydd dim ofn uffern arnaf i, er nad oes gennyf y gronyn lleiaf o syniad pa fath le ydyw. Ond all o ddim bod flewyn gwaeth na'r lle y bûm i ynddo a thrwyddo'.[32] Yn Nhachwedd 1916 daeth brwydrau'r Somme i ben. Ond bu'n uffern ar y ddeutu: os collodd Prydain 420,000 o'i milwyr, a Ffrainc dros 200,000, lladdwyd tua 500,000 o Almaenwyr ifanc hefyd yn ystod yr un brwydro.

'CYRHAEDDAIS NEFYN'

Noson o law mân oedd hi pan ddychwelodd Tom Nefyn – y gweinidog, yr efengylydd, y pregethwr gwahanol a'r heddychwr yn nes ymlaen – i Lŷn am seibiant byr wedi llaid a llau'r Dardanelles a'r uffern y bu yntau drwyddi. Roedd hynny ddechrau 1916. Cyd-ddigwyddiad rhyfedd oedd fod John Williams yno ar yr union noson ac wrth ei waith:

> Cyrhaeddais Nefyn un noson, yn fregus fy iechyd, a'r kit-bag yn drymach na'i wir bwysau. Gogleisiwyd fy chwilfrydedd gan si fod yn y neuadd gyfarfod i recriwtio ac euthum yno. Torf fawr, eithr un fud; lampau olew hen-ffasiwn; gwŷr blaen y dref ar y llwyfan; a'r olaf o farwniaid y pulpud yng Nghymru [a John Williams oedd hwnnw] – cawr o ddyn . . . Arhosais wrth y drws; ac wrth droi fy ngolwg yn ddiamcan i'r chwith, canfûm rywbeth a barodd i mi fynd allan. Fel un yn dwl wrando o hirbell, safai gwraig led ifanc yn y gornel. Dros un ysgwydd iddi, a than y gesail arall, yr oedd siôl wlanog, ac yn honno gwelwn wyneb baban oddeutu hanner blwydd oed. A minnau wedi claddu ei dad o dan ffigysbren ym Mae

Tom Nefyn Williams a ymladdodd yn heldrin ymgyrch druenus Bae Suvla yn 1915 ar arfordir Adriatig penrhyn Gallipoli, Twrci.

Suvla! Heb roi i'r weddw gyfle i sylwi na siarad, euthum o'r neuadd. Yr oedd y glaw mân yn llwydo goleuadau'r stryd.[33]

Doeddwn i erioed wedi holi pwy oedd yr un a gladdwyd 'o dan y ffigysbren' na phwy oedd ei weddw a ddaeth i'r neuadd i wrando ar John Williams yn ymgyrchu, nac ychwaith beth fu hanes y baban a gollodd ei dad? O ran eu hoedrannau, dydi hi ddim yn amhosibl i George Owen, y milwr a laddwyd, a'r un a'i claddodd, Tom Nefyn, fod yn gyfeillion cyn i'r rhyfel dorri allan. Mae ei enw, ac enwau ei deulu, ar garreg fedd ym mynwent Nefyn ac ymhlith y 46 o enwau sydd ar gofeb ar y ffordd allan o'r dref.

Yn ddiddorol iawn, roedd un o drigolion hynaf Nefyn, Nellie Trenholme, yn cofio am Mary, ei briod, yn dal i addoli serch ei gweddwdod enbyd. A'r wybodaeth ddiddorol arall oedd ganddi oedd fod George Owen, a gladdwyd ym Mae Suvla, yn ŵyr i Siân Owen, 'a wisgai'r siôl a'i hurddas benthyg' yn narlun enwog Curnow Vosper, *Salem*, ac mai hi a'i magodd.[34] Ond y cwestiwn sydd wedi ffrwtian yn fy meddwl i, a hynny dros y blynyddoedd, ydi pam y daeth hi yno o gwbl a'i babi i'w chanlyn? Wyddai hi ar y pryd iddi golli'i gŵr? Neu a oedd hi'n disgwyl cwrdd â rhywun, fel Tom Nefyn, a fedrai lenwi'r bylchau iddi? Neu tybed oedd hi am herio John Williams am iddo hysio bechgyn ifanc i fynd i ryfela? O leiaf, roedd yna weddwon a wnaeth hynny. Ymuno o'i wirfodd a wnaeth Tom Nefyn

Ar dro, roedd gan y Fyddin Brydeinig 870,000 o geffylau at ei gwasanaeth. Arferid llosgi'u cyrff a defnyddio'r saim i gynhyrchu ffrwydron.

a hwyrach mai dyna'r gwir am George Owen yn ogystal. Bu'r weddw ifanc a ddaeth yno ar noson o 'law mân' fyw am ddeugain mlynedd wedi colli'i gŵr, hyd 1956. Ar y noson, roedd y baban yn y 'siôl wlanog' yn sicr o fod yn hŷn o gryn dipyn nag 'oddeutu hanner blwydd', ond 'lampau olew hen-ffasiwn', chwedl Tom Nefyn, oedd yn goleuo'r adeilad. 'Tommy' ydi'r enw sydd ar y garreg fedd, a'r geiriau Saesneg arni, ym mynwent Nefyn; bu farw yn 1967 yn ganol oed.

Twrciaid o dan oruchwyliaeth Almaenig. Fe allai'r union ddynion hyn fod wedi saethu at Tom Nefyn ar Benrhyn Gallipoli, Twrci yn 1915.

LISTIWCH!
LISTIWCH!

MAE'N BWYSIG COFIO NAD JOHN WILLIAMS OEDD YR UNIG borthmon a grwydrai'r wlad ar y pryd i gymell hogiau ifanc i ymrestru; y fo, hwyrach, oedd y prif un neu o leiaf y mwyaf adnabyddus o'r cwbl. Yn wir, wrth bori drwy bapurau newydd y cyfnod, a lloffa hwnt ac yma, cefais yr argraff nad John Williams, o angenrheidrwydd, oedd y listiwr mwyaf llwyddiannus chwaith – wel, nid ar bob achlysur beth bynnag. Awgryma ei gofiannydd y byddai'n well gan Syr Henry Jones, ar brydiau, fod heb ei gwmni:

> Aeth y ddau i Rosybol, lle buasai John Rhys yn athro, erbyn dau o'r gloch. Dywedodd Henry Jones wrth John Williams am fyned i mewn i'r ysgol ac annerch y cyfarfod, ac yr âi yntau am dro bach yn gyntaf i feddwl beth i'w ddywedyd. Wedi cael John Williams i mewn, gadawodd Syr Henry ef a cherddodd i Amlwch, lle y caed cyfarfod gweddol luosog yn yr hwyr.[1]

Os oedd cytundeb ynghylch y bwriad, roedd y ddau, mae'n ddiamau, yn dehongli'r bwriad ar lefelau gwahanol. O ran eu doniau, athronydd, gyda'r amlycaf yn bod, oedd Henry Jones ond pregethwr Beiblaidd oedd John Williams.

Bu ei gymydog, Thomas Charles Williams, yn hogi'r arfau, fel petai, cyn dyddiau'r Rhyfel Mawr. Hyd Fehefin 1914 bu'n gaplan rhan-amser i'r Fyddin Diriogaethol. Ond pan dorrodd y rhyfel allan daeth yn recriwtiwr brwd. Ar y cyfan, yr un oedd ei athroniaeth a'i ddiwinyddiaeth ag eiddo John Williams a bu'r ddau ohonynt yn rhannu'r un llwyfannau. Ond mewn cymhariaeth, roedd gweinidog y 'Capel Mawr' ym Mhorthaethwy yn ysgolhaig yn ogystal. Pwysleisia'r ddau, fel ei gilydd, fod yna wahaniaeth rhwng 'rhyfel i ladrata gwinllan Naboth, a rhyfel i helpu Naboth i gadw'i winllan yn erbyn y gormeswr' – mewn gair, rhwng rhyfel anghyfiawn a rhyfel cyfiawn, os nad un a ystyrient yn gysegredig.[2] Wrth recriwtio yng ngwlad Llŷn ar ddechrau'r rhyfel, oherwydd y byddai oddi cartref fwrw Sul ac ymhell o'r fro, methai Thomas Charles Williams â bod yn bresennol yn Nefyn ar y nos Sadwrn ac anfonodd air o ymddiheuriad. I gloi'r llythyr ceir cymal o adnod, yn llwyr allan o'i chyd-destun mae'n wir: 'Yr hwn nid oes ganddo gleddyf, gwerthed ei bais a phryned un'. Cyhoeddwyd y llythyr hwnnw yn Y Goleuad y Gwener canlynol.[3]

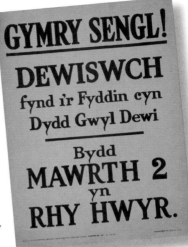

Dewis cyn gorfodaeth; rhyddid cyn caethiwed. Poster recriwtio, penodol Gymraeg, argraffwyd ddechrau 1916. Wedi ail Ddeddf Gwasanaeth Milwrol, Mai 1916, daeth posteri o'r fath yn ddianghenraid.

O ddarllen amdano, cefais yr argraff ei fod yn gyfrwysach dyn na John Williams, yn bwrw'r draul cyn bwrw iddi. Synhwyrodd sut i gadw at ei ddaliadau rhyfel heb golli parch rhai a gredai'n wahanol iddo. Wedi misoedd cyntaf y rhyfel, a'r teithio o lwyfan i lwyfan, newidiodd gêr – heb i neb sylwi hynny bron – ac ymroi mwy a mwy i ofalu am y rhai a ddioddefai o ganlyniad i'r rhyfel, a hynny yn ei filltir sgwâr. Yn ei gofiant iddo rhydd Huw Llewelyn Williams enghraifft o hynny:

> Trefnai wasanaethau crefyddol i'r milwyr a ddaethai i warchod pontydd ym Mhorthaethwy, a bugeiliai y tri-gain o wlad Belg a gafodd loches yn yr ardal fel ei braidd ei hun. Yn y seiat dywedai plant y Belgiaid eu hadnodau yn Gymraeg gyda phlant Sir Fôn. Pan ddywedodd un o'r genethod yr adnod honno 'Duw, cariad yw', 'Gresyn,' meddai T. C., 'na allasai'r fechan ei hanfon ar gerdyn Nadolig i Ymerawdwr Germani.'[4]

Does dim dwywaith nad oedd Owen Thomas a John Williams yn medru cyd-dynnu'n hapus ddigon. Fe'u disg-rifiwyd gan Angharad Price, yn ei dehongliad treiddgar o fywyd a gwaith T. H. Parry-Williams, lle cyfeiria at ei heddychiaeth yn ystod y Rhyfel Byd cyntaf, fel 'dau ben-bandit yr ymgyrch [recriwtio] yng ngogledd Cymru'.[5] Wrth gwrs, roedd y ddau wedi'u magu ar y frechdan emynau mewn capeli anghydffurfiol a'r bregeth yn brif gwrs. Yn grefyddol, digon tebyg oedd gwerthoedd y ddau.

Bore Brwydr fawr y Somme, 1 Gorffennaf 1916, clwyfwyd 60,000 o filwyr y Fyddin Brydeinig, heb sôn am filwyr yr ochr arall, a lladdwyd 20,000. Y nifer mwyaf i'w lladd mewn diwrnod, meddir, yn holl hanes rhyfela.

Bu Owen Thomas hefyd – serch ei filitariaeth ffyrnig – yn ddiacon ac athro ysgol Sul, yn aelod yn ei dro yn eglwysi'r Annibynwyr ym Methel, Cemaes, ac Ebeneser, Llanfechell, ac yn weithgar ac amlwg gydag enwad yr Annibynwyr.[6] Yn union fel roedd John Williams yn fwy na gweithgar gyda'i enwad yntau.

Ond yn wahanol i John Williams, i bobl Môn roedd Owen Thomas yn filwr wrth broffesiwn, yn siarad o brofiad; milwr drama, ar ryw ystyr, oedd John Williams, yn ymfyddino â'i draed yn sych. Meddai David Pretty, yn ei bortread ohono: 'O leiaf roedd agwedd Owen Thomas yn gyson â'i ddaliadau. Er bod tair blynedd ar ddeg bellach ers ei brofiadau yn Ne Affrig nid aeth sawr y fyddin o'i ffroenau, ac o safbwynt milwriaeth parhaodd i feddwl yn nhermau Rhyfel y Boer.'[7]

Llun swyddogol gan Lywodraeth Prydain: 'The Worcesters Going into action.' All rhywun ddim peidio sylwi ar eu hoed.

A pheth arall, roedd hi'n llawer haws i Syr Henry Jones a'r Cadfridog Owen Thomas siarad o'r galon, ond calonnau oedd i gael eu rhwygo yn nes ymlaen. Ar un cyfnod, roedd gan Syr Henry a'i briod dri mab yn y fyddin ac ym Mawrth 1918 collwyd un o'r meibion hynny. Ymhonnodd Owen Thomas, fwy nag unwaith hwyrach, y byddai'n well ganddo weld ei feibion yn dod adref ar elor na'u bod 'yn aros adref yn llwfriaid'. Yn drist iawn, cyn diwedd y rhyfel roedd o a'i briod i golli tri o'u meibion. Tybed a fu iddo erioed wedyn, a Syr Henry o ran hynny, amau gwerth y pris a dalwyd? Fel yr holodd Llew Tegid, a fu'n Swyddog Ymrestru ei hunan, dri chwestiwn wedi i'w mab syrthio yn Fflandrys ac i'w wraig ac yntau gael sefyll wrth ei fedd:

> O! Gwilym, wyt ti'n gweled – ein galar?
> Neu'n gwylio ein colled?
> A oedd cri holl wledydd cred
> Yn werth dy aberth, tybed?[8]

Y GYNNAU LLAI

Ond er bod John Williams yn berchennog car ni allai yntau, mwy na gweddill y gynnau mawr, gyrraedd pobman. Recriwtio'n lleol oedd hi wedyn gan ddibynnu ar ddoniau llai adnabyddus y tu allan i'w broydd ond nid llai effeithiol

Noswyl y Nadolig 1914, ar y Ffrynt Gorllewinol, bu canu carolau o boptu, a hyd yn oed gyfnewid anrhegion yn ystod yr Ŵyl. Dywedir i gêm bêl-droed gael ei chynnal bnawn dydd Nadolig. Ond y flwyddyn ddilynol hysbyswyd y saethid pwy bynnag a geisiai gynnal cadoediad.

o angenrheidrwydd. Meddai Gerwyn Wiliams:

> Er i briod Lloyd George dreipsian o gwmpas Llŷn ganol Medi 1914 gyda'r Methodist Calfinaidd dylanwadol, Syr Henry Lewis, y Parch. John Williams ac Owen Thomas yn gefn, claer fu'r ymateb ym Mhwllheli, Cricieth a Phorthmadog. Yn aml roedd araith gweinidog lleol yn cario mwy o bwysau na huodledd pwysigyn cenedlaethol.[9]

Lloyd George yn Llwyn Idris yn plannu coeden. Cyfeillgarwch triw a mwy nag ychydig o waith 'PR' yr un pryd, o bosib.

Wrth gwrs, roedd milwyr hefyd ar gael i fynd o le i le. Er eu bod wedi meistroli'r grefft o fartsio, a'u gwisgo yn lifrai'r fyddin, gwŷr ifanc heb fod yn brwydro oedd y rhan fwyaf ohonynt. Mae R. Prys Owen, mewn ysgrif 'Effeithiau y Rhyfel Mawr', yn cofnodi hanes am gatrawd a hyfforddid yn Llandudno yn mynd ar daith drwy'r sir i berswadio rhai i ymrestru ac yn cael eu croesawu 'mewn amryw leoedd yn ysgoldai'r eglwysi'.[10]

Ddechrau Chwefror 1915 daeth criw o filwyr i Lŷn i hyrwyddo'r gwaith a chynnal un cyfarfod yn fy mhentref genedigol i, Aber-soch. Roedd yr adroddiad am y cyfarfod yn *Y Genedl Gymreig* yn dechrau ar nodyn gobeithiol ddigon, 'Cynrychiolwyd y rhyw deg yn helaeth iawn yn y cyfarfod'.[11] (Ond wedi meddwl, hwyrach fod y 'rhyw deg' yno o gymhellion gwahanol.) 'Cafwyd,' meddai'r gohebydd, 'anerchiadau cryfion a chanu gwlatgarol.' Ond ar ddiwedd y noson, dau yn unig a ymrestrodd. Yn ei ofid aeth y gohebydd ati i foesoli os nad i bregethu, 'Rhad arnoch fechgyn na roddech eich cyrff iach a chryfion i wasanaeth eich gwlad a'ch cenedl.'

Gan mor siomedig fu'r cyfarfod i'r rhai a'i trefnodd, aed ati i gynnal un arall yn y plwyf ym mis Medi a phryd hynny manteisio'n bennaf ar ddoniau lleol i annerch. Yn eu plith roedd ysgweier lleol, Claude Henry Lloyd Edwards, Plas Nanhoron. Roedd Claude Henry a'i deulu'n gynefin â milwrio; lladdwyd brawd i'w daid ger Sebastopol yn un o frwydrau'r Crimea a'i gladdu yno. O sôn am ddoniau lleol, faint o recriwtiwr tybed oedd Claude Henry? A dyma gael sgwrs efo ffrind ysgol i mi, John Gruffydd Jones – ei dad wedi gweini i deulu Nanhoron gydol ei oes, ar wahân i flynyddoedd y rhyfel. (Ymweliad John ag Arras, man y brwydro, sydd tu ôl i ddwy o'r cerddi a enillodd iddo Goron Eisteddfod Genedlaethol Bro Madog 1987.) Ai gwrando

Ar 7 Mai 1915, oddi ar arfordir Iwerddon, llwyddodd yr Almaenwyr i suddo'r 'Lusitania' a oedd ar ei thaith o Efrog Newydd i Lerpwl a chollwyd 1,198 o fywydau.

Y Brigadydd-Gadfridog Owen Thomas, 'Rhyfelwr Môn', a'i dri mab yn 1915. O'r chwith i'r dde: 2nd Lieut. Trevor Thomas, Royal Welsh Fusilers; Lieut. Vincent Thomas, RAF; Capt. Robin Thomas, RAF Urddwyd Owen Thomas yn farchog yn 1917. Collodd ei dri mab yn y rhyfel.

ar Claude Henry, y recriwtiwr lleol, a berswadiodd Robert Jones, ei dad, i dorri'i enw ar y llyfr ymrestru? Na, doedd John ddim yn credu hynny, 'ond rhaid cyfaddef, hefyd, fod ganddo barch mawr at ysgweier Nanhoron, a synnwn

i ddim i hynny ddylanwadu arno i wirfoddoli'.[12]

Abel Williams, perchennog Siop Talafon ym mhentref Aber-soch, oedd y siaradwr arall. Prifathro ysgol wedi arallgyfeirio oedd Abel Williams a Methodist Calfinaidd o argyhoeddiad. Bu'n fwy cyfrifol na neb, dybiwn i, am godi capel ychwanegol yn y pentref - nad oedd ei wir angen.[13] Fel un o lywodraethwyr Ysgol Sir Pwllheli protestiodd yn erbyn sefydlu corfflu milwrol i ddisgyblion 12 oed. Ond nid am ei fod yn heddychwr. Yn wir, yn ôl *Yr Udgorn*, credai ar y pryd 'fod y rhyfel bresennol yn rhyfel gyfiawn a sosialaidd, ac i ddibenu mewn difodi militariaeth o'r byd'.[14] Oedran y plant yn unig - 12 oed - dyna ai blinai. O ran yr ail gyfarfod recriwtio bu pethau'n fwy llwyddiannus, a pherswadiwyd saith o hogiau ifanc i fynd i'r gad.[15]

Doniau lleol neu beidio, ym Methesda - yn ôl Dafydd Roberts, hanesydd y diwydiant llechi a bywyd y chwarelwr - cymaint oedd y diffyg ymateb fel y bu raid galw ar y gwragedd i fynd allan i'r priffyrdd a'r caeau:

Gwnaethpwyd ymdrech benderfynol arall i drefnu recriwtio'n lleol; dewiswyd pwyllgor o ferched, a rhannwyd yr ardal, a gofynnwyd i ddwy ddynes ymweld â phob tŷ oddi mewn i'w hardaloedd. Dilynwyd y trefniant hwnt ac yma, ond heb ryw lawer o lwyddiant, ac ni ymwelwyd â'r rhan helaethaf o gartrefi'r cylch.[16]

TANIO AR BAPUR

Faint bynnag o ddynion ifanc a listiodd o dan huodledd John Williams a'i debyg, roedd gair ar bapur yr un mor effeithiol â'r gair llafar. Roedd y ddelwedd o ymfyddino i'w gweld ym mhobman, ar bared ac ar bost, wedi cydio yn yr artist a'r bardd, y gwleidydd a'r llenor, y masnachwr a'r gweithiwr cyffredin. Ar y poster recriwtio enwocaf a fu, roedd bys yr Arglwydd Kitchener yn pwyntio'n fygythiol at yr un llwfr a'r un dewr, y carwr heddwch a'r un parod i fynd i ryfel: 'Mae eich gwlad eich angen CHI!' A syndod pob syndod oedd fod Horatio Herbert Kitchener, yr Ysgrifennydd Gwladol dros Ryfel a Sais o'r Saeson, mor rhugl yn y Gymraeg! Ond i John Morris-Jones a'i debyg, a'u harbenigedd iaith, roedd y diolch am hynny.

Wedyn, hawdd iawn i was ffarm, yn darllen y papur wythnosol wrth olau cannwyll, a'r llofft stabl yn llawn cysgodion, fyddai camddeall hysbyseb Jones Bros., siop ddillad ddethol Llangefni, 'Shop oreu Môn':

Ar ôl cyflafan byddai rhywun wedi gosod dryll y syrthiedig a'r bidog yn y ddaear. Os nad oedd helmed arno byddai hynny'n dynodi bod y milwr yn fyw ac angen sylw meddygol ar frys. — Yn seiliedig ar J. R. Owen, *Y Glannau*, Gorffennaf 2014

> Listiwch! Listiwch!
> ym myddin cwsmeriaid Jones Bros. Druid House,
> Llangefni,
> i ymladd yn erbyn
> Byddinoedd y Gaeaf.[17]

Doethach a diogelach, hwyrach, pan ddeuai'r pen tymor, fyddai i hwnnw alw heibio i fasnachwr lleol i brynu crys neu gob, hosan neu het – a chadw draw o Langefni.

Ar ben tymor wedyn, yn y Bull yn Llangefni hwyrach – wedi i'r olwynion gael eu hoelio'n dda – hawdd i hwsmon diwylliedig a ddysgodd 'Rhyfelgan Bechgyn Cymru', Bryfdir, yn *Y Brython*, fyddai llithro i'w chanu ar yr hen alaw 'Gwnewch Bopeth yn Gymraeg':

> Yn enw'i 'brodyr lleiaf'
> >Aeth Prydain Fawr i'r gad;
> Mae gwaedu dros y gwannaf
> >Yn glod i galon gwlad;
> Y Llaw fu'n arwain lluoedd
> >Yr Israel gynt heb fraw,
> Yw'n gorchest mewn ymgyrchoedd
> >I droi pob gelyn draw.[18]

Ac mewn byr dro mi fyddai criw'r dre, oedd yn bresennol, wedi dysgu'r cytgan:

> I ryfel dros ein gwlad,
> I ryfel dros ein gwlad,
> >Yn enw Duw a Phrydain,
> I ryfel dros ein gwlad.

Yn *Y Genedl Gymreig*, cyhoeddwyd drama fer, dair act, *Morgan Wedi Listio*, gyda'r rhybudd cyfreithiol 'Hawlysgrif'.[19] Cegin mewn 'ardal chwarelyddol' oedd y lleoliad: cartref Catrin Gruffudd a'i hunig fab, Morgan, oedd am wirfoddoli i fod yn filwr. Y tri arall a ddaw i'r gegin yn eu

DOWCH GYDA MI, FECHGYN!

"Yn union wedi'r alwad i fyn'd y'mlaen, yr oedd gwên ar bob wyneb."

YMRESTRWCH HEDDYW.

Cyfieithiad o boster recriwtio 1915 gyda dyfyniad o lythyr ysgrifennwyd yn ffosydd Aisne, 7–10 Medi 1914, 'Wedi'r alwad i fyn'd y'mlaen, yr oedd gwên ar bob wyneb.' Tybed?

tro ydi Margiad Huws, y wraig drws nesaf, ei mab William – oedd yn erbyn rhyfela – a rhagrithiwr o weinidog o'r enw Josiah Jones. Daw i'r aelwyd i gysuro'r fam yn ei gofid, ac i lawenhau 'fod un aelod o'r eglwys wedi ymuno â'r fyddin'. Caiff ei atgoffa fod ganddo chwe mab, â'u traed yn rhydd! Ac ar noson o aeaf dyna ladd dau dderyn hefo'r un ergyd, yr apêl i ymrestru mor glir â'r gloch gyda dogn da o adloniant oddi ar yr un llwyfan.

GORSEDD GRAS, GORSAF YMRESTRU

O ddarllen newyddion lleol ambell ardal gellid tybio bod rhai o'r capeli a'r eglwysi yn orsafoedd ymrestru swyddogol. Bu trafodaeth ar hyn ar dudalennau'r *Western Mail* ar ddechrau'r rhyfel, yn awgrymu mai felly y dylai hi fod. Awgrymid hefyd y dylai gweinidogion fynd ar ôl bechgyn ifanc, fesul un ac un, i'w hargyhoeddi o'u dyletswydd.[20]

Fel y gellid disgwyl, ceid cyfeiriadau mynych at y rhyfel ar weddi a phregeth – roedd hynny'n anorfod, beth bynnag oedd argyhoeddiadau dyn – a manteisid ar y gynulleidfa, luosog bryd hynny, i yrru neges adref. Un a fanteisiodd yn fawr ar ei gynulleidfa gyson oedd John Williams, ac ar gynulleidfaoedd gweinidogion eraill o ran hynny. Mewn llythyr yn *The Post and Mercury* mae Owen Thomas yn cyfeirio at John Williams fel yr un oedd tu cefn i gylchlythyr a ddarllenwyd 'o bob pulpud yng Nghymru' – gor-ddweud, dybiwn i – yn pwyso ar i addolwyr ifanc ymuno â'r Fyddin Gymreig.[21]

Ond rhaid bod yr eglwysi lleol, at ei gilydd, yn gefnogol i'r bwriad i hyn fedru digwydd o gwbl, a heb ormod o droi troliau. Wrth bori drwy Adroddiadau Horeb, Brynsiencyn, yng nghyfnod y Rhyfel Byd Cyntaf, ymddengys fod yr eglwys leol yn gefnogol ddigon i'r rhyfel.[22] Wrth gwrs, John Williams oedd ei gweinidog cyntaf, y fo yn anad neb arall a roddodd bentref Brynsiencyn ar y map a bellach roedd teulu Llwyn Idris yn aelodau selog yno. Yn 1914 roedd aelodaeth Horeb yn 344 a'r holl gynulleidfa mor niferus â 540. Yn ystod blynyddoedd y rhyfel roedd Adroddiadau Horeb yn cynnwys 'Roll of Honour' – a dyna'r term a'r iaith a ddefnyddid – sef rhestr o'r rhai o'u plith a ymunodd, neu a orfodwyd i ymuno, â'r lluoedd arfog ac arwydd gyferbyn ag enwau'r rhai a oedd neu a fu yn y 'Front'. Cynyddai'r nifer o flwyddyn i flwyddyn. Erbyn 1917 roedd y rhif yn 66 a phawb ond deuddeg wedi bod yn y rheng flaen. Disgrifid pob un yn y 'Rhestr Anrhydedd' fel 'milwyr da i Iesu Grist'. Ond yn annisgwyl, o ystyried yr holl ysbryd o ymfyddino a oedd ar gerdded, un yn unig o aelodau Horeb a gollodd ei fywyd yn ystod y Rhyfel Byd Cyntaf ond roedd gan ddau neu dri arall a gwympodd, neu eu teuluoedd, gysylltiadau â'r eglwys.

Mae'n amlwg fod y Gweinidog yr un mor selog dros y rhyfel. Newydd ddechrau ar ei fugeiliaeth yno roedd J. E. Hughes, yn Ionawr 1913, a phetai wedi dewis taro nodyn gwahanol a

PAHAM y terfysga y cenhedloedd, ac y myfyria y bobloedd beth ofer?
2 Y mae brenhinoedd y ddaear yn ymosod, a'r pennaethiaid yn ymgynghori ynghyd, yn erbyn yr ARGLWYDD, ac yn erbyn ei Grist ef, gan ddywedyd,
3 Drylliwn eu rhwymau hwy, a thaflwn eu rheffynnau oddi wrthym.
4 Yr hwn sydd yn preswylio yn y nefoedd a chwardd: yr ARGLWYDD a'u gwatwar hwynt.

Agwedd ar y Rhyfel a anghofir yn aml yw dioddefaint ceffylau a mulod. Nid yn unig y disgwylid iddynt dynnu llwythau trymion drwy fwd trwchus ond fe'u lleddid – yn fwriadol ac ar ddamwain – gan ynnau mawrion, gynnau peiriant, awyrennau a nwy.

throi'r rudd arall byddai ei wely, yn ddiamau, wedi bod yn un anghysurus iawn iddo. Yn wir, ar anogaeth John Williams y penderfynwyd estyn y gwahoddiad iddo. Ond gair cadarnhaol a geir ganddo'n ddieithriad. Ddiwedd Ionawr 1915 ysgrifenna air i'w gynnwys yn yr Adroddiad am 1914: 'Clywyd corn y gad yn atseinio yn ein tir a llawen gennym allu teimlo fod cynifer a 26 o blant ein Heglwys a'n Hysgol Sabbothol wedi ymrestru dan faner ein gwlad.' Dro arall, yn ei ofid dros y bechgyn a oedd oddi cartref ar Ŵyl y Geni, mae'n dyfynnu Eifion Wyn:

> Cofia dithau'r llanciau trist
> Sydd am eu tir yn wylo,
> Ac yn cadw Gŵyl y Crist
> A'r gynnau yn eu dwylo.[23]

HEL WYAU A RAFFLO MUL

Ond nid yr eglwysi yn unig oedd tu cefn i'r math yma o weithgarwch gan yr ymddengys fod y gymdeithas leol yn gyffredinol, mewn gwlad a thref, yr un mor frwd. 'Beth Wneir Yma' oedd y pennawd brolgar uwchben newyddion o Frynsiencyn yn un rhifyn o'r *Clorianydd.* 'Tybiwn,' meddai'r gohebydd, 'nad yw'r ardal hon wedi bod yn ôl i unrhyw ardal arall ym Mon yn ei chyfraniadau mewn arian na gwaith, tuag at anfon angenrheidiau i'r milwyr.'[24] Pa ryfedd, a John Williams ei hun, er wedi rhoi'i delyn ar yr helyg fel bugail yr eglwys, yn dal i'w thiwnio hi tua'r Bryn. Yn fath o atodiad, ceir rhestr o'r rhoddion a gasglwyd, dillad yn bennaf.

Mae'n amlwg fod ardal Rhos-y-bol hefyd yn cynnal gweithgareddau cyson i gefnogi'r hogiau. Fel gyda John Williams ym Mrynsiencyn, mae'n ddiamau mai ficer y plwyf – y Parchedig Morris Roberts, awdur 'I'r Gad! I'r Gad!'– oedd yn chwythu'r fegin: 'A oes mwy nag un o Rhosybol wedi dyfod allan dros ei wlad, ei ryddid

Bu prynu mawr ar geffylau mewn ffeiriau ac oddi ar ffermydd Cymru i gyflenwi anghenion maes y gad.

a'i anrhydedd? Os oes, er mwyn anrhydedd y plwyf, rhodder i ni ei enw ar unwaith. Canys y mae Rhosybol o dan gwmwl.'[25] Ond tybed oedd ei fab wedi ymuno bryd hynny? Fe gafodd yntau brofiad personol o ofidiau'r Rhyfel Mawr a gweld chwalu breuddwyd: 'Siom chwerw iddo fu i'w fachgen ieuengaf – Peris bach – gael ei glwyfo'n dost yn y rhyfel gan ei analluogi i barhau ei baratoad i'r weinidogaeth.'[26]

Wrth gwrs roedd cefnogi'r bechgyn yn derm penagored iawn. Roedd cymaint o wahanol gronfeydd, y cyfraniadau'n amrywio o arian i bethau, a dulliau gwahanol o'u casglu. Ddiwedd Mai 1916 rhoddodd un Mr C. H. Jones, FRHS, ful i'w rafflo at gronfa'r milwyr ym Mhorthmadog. Yr wythnos ddilynol hysbyswyd yn y wasg fod 'elw clir o 13p. 15s. 0c. wedi ei wneud oddi wrtho, y rhai a drosglwyddwyd at Gronfa Croes Wen y Cadfridog Owen Thomas'.[27]

Bu pentrefwyr Aber-soch, er enghraifft, yn casglu wyau i'r milwyr. Ond cyn belled ag roedd casglu wyau yn y cwestiwn, gan Elen Roger Jones, yr actores o Fôn, roedd y stori orau o ddigon. Fe'i hadroddai gyda blas ar lwyfan ac mewn ymgom. Llythyr a dderbyniodd hi o faes y gad oedd testun ei sgwrs a byddai'n mynd â'r gwreiddiol – oedd wedi crebachu peth erbyn hynny – gyda hi o le i le. Pan oeddwn i'n sgwennu cyfrol amdani cefais gopi o'r llythyr ganddi. Ond ei gwylio hi'n troi'r llythyr yn ddrama oedd y wledd:

'Europe 1916' gan
Boardman Robinson.
Dengys y darlun
Farwolaeth yn
marchogaeth asyn
sydd ar lwgu ac yn ei
arwain tua'r dibyn
drwy ddal moronen
'buddugoliaeth' o flaen
ei ffroen.

Un diwrnod, mi ddaeth Mr Edwards i'r 'rŵm fawr',
ylwch. Cymro o Dywyn Meirionnydd oedd W. R.
Edwards, a fo oedd Prifathro Ysgol Llanallgo. Ond
yn ôl fy atgofion i [a thwymo iddi] prin iawn oedd ei
Gymraeg o a phrinnach fyth ei gydymdeimlad o â'r
iaith! 'Does gen i'r un co' canu cân Gymraeg yn yr ysgol.
A dyma fo'n deud fod isio i ni ofyn i'n mamau ni ferwi
wy yn galad, 'I want you all to bring an egg to school
tomorrow'. Saesneg bob gair, meddyliwch. Ac yna i
ninnau i roi ein henw a'n cyfeiriad ar y plisgyn, a dŵad
fo i'r ysgol er mwyn ei anfon o i helpu i fwydo'r soldiars.
Ymhen wsnosau wedyn mi ddaeth yna lythyr i'n tŷ ni
wedi'i gyfeirio at 'Miss Griffith'. Wel, meddyliwch.
Wedi'i gyfeirio at 'Miss Griffith' a fi oedd honno. Ac

wedi'i anfon o Ffrainc. O Ffrainc! Does gen i ddim co' am hynny chwaith, ond mi alla i ddychmygu'r syndod pan gyrhaeddodd o. Wyddoch chi be, dw i'n falch iawn, iawn fod y llythyr 'ma wedi'i gadw'n ddiogel. [A chwifio'r llythyr, druan, fel petai o'n faner] Ond gwaetha'r modd roedd fy rhieni i wedi marw pan ddois i ar ei draws o, mwya'r piti. Roedd o wedi'i anfon, ylwch, gin Horace Coe, o Ysbyty yn *Rouen*, ar Dachwedd yr ail 1916, i ddatgan ei werthfawrogiad, a nodi mor flasus oedd yr wy 'te? Ar ôl 'rations of bully beef and hard biscuits'! Un o Swydd Efrog oedd yr Horace Roe 'ma ac yn perthyn i'r Royal Scotch Fusiliers. Chlywais i ddim am neb arall, wel hyd yma, dderbyniodd lythyr fel hyn. Rydw i'n ei drysori o ylwch [a'i wasgu at ei dwyfron].[28]

Fel y nodais yn gynharach, araf iawn oedd bechgyn ucheldir Arfon – hogiau'r chwareli, er enghraifft – i ymrestru ond roedd y fro, mae'n amlwg iawn, yn fwy na pharod i gefnogi'r rhai a aeth i ymladd. Ceir paragraff yn *Y Brython*, yn nyddiau cynnar y rhyfel, yn y golofn 'O Chwarel a Chlogwyn', sy'n profi hynny – serch mor hynafol yr arddull. Meddir, o dan y pennawd 'Cofio'r milwyr':

Llunir pob dyfais i gynorthwyo'r milwyr dewr, a rhyfedd mor rwydd y cefnogir pob arwedd ar gymorth iddynt. Ddiwedd yr wythnos, bu rhianedd y Groes Goch yn cerdded heolydd ein Dyffryn, gan gynnyg ysnodennau coch, glas, a gwyn, yn arwyddlun o'n sêl a'n teyrngarwch

i'r faner Brydeinig; ac er mai ceiniog yr un oedd y clymau rubanog, cliriwyd naw punt mewn aur sychion oddiwrthynt. Bu plant Ysgol Nantlle yn diwyd wneud clustogau dan bennau'r milwyr, er esmwythau eu gwelyau, a chwi synnech y brwdfrydedd feddiannai'r egin wrth feddwl eu bod hwythau'n cael eu rhan yn ysigo'r Kaiser calon-galed.[29]

I mi, hyfryd o lun. Dengys y berthynas o anwyldeb ac agosatrwydd a oedd rhwng John Williams a'i blant.

Anodd meddwl bod pawb yn ardal 'Chwarel a Chlogwyn' mor jingoistaidd eu hysbryd a Phrydeinig eu teyrngarwch. Mwy anodd credu bod plant Ysgol Nantlle wrth '[dd]iwyd wneud clustogau', o dan ddisgyblaeth ysgol, yn meddwl mor bellgyrhaeddol. Ond dyddiau rhyfel oedden nhw, dyddiau 'Listiwch, Listiwch!'

CHWARAE CAPEL A BYW'R FFYDD

W N I DDIM O BLE YN UNION Y DAETH Y SYNIAD O GAEL CATRAWD filwrol Gymreig, yn Saesneg Welsh Army Corps – y Fyddin Gymreig neu 'Byddin Lloyd George' ar lafar – serch fod y *Welsh Army Corps: Army Book* yn trafod y tarddiad.[1] Lloyd George, yn fwy na neb arall, a lwyddodd i werthu'r syniad i hwn ac arall, ond dim ond wedi cryn frwydro. Yn wir, i gael ei faen i'r wal bu'n rhaid iddo droi'r byrddau mewn cyfarfod o'r Cabinet, ddiwedd Hydref 1914.[2] Cyn hynny, hwyrach iddo alw heibio i Lwyn Idris i gael John Williams o'i blaid. Nid y byddai hynny wedi bod yn anodd iddo; 'lle cerddi di' oedd hi cyn belled ag roedd perthynas 'Brynsiencyn' â Lloyd George yn y cwestiwn. Gallaf ddychmygu gweld y ddau'n eistedd o dan y feranda yn Llwyn Idris – uwch paned a sigâr – a'r ddau'n twymo i'r syniad.

Ar y dechrau, oer ei gefnogaeth oedd Owen Thomas. Ond prinder arian ar gyfer gweinyddu'r fenter a'i pryderai yn fwy nag unrhyw ddiffyg Cymreictod. Tra oedd John Williams yn aelod o'r dechrau un o'r Pwyllgor Gwaith Cenedlaethol a ffurfiwyd, dim ond yn dilyn ail gyfarfyddiad y pwyllgor y cyfetholwyd Owen Thomas. Roedd yr Arglwydd Kitchener, yr Ysgrifennydd Gwladol dros Ryfel, yn gwbl yn erbyn ffurfio Byddin Genedlaethol. O ran hynny, roedd yn wrthwynebus i'r Gymraeg fod yn iaith swyddogol naill ai yn y barics neu ar barêd. Fodd bynnag, ddydd Mercher, 28 Hydref 1914, caed cytundeb ac aed ati i benodi swyddogion:

> Dau ddiwrnod yn ddiweddarach gwahoddwyd Lloyd George drosodd i'r Swyddfa Ryfel i drafod dyfodol y Fyddin Gymreig gyda Kitchener ac i enwi ei ddewis-ddyn yn bennaeth arni yng ngogledd Cymru. Gwysiwyd Owen Thomas i mewn at y ddau, a bu Kitchener yn ddigon mawrfrydig . . . i'w ddyrchafu yn Frigadydd-Gadfridog yn yr unfan.[3]

Clwyfedig Prydeinig ac Almaenig yn Bernafay Wood, Gorffennaf 1916.

Yn wir, aeth R. R. Hughes cyn belled â chofnodi geiriad y sgwrs, er nad oedd yn bresennol: 'Cytunasai Kitchener i godi Byddin Gymreig, a thrôdd yn sydyn at Owen Thomas. "Would you like to be a general?" oedd y cwestiwn ddaeth fel taran, a syfrdanwyd y Milwriad. Am unwaith, ni allai ddywedyd dim. Dyna daran eto: "You are a General".'[4] Ond dyna fo, hwyrach i Owen Thomas adrodd y stori wrth John Williams ac iddo yntau ei hadrodd wrth awdur y cofiant.

BUGAIL I BAWB

Yn ddiweddarach, penodwyd John Williams yn gaplan swyddogol i'r Fyddin Gymreig a rhoi iddo radd cyrnol. Serch fod cynnig yr anrhydeddau hyn yn edrych fel petaent yn digwydd ar hap y foment, roedd yna feddwl ymlaen llaw. Byddai Cymreictod, fel y tybid, yn abwyd i ennill mwy o wŷr ifanc i ymuno â'r fyddin. Ac yn ychwanegol at hynny, roedd gweld penodi rhai fel Owen Thomas a John Williams – hogiau gobeithlu ac ysgol Sul, unwaith – yn warant i rieni pryderus y byddai'r gwerthoedd anghydffurfiol yn ddiogel yn y wlad bell a'r 'oll yn gysegredig'. Yn ôl sawl tystiolaeth a welais, bu John Williams yn fawr ei ofal am y milwyr. Bu'n fwy na phrysur gyda'r gwaith a golygai hynny fod oddi cartref yn gyson ac am gyfnodau: 'Llawer gwaith yr aeth i Lundain, ar ei draul ei hun, i unioni cam rhyw fachgen o Gymro, yn swyddog neu filwr cyffredin, neu i ofyn caniatâd i ryw un gael dyfod o faes yr ymladd pan fyddai gwir reswm am hynny, neu i wasgu ar yr awdurdodau i wneuthur rhywbeth er budd y dynion'.[5] Wrth gwrs, fel Prif Gaplan ystyriai fod ganddo fugeiliaeth ehangach na chaplan cyffredin neu weinidog eglwys. A phwy a ŵyr na theimlai yn ei galon, wedi swcro hogiau ifanc i fynd i ryfela, fod ganddo ddyletswydd bersonol i'w gwarchod a'u hamddiffyn.

Ymwelai'n gyson â'r milwyr mewn gwersylloedd megis Litherland neu Winchester, a phellach na hynny. Ond

Yn ôl ei gofiannydd, gwnaeth John Williams fwy na neb, 'a mwy na phawb gyda'i gilydd', i sicrhau tiroedd i'r Cyngor Sir eu prynu ar gyfer milwyr a ddychwelai o'r Rhyfel Mawr.

gwersyll Parc Cinmel a'r Fyddin Gymreig oedd ei gariad cyntaf. Ar y pryd, y gwersyll a adeiladwyd ym Mharc Cinmel ar gyrion y Rhyl yn 1914 – gyda lein reilffordd i gario'r milwyr o'r gwersyll i gyfleusterau'r dref, ac yn ôl wedyn – oedd y mwyaf yng Nghymru. Gwaith y gwersyll oedd hyfforddi milwr ar gyfer ymladd wyneb yn wyneb; sut i frwydro yn y ffosydd o fewn hyd gwn i Almaenwr ifanc, o'r un oed, un y dylai ei ystyried yn elyn. Gyda chefnogaeth John Williams, a'i gysylltiadau gwleidyddol, codwyd neuadd adloniant helaeth yno i weini cysur i'r hogiau a cheisio gwarchod eu moesau. Fe'i hagorwyd yn swyddogol ddechrau Awst 1916, yn union wedi cychwyn

John Williams, yn ei lifrai, ar ymweliad â gwersyll milwrol gyda Lloyd George yn gwmni iddo.

Brwydr y Somme, ddechrau Gorffennaf, a'r bwtsiera mwyaf gwaedlyd a fu yn ystod y rhyfel i gyd:

> Dydd Sul talodd Mr Lloyd George ymweliad a Gwersyll Parc Kinmel, ac yr oedd yn bresennol ynghyfarfod agoriadol neuadd Ymneilltuol i'r milwyr. Cost yr adeilad ydoedd tua 2,500p. Gwasanaeth crefyddol ydoedd y rhan ddechreuol, y Parch John Williams, Brynsiencyn, yn pregethu yn Gymraeg. Anerchodd Mr Lloyd George y cyfarfod yn Gymraeg a Saesneg. Dywedodd ei fod yn falch o gael bod yno ar amgylchiad mor bwysig . . . Rhaid i ni ofalu fod byddin Prydain heddyw yn un grefyddol, ac yr wyf yn falch o dweud fod darpar-iadau helaeth wedi eu gwneud ar gyfer ein milwyr i gael addoli.[6]

Un a fu o dan hyfforddiant yn y gwersyll, a dod i gysylltiad â John Williams, oedd bachgen o ardal y Gatws – rhwng Tal-y-bont ac Abergwyngregyn – 'Joni Llwyn Celyn Bach'. Erbyn yr Ail Ryfel Byd roedd J. W. Jones yn bregethwr adnabyddus ac yn heddychwr huawdl a thanbaid. Wedi bod yn y gwersyll am ychydig fisoedd penderfynodd cyd-filwr iddo – un o Gaernarfon – ac yntau gymryd seibiant bach, caniatâd neu beidio:

> Ni fuom yn hir yn llechu o'r golwg na ddaeth trên, ac i mewn â ni, a gobeithio yr un pryd y buasai yn aros yn stesion Aber . . . Yr oedd yr hen wraig [ei nain], a mam, wrth eu bodd o'm gweld i wedi dod adre am lîf.

'A faint wyt ti yn ei gael o lîf?'

'Wel, wn i ddim yn iawn. Ychydig o ddyddia' 'falla.'

'Wyt ti am fynd i'r capel y Sul? Mi fyddan nhw yn falch o dy weld di cofia?'

John gartre ar lîf! Mi ges fwy o groeso yn y capel y Sul hwnnw na chonshi. Petawn i yn gonshi 'chawn i ddim, dyna agwedd yr eglwysi yr adeg honno at wrthwynebwr cydwybodol.[7]

Fore Llun daeth y plisman lleol heibio a'i rybuddio i ddychwelyd. Wedi cyrraedd Cinmel, a'r llanc o Gaernarfon wedi cyrraedd yno o'i flaen, cafodd y ddau eu cosbi:

'Joni Llwyn Celyn Bach'; y Parchedig J.W. Jones yn ddiweddarach. Allan o Crefft, Cledd, Cennad, J. W. Jones, Gomer 1971. Thomas Parry o Gaernarfon oedd y milwr a guddiwyd yng ngwely ei dad rhag yr heddlu a chwiliai amdano.

Bu raid i ni fynd o flaen y Cyrnol, a chaed dedfryd gan hwnnw o *Fourteen days hard labour* . . . A mynd yn ôl wedyn i ddadlwytho'r glo trwy'r prynhawn. Rhywbryd tua phump o'r gloch dyma'r sarjiant yn galw:

'94 Jones and 54 Williams, you can go now!'

'Go where?'

'To your huts of course!'

'But we've only done one day at unloading coal, and we have another thirteen days to go!'

'Yes, I know that, but that bloomin' chaplain has been around again!'

'Roedd John Williams wedi bod o gwmpas, a chan ei fod yn ffrindiau hefo Lloyd George arswydai pob swyddog wrth ei weld.

'Pals' oedd un o eiriau mawr y Rhyfel Byd Cyntaf: catrodau o ddynion o'r un cynefin, wedi listio'r un pryd â'i gilydd, gydag addewid bendant y caent – pan ddeuai'r awr – ymladd ysgwydd wrth ysgwydd. Wrth gwrs, roedd i'r Fyddin Gymreig ffiniau lletach na hynny ond yr un oedd yr athroniaeth. Yn ôl yn 1997, mewn rhaglen deledu yn trafod John Williams a'i ran yn y Rhyfel Byd Cyntaf, cyfeiriodd yr hanesydd Bob Morris at apêl a welid ar y pryd ar boster neu mewn papur newydd: 'Listiwch efo'ch ffrindiau, ymarferwch efo'ch ffrindiau, ac ewch i'r frwydr efo'ch ffrindiau':

> Diwedd trajig y rhigwm yna oedd – cewch eich lladd gyda'ch ffrindiau hefyd, a dyna beth ddigwyddodd. Y duedd felly yn sgil y trasiedïau yma oedd datgymalu'r catrodau lleol yma, a'u rhoi nhw mewn gwahanol gatrodau, fel bod bechgyn o'r un ardaloedd ar wahân, mewn niferoedd llai.[8]

Bûm am fisoedd
heb weddïo, /
Sut y gwyddwn
i fod Duw / Yn
fy ngwrando
a tharanau /
Gynnau Fflandrys
yn ei glyw?
– Cynan, 'Pabell y
Cyfarfod', *Cerddi
Cynan*

GWARCHOD Y PETHAU

Amcan gwiw arall ym meddwl John Williams oedd gwarchod crefydd y capeli yn y gwersylloedd ac yn y ffosydd. A gwarchod gwerthoedd y grefydd honno'r un pryd: y Sul 'na wna ynddo ddim gwaith', llwyrymwrthod, gwefus bur a'u cyffelyb. Gwnaeth ymdrech deg i gael y bechgyn

i'w diogelu ac aeth â'r frwydr i gyngor a chynhadledd, i lysoedd enwadol ac at lywodraeth y dydd. Ond brwydr galed fu hi ac un seithug yn amlach na pheidio. Un peth oedd glynu at y gwerthoedd oddi mewn i gwlwm y teulu ac mewn cynefin. Ond hawdded i 'fab y bwthyn tlawd' mewn cwmni brith, gyda'i bryderon am y meysydd gwaed a oedd yn ei aros, fyddai llithro am gysuron gwahanol:

> Ond O! am fynd o'r gwaed a'r twrw
> I'r angof sy'n y gasgen gwrw![9]

Yn wahanol i'r dafarn leol, bu'n rhaid caniatáu i'r neuadd yng Nghinmel fod yn agored ar y Sul yn ogystal. Roedd y Sul Cymreig, y llwyddid ar y pryd i'w ymarfer yn weddol drwyadl yng nghefn gwlad a'r trefi bychan, yn anodd iawn i'w gadw o dan amodau rhyfel. Daeth y 'papur Sul'

Llun o eiddo Evan Rees Williams, Ffordd Waterloo Port, Caernarfon. Mae ei dad, Hugh Williams Rhosgadfan, yn rhywle ymhlith myrdd disgyblion Ysgol Sul Gwersyll Cinmel.

Ffos Brydeinig a adawyd ac a'i meddianwyd gan yr Almaenwyr. Yn y cefndir gwelir catrawd o wŷr meirch Almaenig.

fwy i olau dydd a hwnnw, yn naturiol, yn mynd o law i law mewn gwersyll, yn ddihangfa rhag yr undonedd beunyddiol ac yn ffynhonnell yr wybodaeth ddiweddaraf am gwrs y rhyfel.

Un peth oedd rhegi yn Gymraeg, ond roedd ei wrando yn Saesneg, ar barêd neu wrth ddysgu sut i ladd gelyn, yn ei wneud yn fwy pechod fyth. Ar y cwestiwn o ddefnyddio iaith aflednais ceir gem o stori fer sy'n dangos y sifalri a berthynai i John Williams a maint ei ddewrder a'i awdurdod:

Rhoddwyd rhybuddion i fyny mewn rhai o'r pebyll, yn gwahardd siarad Cymraeg . . . a lluchiai rhai o'r *sergeants* enwau at y bechgyn na chlywsai eu clustiau eu tebyg erioed o'r blaen. 'Now, you little Jesus Christ,' meddai un ohonynt wrth fachgen o Fôn a adwaenai John Williams, a bachgen hefyd y gwyddai'n dda am ei deulu. Awdurdodwyd John Williams gan Kitchener i fynd yno ar ymweliad, ac aeth â'r Parch. W. Llewelyn Lloyd, oedd yn gaplan, gydag ef . . . Yna, gwnaed ymchwiliad heb ganiatâd na chymorth neb, ac aeth John Williams ag adroddiad amdano i'r Cyrnol. Gadawodd hwnnw iddo sefyll, a dywedodd na allent mewn gwersyll felly dalu sylw i bob rhyw gwyn. Crynai John Williams a rhoddodd lythyr Kitchener iddo. Gwelwodd y Cyrnol a gofynnodd i John Williams, 'Won't you sit down?' 'No,' atebai John Williams, 'you did not ask me before. We are of the same rank, are we not?'[10]

Ond peth gwahanol ac anoddach fyth oedd ceisio gwarchod y gwerthoedd yma yn y ffosydd ac yn y ffrynt lein – ond fe roed cynnig arni. Un a wnaeth hynny gydag anrhydedd oedd David Cynddelw Williams, caplan uchel iawn ei barch yn ystod blynyddoedd y Rhyfel Byd Cyntaf, yn uwch felly na rhai fel John Williams a'i debyg, na fu ar feysydd gwaed. Meddai'r Athro D. Densil Morgan mewn astudiaeth: 'Un o drysorau anhysbys y llên ryfel Gymraeg yw dyddiadur a gadwodd Cynddelw Williams yn cofnodi'i brofiadau yn y ffosydd.'[11] I'r neb a borodd drwy'r 380 tudalen anodd fyddai anghytuno â hynny. Fel y nododd Densil, mae'n helaethach na *Dyddiadur Milwr*, Lewis Valentine. Ond yn naturiol, dengys hefyd iddo gael

Wedi'r Rhyfel bu Cynddelw Williams yn weinidog ym Mhenmaenmawr. Yn 1920 ymddeolodd a symud i fyw i Landudno. Bu farw yno 22 Rhagfyr 1942.

Y chwaraewr gwyddbwyll yn 11 Downing Street ar y pryd . . .

dyfnach profiad o enbydrwydd rhyfel nag a gafodd un fel John Williams a'i debyg.

Yn y dyddiadur a gadwodd yn ffosydd Ypres, mae Cynddelw Williams yn sôn amdano'i hun yn gosod 'bocs rhegu' (er mai bocs *atal* rhegi fyddai'r enw gorau arno) yn ffreutur y swyddogion gan ddisgwyl i bawb roi ceiniog ynddo am bob rheg a ollyngid. Cofnododd iddo brynu 'Primus stove at wasanaeth y company mess gan mwyaf trwy arian y rhegu'.[12] Erbyn meddwl, yn y dyddiau hynny roedd ceiniog y rheg yn eithaf cosb!

Pan ddaeth iaith aflednais yn fater i'w drafod mewn Sasiwn a gyfarfyddai yn Rhuthun yn Ebrill 1916, gallai John Williams rannu gair o brofiad. Honnodd, ar lawr y Gymdeithasfa, y gwyddai fwy am y mater nag odid neb arall – 'clywodd â'i glustiau ei hun yr iaith anweddus'. Ond cynghorodd y cynrychiolwyr i ymbwyllo ac osgoi paentio pob swyddog a milwr â'r un brws. Troi at y Brigadydd Gadfridog Owen Thomas fyddai'r iachawdwriaeth, un a wyddai iaith y nefoedd a gwerth y wefus bur. Yn ôl John Williams, pe clywai Owen Thomas swyddog yn tyngu ac yn dirmygu'r Gymraeg gallai eu sicrhau na ddigwyddai hynny eilwaith.[13] Fy nhybiaeth i ydi y byddai'r gwŷr traed, milwyr cyffredin, yn medru rhegi'r un mor llithrig ac wrthi yr un mor gyson. Ond barn Aled Eurig, un eithafol hwyrach, oedd fod y Prif Gaplan i'r Milwyr Cymreig 'yn poeni mwy am regi ac yfed yn y barics nag am yr Angau a oedd yn disgwyl llawer o'i braidd yn Ffrainc'.[14]

Dywedodd Lloyd George, ar goedd gwlad, fod y ddiod feddwol yn gwneud mwy o lanastr na holl sybmarîns yr Almaen gyda'i gilydd[15] – honiad a fyddai'n anodd iawn ei brofi, ddywedwn i. (Nid na fyddai ei bartneres, Frances Stevenson, ac yntau'n mwynhau ambell ddiferyn allan o 'sŵn y storm a'i chlyw'.) Ond ymateb i farn yr eglwysi roedd o, gan sylweddoli ar ba ochr i'r frechdan roedd ei fenyn. Mae'n debyg iddo, fel Prif Weinidog, dderbyn 2,700 o negeseuon oddi wrth eglwysi ar gwestiwn diota ac yn pledio llwyrymwrthod. Ond os oedd alcohol yn felltith, tybid mai bendith i'r milwyr oedd nicotin. O leiaf, dyna gred David Cynddelw Williams. Cafodd, meddai, 'y pleser' o rannu 7,000 o sigarennau i'r milwyr, naill ai cyn iddyn nhw fynd i'r ffosydd yn Ypres, neu wedi iddyn nhw ddychwelyd: 'Buont yn wasanaethgar iawn i'w rhannu i'r bechgyn, a rhannwyd rhai ohonynt o dan amgylchiadau a wnâi i'r gwrthysmygwr mwyaf eiddgar fodloni i'r peth.'[16]

Wrth adael John Williams yr ochr yma i'r dŵr, hyd ddiwedd y bennod, mae rhywun yn symud oddi wrth yr ymdrech i warchod gwerthoedd yn y gwersylloedd at y frwydr i fyw'r ffydd yn y ffos.

Ai 'esgob' yng ngêm gwyddbwyll Lloyd George oedd John Williams – a'i sigâr?

A BEIBL I BAWB

Symbol o'i grefydd y gallai milwr ei gludo i ryfel yn weddol ddidrafferth oedd Beibl ac fe sylweddolodd yr eglwysi hynny. Fel y nododd sawl hanesydd, aeth miloedd o Gymry ifanc i'r ffosydd â'u crefydd a'u Beiblau i'w canlyn. Wedi dychwelyd o'r rhyfel gyda'r Testament Newydd a gafodd yn rhodd gan ei eglwys, barbwr yn Nefyn fu Griffith Parry weddill ei ddyddiau. Fe'i cafodd cyn gadael am y Dardanelles, tua'r un pryd â Tom Nefyn a chyda'r un gatrawd ag o – testun balchder mawr iddo weddill ei oes. O gofio mai eglwys Gymraeg oedd Soar, Nefyn, mae'n syndod mai Testament Saesneg a roddwyd iddo. Ac mae'r geiriad y tu mewn i'r clawr, hefyd, yn Saesneg ac yn mwngraleiddio'r Gymraeg ar ben hynny: 'Mr Griffith Parry, 1 Upper Vron Terrace, Nevin'. Cymdeithas y Beiblau a'i cyhoeddodd, ond roedd yna argraffiad Cymraeg, cyffelyb, ar gael. Disgrifiwyd yr argraffiad hwnnw'n gofiadwy ddigon gan Y Brython fel 'Gair y Bywyd i'r Bechgyn' a'i ddisgrifio fel 'argraffiad hynod o ddel a hwylus ei logellu yn y boced leiaf bron, ac yn ddigon ysgafn, er trymed y gwirionedd sydd ynddo'.[17]

Yn ôl ei blant, Hugh a Mary, ymffrostiai Griffith Parry, hyd ei farwolaeth yn 1974, mai'r Testament hwn – modfedd o drwch – a ddaliodd rym yr ergyd a anelwyd at ei galon a'i harallgyfeirio. Bûm yn cael golwg ar y gyfrol ond nid oes arni na staen na chraith. Ond i'r barbwr, bu'n enghraifft o ragluniaeth ar waith. Ymrestrodd Griffith Parry a dau frawd iddo ar yr un diwrnod yn union â'i gilydd. Ond, yn wahanol i hanes cynifer o deuluoedd, daeth y tri yn ôl o'r Rhyfel Byd Cyntaf yn ddianaf.

Un o'r hanesion rhyfel mwyaf chwithig yng ngwlad Llŷn, ddiwedd Mawrth 1917, oedd am Feibl yn dychwelyd heb y milwr. Dyna a ddigwyddodd yn hanes Jane Williams, 8 School Terrace, Aber-erch. Cyn y rhyfel, roedd un o'i meibion, Griffith, yn gweini yn Bon Marche – y siop ddillad ddethol a'r enw tramor iddi ym Mhen Cob, Pwllheli – ond cafodd ei ladd yn Ffrainc yn 1916. Fisoedd lawer yn ddiweddarach, ar drothwy'r Pasg, cyrhaeddodd sypyn o'i ddillad i School Terrace. A gall dyn ddychmygu i'r briw nid yn gymaint gael ei ailagor ond ei agor yn lletach. A chyda'r dillad, yn ôl y papur newydd lleol, yr oedd ei Feibl, 'yr hwn a gynhwysai 600 o dudalennau, a'r fwled wedi mynd drwyddo'.[18]

David Eddison Bibby, ifanc yr olwg. Llwyddodd i ymrestru yn 17 oed.

Cael Beibl wedi dychwelyd o'r rhyfel fu hanes rhai, yn fath o wobr, mae'n debyg, am eu dewrder; Beibl a swper yn y festri oedd croeso ambell eglwys. Cefais gip ar Feibl o'r fath gan ffrindiau i mi, Trefor a Rhoda Jones. 'Beibl yr Athraw' oedd y fersiwn, mewn rhwymiad lledr hynod o hardd, a mynegair manwl ar ei ddiwedd. Cafodd ei gyflwyno ym Mawrth 1920 i ewyrth i Rhoda, brawd i'w thad – David Eddison Bibby – gan Ebeneser, eglwys yr Annibynwyr yn Nhrefriw, 'yn gof-arwydd o werthfawrogiad yr eglwys uchod o'i wasanaeth hunan-aberthol yn y Rhyfel Mawr 1914–18'. Daw'r cymal o adnod a argraffwyd

Robert Jones, tad John
Gruffydd Jones, yn
filwr. Saif ei fam ar
y chwith iddo gyda'i
frawd a'i ddwy chwaer.

ar y dystysgrif, 'Eiddo yr Arglwydd yw rhyfel', allan o baragraff gwaedlyd enbyd o'r Hen Destament, lle cymeradwyir torri pennau a rhoi cyrff y rhai a leddir 'i ehediaid y nefoedd, ac i anifeiliaid y maes'.[19] Yn chwithig ddigon, y gweinidog a arwyddodd y dystysgrif oedd Henry Jones, tad William Jones, y telynegwr, a ganodd am 'ynfydrwydd' rhyfel: 'A chwythodd hwn â'i 'fennydd pŵl / Y sioe i gyd yn rhacs – y ffŵl'.[20]

Fel y nodwyd, ar dro y Beibl yn unig a ddaeth yn ôl ac yn amlach na hynny, wrth gwrs, yr un o'r ddau. Ond ambell dro – a hawdd deall hynny – fe ddaeth y milwr yn ôl heb ei Feibl, na'i grefydd. Yn *Gwaedd y Bechgyn* mae Alan Llwyd yn trafod, yn eang ryfeddol, y beirdd Cymraeg, ac ambell fardd Saesneg, yr heriwyd eu ffydd Gristnogol yn ystod y Rhyfel Mawr hyd at ei cholli. 'Beibl hardd yn anrheg' a gafodd 'William Oerddwr', William Francis Hughes – bardd gwlad o Eryri – wedi iddo ddychwelyd o'r Somme a thir Péronne. Ond ymddengys fod y berthynas wedi torri cyn iddo godi'i bac:

Deisyfwn cyn fy nghychwyn am y drin,
     P'run bynnag a ddown 'nôl ai peidio'n fyw,
Am dynnu f'enw i ffwrdd o lyfrau crin
     Y capel bach, rhag ofn insyltio Duw . . .
     Syrffedais gymaint ar eu rhodd a'i thruth
Nes oedi agor clawr fy Meibl byth.[21]

Sylw Gerwyn Wiliams ydi iddo fethu 'cysoni Cristion-ogaeth ddaionus ag erchylltra'r Rhyfel Mawr'.[22] Yn *Yr Herald Cymraeg* yn ystod ail hanner 1917, ceir copïau o lythyrau a anfonodd y bardd at Carneddog a Bob Owen, Croesor. 'Chum, Anwyl' ydi ei gyfarchiad yn amlach na pheidio, a'i gyfeiriad, unwaith, oedd 'Rhywle yn Nhir Estron'. Yna, yn ei golofn 'Manion o'r Mynydd', mae Carneddog yn nodi bod y sonedwr wedi'i glwyfo: 'Daeth gair o Ffrainc fod Gunner William Francis Hughes (William Oerddwr) wedi ei glwyfo yn lled ysgafn gan shrapnel yn ei gefn. Perthyn i'r Gatrawd Gymreig. Gobeithiwn y caiff y cyfaill medrus a llengar ei arbed.'[23] A chafodd ei arbed. Cyn pen y mis ceir nodyn annisgwyl ganddo: 'Derbyniais barsel campus yr wythnos hon oddiwrth Eglwys Peniel M.C., Nantmor'. Ac meddai, serch ei gais i dynnu'i enw i ffwrdd 'o lyfrau crin y capel bach', 'Daeth ei gynwysiad yn ddefnyddiol iawn dan yr amgylchiadau yr oeddwn ynddynt, yn enwedig felly y gymysgfa barod i wneyd cocoa.'[24]

Roedd pwysau mawr ar ferched i hybu gyrru'r dynion i'r fyddin. Dyma ddarn o ddelwedd oddi ar boster recriwtio.

'LLYTHYRAU ODDI WRTH EIN MILWYR'

I mi, ar wahân i gerddi'r Rhyfel Mawr, llythyrau milwr cyffredin o faes y brwydo sy'n dangos yn well na fawr ddim arall y ffydd yn y ffosydd. Weithiau mae hi'n cael ei cholli – a hawdd i rai na fu yno ydi gresynu at hynny – a dro arall yn dal y pwysau i gyd ac, ar dro, yn cael ei chadarnhau. A bod yn deg, fe ddychwelodd ugeiniau ar ugeiniau o'r Rhyfel Byd Cyntaf â'u ffydd i'w canlyn. Dyna farn R. Prys Owen, a gofiai'r cyfnod: 'Erbyn hyn y mae llawer o'r rhai a fu yn wynebu'r tân yn arweinwyr crefydd yn yr Ynys, ac amryw wedi mynd i'r weinidogaeth. Os collodd rhai eu gafael ar bethau ysbrydol ym mhrofiad chwerw y pedair blynedd ofnadwy hyn, i eraill dyma'r blynyddoedd y cyffyrddodd Duw â'u calon.'[25] Yn ei gyfrol *Dyddiadur Milwr*, mae Lewis Valentine yn sôn amdano'i hun, serch ei atgasedd cynyddol o ryfela, yn cynnal oedfaon a phregethu'n gyson gydol y rhyfel. A gwnaeth hynny weddill ei ddyddiau.

Ymddangosai llythyrau oddi wrth y milwyr yn y papurau newydd yn gyson. Weithiau llythyrau penodol i'r wasg oeddynt, i ddweud sut roedd pethau; dro arall, ceid rhai a anfonwyd at rieni neu gydnabod, a'r rheini wedyn am i eraill ddarllen yr hanesion. Mewn papur newydd fel *Yr Udgorn* – cyfyngedig ei gylchrediad a lleol ei gynnwys – roedd yna golofn 'Llythyrau Oddi wrth Ein Milwyr' ac yn aml luniau o'r milwyr hynny. Gan mai Pwllheli a Phenrhyn

'Er hynny, cafodd Lewis Valentine nerth i ddal ei afael yn ei Dduw. A dyna, efallai, yw tystiolaeth fwyaf arbennig *Dyddiadur Milwr*: yn y Somme, yn Passchendaele, ym mhyrth Angau ei hun, 'yno hefyd yr wyt Ti.' – John Emyr, Rhagymadrodd i'r gyfrol.

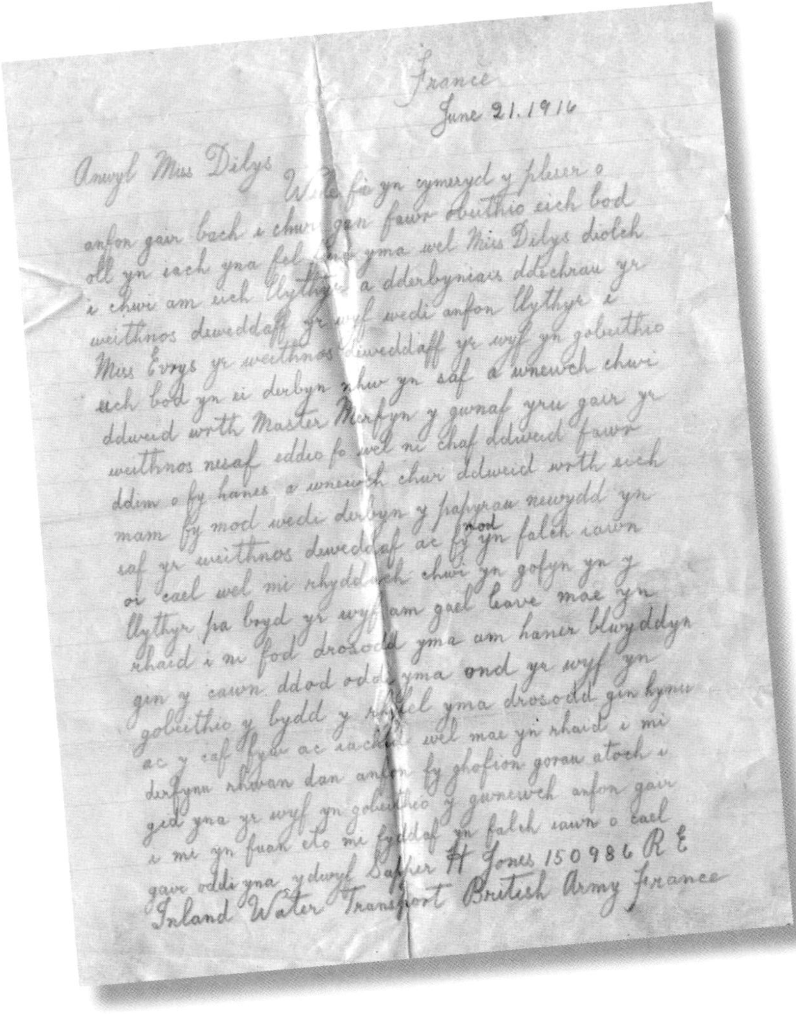

France
June 21.1916

Anwyl Miss Dilys
Wele fi yn cymeryd y pleser o
anfon gair bach i chwi gan fawr obeithio eich bod
oll yn iach yna fel [illegible] yma wel Miss Dilys diolch
i chwi am eich llythyr a dderbyniais ddechrau yr
weithnos diweddaff yr wyf wedi anfon llythyr i
Miss Evrys yr weithnos diweddaff yr wyf yn gobeithio
eich bod yn ei derbyn rhw yn saf a wnewch chwi
ddweid wrth Master Merfyn y gwnaf yru gair yr
weithnos nesaf iddio fo wel ni chaf ddweid fawr
ddim o fy hanes a wnewch chwi ddweid wrth eich
mam fy mod wedi derbyn y papyrau newydd yn
saf yr weithnos diweddaf ac fy mod yn falch iawn
oi cael wel mi rhyddwch chwi yn gofyn yn y
llythyr pa bryd yr wyf am gael leave mae yn
rhaid i mi fod drosodd yma am hanner blwyddyn
cyn y cawn ddod oddi yma ond yr wyf yn
gobeithio y bydd y rhyfel yma drosodd cyn hynny
ac y caf fyw ac iachus wel mae yn rhaid i mi
derfynu rhwan dan anfon fy nghofion goreu atoch i
gyd yna yr wyf yn gobeithio y gwnewch anfon gair
i mi yn fuan eto mi fyddaf yn falch iawn o cael
gair oddi yna ydwyf Sapper H Jones 150986 R E
Inland Water Transport British Army France

Gair at Dilys Edna, 'Miss Dilys', o faes y gad gan 'Sapper H. Jones' 150986. Yn Adroddiad Horeb, Brynsiencyn 1915–1918 ceir un 'H. Jones Tre'r Beirdd', â seren i nodi ei fod 'yn, neu wedi bod yn y front'. Ai hwnnw oedd y gohebydd? Ond damcaniaethu fyddai hynny.

Llŷn, yn bennaf, oedd cylch darllenwyr *Yr Udgorn*, arddull papur bro sydd i'r wythnosolyn ac awyrgylch deuluol, bron, i'r straeon a'r llythyrau.

Er enghraifft, yn Rhagfyr 1917 derbyniodd Robert Hughes, pobydd yn Stryd Kingshead, Pwllheli, gerdyn

Cadw cyfrinachau
a chuddio'r gwir am
erchyllterau oedd yr
amcan drwy sgriblan
dros eiriau neu dorri
allan. Mor amrwd,
fel y gellid, weithiau,
ddarllen rhwng y
llinellau.

Nadolig o Wlad yr Addewid. Hugh Davies, a drigai ar un adeg yn yr un stryd ag o, oedd wedi'i anfon. Mae graffeg y cerdyn – lliwiau catrodau'r Fyddin Gymreig yn hytrach na phreseb – yn datgan amcanion y Rhyfel Mawr yn fwy na chyhoeddi neges Tywysog Tangnefedd. Ym mhlygion y cerdyn roedd llythyr wedi'i amgáu ac fe'i cyhoeddwyd yn *Yr Udgorn*. Mae'r cynefindra â'r Beibl Cymraeg, a diwinyddiaeth yr awdur, yn peri i mi dybio fod Hugh unwaith yn un o blant yr ysgol Sul. O'i gymharu â rhai a ddadrithiwyd gan y brwydro creulon a'r colledion enbyd, ysgrifenna'n rhwydd gan swnio'n ddigon iach ei galon. Yn wir, mae'n llawenhau am i Dduw roi 'yr oruchafiaeth' i'r Fyddin Gymreig a bod 'Gwlad yr Addewid bron i gyd ym meddiant Prydain'. Bron na thry'r llythyr yn epistol cyn y diwedd:

Y mae yn llawen genyf allu rhoi ar wybod i ti fod milwyr Prydain wedi cymeryd Bethlehem Judah a Jerusalem, ac

yr ydym yn gwersylla o fewn pedair milltir i Hebron . .
. . Byddaf yn meddwl ambell waith am yr hanes hwnw
am y Philistiad yn syrthio yn archolledig o Dan hyd
Beerseba. Nid yw hyny yn ddim i'r pethau y mae Duw
yn Ei wneud dros ei bobl y dyddiau hyn. Pan oeddym
yn cychwyn i'r ymladdfa y tro diweddaf yr oeddym
bymtheng milltir o Beerseba, ac yn awr y mae ein milwyr
tu draw i Jerusalem. Felly, gweli ddarfod i Dduw roddi y
fuddugoliaeth yn llwyr yn ei dwylaw.[26]

Os na fu Hugh yn Neuadd y Dref yn gwrando ar John
Williams yn recriwtio, mae'n sicr yn cytuno â'i syniad o
ryfel sanctaidd, ac yn dehongli'r Rhyfel Byd Cyntaf yn
nhermau brwydrau'r Hen Destament a'r Duw a ddarlunir
yno.

Ond os mai llawenhau roedd Hugh Davies, Pwllheli,
fod 'ein milwyr tu draw i Jerusalem', methu â chysoni na
dirnad hynny roedd J.T.W., y Pistyll – tad Tom Nefyn:

> Oes *trenches* yng Ngardd Gethsemane
> I fechgyn a fagwyd yn Llŷn?[27]

Cyn mynd dros y top ar gyrion Gasa yn 1917, lle cafodd
ei glwyfo, anfonodd Tom lythyr at ei dad – yr olaf, fel yr
ofnai – ac amgáu tri blodyn. Pan gyrhaeddodd y llythyr
Fodeilias, Pistyll, roedd yna 'ysmotyn o waed' arno.
(Bardd yn canu'n rhwydd, yn y mesurau rhydd, oedd John
Thomas Williams, yn cyfeirio'n gyson at ddigwyddiadau'r

Roedd John
Thomas Williams,
tad Tom Nefyn,
yn fardd gwlad o
gryn boblogrwydd.
Cyhoeddwyd *Y
Pistyll Cyntaf* yn
1920 ac *Yr Ail
Bistyll*, wedi'i
farwolaeth, yn
1921 – gyda
Rhagair cefnogol
gan Cynan.

Daw â'i gerdd
tua'i therfyn â'r
cwestiwn – /
Dy fechgyn
sydd bron yng
Nghalfaria, / A'r
gweddus sŵn
gynnau yn glod?
/ Fel ei fab,
roedd yntau'n
garwr heddwch.

dydd gan adael moeswers yn y pennill olaf.) 'Llythyr o Wlad yr Addewid' oedd y teitl a roddodd i'w gerdd ac fe'i cyhoeddwyd, i ddechrau, yn *Yr Herald Cymraeg*:

> Ces lythyr o 'Wlad yr Addewid',
>   Ac arno ysmotyn o waed!
> Ni wn pa fodd y daeth arno,
>   Ond arno er hynny ei caed:
> Fy machgen sydd yno ers amser,
>   Fy Nhomi yn ymgyrch y gad!
> Fy Nhomi yn cerdded hen lwybrau
>   Sy'n annwyl gan Gymro pob gwlad.[28]

Yn ystod blynyddoedd y Rhyfel Byd Cyntaf, fel yn ystod yr Ail Ryfel Byd, roedd hi'n arfer gan eglwysi lythyru â'r bechgyn ac, ar dro, anfon rhoddion yn ogystal. Gan amlaf, y gweinidog – os oedd un ar gael – a wnâi'r gwaith hwnnw. Er y byddai ganddynt ddwy farn eithafol o wahanol am natur rhyfel, byddai gweinidogion o heddychwyr a'r rhai a gefnogai'r brwydro yn cyflawni'r gwaith. Anfonodd Tom Hugh Owen air o'r ffosydd at ysgrifennydd eglwys Ebeneser, Llanfair-pwll, i ddiolch am bwdin Dolig a dderbyniodd oddi wrth y capel:

> Byddaf yn meddwl llawer am danoch ac yr wyf yn gobeithio y caf eich gweled cyn bo hir. Pan oedd y Germans yn ein shelio ni y peth cyntaf a ddaeth i fy meddwl i oedd yr Emyn yma.

Duw mawr pa beth a welaf draw
Diwedd a braw i'r holl fyd.
Yr ydym yn credu yn eich gweddïau, felly
parhewch i weddio ar ein rhan.[29]

Ni chafodd weld ei gyd-aelodau wedyn. Collodd
ei fywyd yn Ffrainc, a hynny ar ddydd Gŵyl Dewi
1916. Doedd 'gweddïau' o'r fath, na llythyr na
rhodd o bwdin, na hyd yn oed Beibl, yn warant
rhag ergyd derfynol.

'FFYDD YN Y FFOSYDD'

Cwta ddeng mlynedd oedd yna rhwng y
Diwygiad yn torri allan yng Nghasllwchwr
– 'diwrnod mwyaf ofnadwy a hyfryd fy mywyd', chwedl y
diwygiwr ei hun, Evan Roberts – a'r rhyfel yn torri allan
ar gyfandir Ewrop. Wrth edrych yn ôl, roedd William,
brawd Lloyd George, yn gweld cryn debygrwydd rhwng
y ddau ddigwyddiad: 'Fe'i taflodd Cymru ei hunan i'r
Rhyfel hwn yn erbyn yr Almaen fel y gwnaeth yn erbyn
teyrnas Satan yn amser y Diwygiad, ac yn rhyfedd iawn
yr un bobl i raddau pell a'i harweiniai yn y naill achos a'r
llall!'[30] Yn ôl John Davies yn *Hanes Cymru*, 'yn 1904–05,
enillodd y prif enwadau tua 80,000 o ddychweledigion,
ond yr oedd eu tri-chwarter wedi cilio erbyn 1912'.[31] Eto

Evan Roberts, y Diwygiwr. John Williams sydd piau'r llaw gynhaliol ar ei ysgwydd. 'How wise in offering counsel to me, who was so young ...' – O lythyr Evan Roberts a ddarllenwyd ddydd angladd John Williams.

rhaid bod peth o'r dylanwad wedi aros. O leiaf fe aeth cannoedd ar gannoedd i'r gwersylloedd a'r ffosydd yn cofio awyrgylch y gorfoleddu a fu – beth bynnag am fedru arddel y profiadau hynny 'yn y peiriau tân' – ac mae'n ddiamau i'r cyfan ddylanwadu ar ffydd a chred.

Yn ei astudiaeth raenus o ddyddiadur rhyfel D. Cynddelw Williams, mae Densil Morgan yn dyfynnu'r hanes amdano'n cynnal oedfa yn ffosydd Ypres o dan amgylchiadau erchyll: 'Anhawdd iawn oedd sylweddoli fod y Sabbath wedi gwawrio arnom pan y daeth. Cawsom wasanaeth gyda'r hwyr, a da gennym fod wedi ei gael, waeth dyna'r Sabbath diweddaf ar y ddaear i tua hanner y nifer a oedd yn bresennol.'[32] Ac meddai ymhellach, mewn ysgrif yn *Y Goleuad*: 'Golygfa a erys yn ein cof ydoedd gweled nifer o'n bechgyn drannoeth y frwydr, yn eistedd mewn man o'r hwn, pe codent ar eu traed, y buasent yn weledig gan y gelyn, ond yno yn ymdrin yn hamddenol ar bynciau crefydd.'[33]

Hawdd deall milwyr yn ymgynnull i ganu emynau, fel y gwneir, yn reddfol bron, ar gae chwarae neu wedi iro'r llwnc mewn tafarn:

Ac yn nyddiau yr alanas
Aeth emynau'r Nef i'r gad.[34]

Er enghraifft, cafodd Howel Ellis, 'Pencerdd Gwyrfai', ei glwyfo ym mrwydr Ypres a phan ddychwelodd cofnodwyd peth o'i hanes yn *Y Dinesydd Cymreig*.[35] Cofiai am y milwyr

Delwedd o filwr Ffrengig yn helpu ei gyfaill o'r weiren bigog erchyll. Fel modd o amddiffyn yn ystod Y Rhyfel Mawr daeth y weiren bigog i fod bron mor bwysig â'r miwnisions eu hunain, ac fe godai arswyd ar filwyr.

yn dychwelyd un Sul o frwydr Lille, 'gan ganu tôn William Owen, Prysgol, Bryn Calfaria, a'r Ffrancod yn ceisio ymuno â hwy yn y gân'. Ac roedd hi'n haws torri allan i ganu emynau, mae'n ddiamau, wrth ddychwelyd o faes y gad nag wrth gyrchu yno. Ond ar adegau argyfyngus, mae'n amlwg y golygai crefydd yn y ffos fwy na Band of Hope neu 'chwarae capel': 'The inimitable old Welsh hymns are sung at every battle front, and the consolation of religion is available to the Welsh soldier in the language he has known and loved from his infance, often the only language in which communion with the Unseen is possible to him.'[36]

Ond roedd yna elfen wahanol a dwysach fyth, yn siŵr gen i, yn perthyn i ddathlu Swper yr Arglwydd yn un o

Almaenwyr yn gosod weiren bigog, yn ôl y nodyn ar y llun. Cenid caneuon macabre *am yr hyn a wnâi'r weiren bigog i filwr.*

gytiau'r fyddin, neu yn yr awyr agored, yn union cyn mynd i'r ffosydd neu dros y top. Dyna oedd barn James Evans – gweinidog o argyhoeddiadau tebyg i John Williams – a lythyrai i'r *Darian*, un o bapurau Aberdâr. Meddai mewn llythyr: 'nid sŵn y tabwrdd yw gwladgarwch llawer o'r bechgyn yma, ond arwriaeth Cristnogol sydd yn ennill grym wrth ddynesu at awr y prawf, a cholyn angeu ei hun wedi ei dynnu'. Sonia am dorri bara ar nos Sul – yn union cyn i'r bechgyn fynd i'r ffosydd – ac ar y diwedd, pedwar yn mynd 'i weddi, y naill ar ôl y llall heb eu gofyn', pob un yn tystio i barodrwydd i farw 'os hyn a fai'r cwpan'.[37] Meddai 'Un o'r ffosydd' wrth ganu am frwydr gyntaf y Somme:

> A'r canu rhyfeddaf, ie'r canu dwyfolaf,
> Oedd canu y bechgyn cyn cymryd y coed.[38]

Yn *Y Goleuad*, cyhoeddwyd llythyr maith gan filwr o'r Corfflu Meddygol, E. J. Jones. Y pennawd oedd 'Gair o Facedonia', a'i neges oedd amgáu cerdd a gyfansoddwyd gan gyd-filwr iddo. Fe'i cyfansoddwyd, meddai'r llythyrwr, 'wedi i ni fod yn cysgu allan yn yr awyr agored ar ein ffordd i fyny'r "line"'. Ymddengys fel petai ffydd y bardd yn ei arwain i chwennych merthyrdod, bron, neu o leiaf i ufuddhau i'r amgylchiadau. Ond pa ddewis arall oedd ganddo?

'Er ymhell o Gymru fach – "cartref, cysegr, salm ac emyn," a'n bod wedi gorfod gadael ein hanwyliaid a'n cyfeillion ar ôl, eto diolch nad oedd angen i ni ffarwelio â'n Duw.' — E. J. Jones, yn ei lythyr.

Pa beth yw'm cwyn a'm llef
A'm mynych glwyf,
Os dyma yw ei Fwriad Ef,
Wel boddlon wyf;
Os ysgol Duw i'r Crist
Oedd cwsg di-dô,
Wynebaf innau'r oriau trist
A'i gwmni O.[39]

O! FY MAB, FY MAB!

Ond, o'r holl bethau a ddarllenais am wewyr teuluoedd yn ystod y Rhyfel Byd Cyntaf, welais i ddim dwysach na llawysgrif Edward Joseph, gweinidog yng Ngarn-dolbenmaen.[40] Wedi gyrfa academaidd ddisglair a'i benodi'n athro ysgol, ymunodd ei fab, Joseph Richard Joseph, â Chatrawd Llundain – o'i wirfodd, nid o raid:

Roedd Joseph Richard Joseph yn un o gyfeillion R. Williams Parry. 'Cydymaith mewn coed imi' meddai'r bardd amdano mewn englyn coffa, gan gyfeirio at y coed ar lan y Fenai, yn ôl Alan Llwyd.

> Gan ei fod ef wedi ei eni yn America nid oedd un perygl iddo gael ei orfodi pe deuai gorfodaeth. Ond gan ei fod yn ddyn ieuanc mor gydwybodol, teimlai nad oedd yn iawn iddo dderbyn breintiau y wlad mewn addysg ac ysgoloriaethau heb hefyd fod yn barod i helpu'r wlad yn nydd ei chyfyngder . . . a'r diwedd fu iddo ymuno â'r fyddin o'i wirfodd Rhagfyr 1915.

Ysgrifennodd 'Rich' lythyr at ei deulu – un bwriadol obeithiol, er nad oedd pethau felly – fore Gwener, 22 Mawrth 1918, awr union cyn cychwyn am y ffrynt. Cyrhaeddodd y llythyr y Garn y bore Iau canlynol, a'i ddilyn, fore Sadwrn, gan y telegram canlynol: 'Deeply regret. 49 Casualty Clearing Station reports Joseph R. Joseph died of wounds in legs'.

Mae'r tudalennau ar dudalennau o gatharsis a ysgrifennodd ei dad, yn dilyn derbyn y newydd, yn galonrwygol:

O! yr ergyd ofnadwy a ddaeth arnom fel teulu bach. Ein hannwyl fachgen wedi ei dori i lawr ac yn ei fedd ers deuddeg diwrnod, ie yn ei fedd ers dau ddiwrnod pan gawsom ni ei lythyr olaf . . . Ond wele ein gobeithion ni oll wedi diflanu, fel niwl y boreu, a'n castell wedi ei chwalu i'w waelodion, a'n mynwesau ninnau yn dygyfor gan drallod, tristwch a hiraeth . . . O! awr ddu, awr ei golli.

Yng ngeiriau cân y milwyr: 'If you want the old battalion, / We know where they are, we know where they are, / . . . They're hanging on the old barbed wire, / We've seen them, we've seen them, / Hanging on the old barbed wire . . .'

Byddai Edward Joseph, y gweinidog a'r pregethwr, yn gyfarwydd iawn â'r geiriau o'r Ysgrythur, 'O Absalom fy mab, fy mab Absalom! O na fyddwn wedi cael marw yn dy le. O Absalom, fy mab, fy mab!'[41] Teimlai ei fod yn rhannu'r un profiad â'r brenin Dafydd, yntau, a gollodd ei fab mewn rhyfel. Ond mae ei ffydd yn rhyfeddol:

Pa fodd y gallasom ddal y fath ergyd drom – yr oedd ein heneidiau fel pluen yn cael ei chwyrnellu gan y corwynt ofnadwy – a da iawn i ni y diwrnod du hwnnw fod gorsedd Gras i ni droi ati, a'r addewidion gwerthfawr yn cael eu cyflawni tuag atom – 'yn ôl y dydd y bydd dy nerth' ac 'yn llaw Duw', a 'than law Duw' a 'Duw gyda ni' a theimlwn yn lled sicr os ydym yn dlotach, heb ein hannwyl Richard, y mae y nef yn llawnach.

Disgrifiwyd Joseph Richard gan gydnabod iddo fel 'cymeriad prydferth iawn, yn nodedig grefyddol', â 'phawb a'i hadwaenai yn ei fawr hoffi'.[42] Serch maint colled y rhieni a'i ddwy chwaer ar yr aelwyd yng Ngarn-dolbenmaen, dydi Edward Joseph ddim yn beio Duw am y rhyfel, na John Williams a'i debyg o ran hynny. Rhydd y bai ar y swyddogion a arweiniai'r cyrch ar y pryd, a hwyrach fod llawer o'r gwir yn hynny. Yna, ar derfyn y llawysgrif, mae'n datgan ei gred yn y rhyfel – yr un gyffes ffydd yn union ag a ddaliai John Williams. Ymffrostiai i'w fab disglair 'aberthu ei fywyd glân a gwerthfawr dros ryddid, cyfiawnder a gwirionedd'. Ond ei ymffrost olaf un ydi fod y 'bardd Coronog Bob Williams Parry' a 'hoff gyd-efrydydd' ei fab yn y coleg ym Mangor wedi cyfansoddi englyn i'w anfarwoli:

> Druaned ei rieni ar y Garn
> Oer ei gwedd o'i golli!
> Cydymaith mewn coed imi,
> Mwyn ei lais ger Menai li.[43]

O DAN Y LACH

WEDI I'R ARGLWYDD KITCHENER BWYNTIO'R BYS CYFARWYDD hwnnw i'w gyfeiriad a'i ddyrchafu'n Frigadydd Gadfridog gollyngodd Owen Thomas ei het – gan faint ei sioc. Roedd hynny'r Gwener olaf yn Hydref 1914. Ymhen pythefnos roedd o'n bwrw'r Sul yn Pinfold Manor, cuddfan garu Frances Stevenson a Lloyd George yn Walton Heath, Surrey.

'Wrth gwrs,' meddai Owen Thomas, 'doeddwn i'n gwybod dim am y peth. Ond doedd hi ddim yn hawdd iawn imi ddeud "na".'

'Ond Thomas annwl,' awgrymodd Lloyd George, 'doeddach chi ddim mewn cyflwr i neud dim ond derbyn!'

'Na!' meddai'r Brigadydd Gadfridog, a chwerthin. 'Ond ma' gin i go' imi, yn fy mawr syndod, ollwng fy het.'[1]

Yn ôl Frances Stevenson, Lloyd George *oedd* y pensaer a'r un a drefnodd bopeth ymlaen llaw.

Ond os bu i Owen Thomas golli gafael yn ei het, hwyrach i John Williams, pan gafodd ei benodi'n Brif Gaplan i'r Fyddin Gymreig, golli'i ben. 'Pan dorrodd y Rhyfel Fawr allan,' meddai *Baner ac Amserau Cymru*, 'nis gellid myned rhagom heb gael y Doctor ar y blaen. Derbyniodd yr anrhydedd o *Honorary Colonel*, gyda hyfrydwch plentyn'. Ac ychwanegu, 'Yr oedd yn ŵr amlwg; hoffai fod yn amlwg'.[2]

Oherwydd y fath dywallt gwaed oedd yn digwydd, a rhan eithafol amlwg John Williams yn hyrwyddo'r rhyfel, aeth gwrthwynebiad rhai i'r ymladd chwerw yn gasineb personol tuag ato. Ond i rai a fu drwy'r drin neu a gollodd anwyliaid ym mlodau eu dyddiau, anodd, neu amhosibl hwyrach, oedd teimlo'n wahanol. Bu o dan y lach ar sawl cyfrif, ei bwyso mewn sawl clorian, a'i gael yn brin sawl tro.

HANNER YN HANNER

Yn fuan wedi'i ddyrchafu'n swyddog, dechreuodd wisgo hanner yn hanner; daliodd yn ddiwyro at y goler gron ond newidiodd ei siwt pregethwr am iwnifform – un cyrnol ar ben hynny. O hynny ymlaen, felly yr âi o gwmpas y wlad i bregethu a listio. Mae gan ŵr o Lŷn atgofion fel y byddai ewyrth iddo – Hugh Rowlands o Bentre-uchaf – yn sôn amdano'i hun yn mynd i Bwllheli ar ddiwrnod ffair, a gweld John Williams yno'n recriwtio yn y wisg filwrol. Diddorol oedd darganfod adroddiad papur newydd, wedyn, yn cadarnhau'r atgofion hynny:

Dyn o ddau hanner?

> Brydnawn Sadwrn, cynhaliwyd cyfarfod ymrestriadol yn Neuadd Drefol Pwllheli, dan lywyddiaeth Mr. Ellis W. Davies, A. S. Bu i'r milwyr sydd yn aros yn y dref,

y rhai sy'n rhifo tua dwy fil, orymdeithio trwy y dref, a chan ei bod yn ddiwrnod ffair yr oedd llawer o bobl yn y dref.

Llanwyd y neuadd i'r ymylon, a phan wnaeth swydd-ogion y Fyddin Gymreig eu hymddangosiad cawsant gymeradwyaeth fyddarol, yn enwedig y Parch. John Williams, Brynsiencyn, yr hwn sydd wedi ymuno a'r fyddin fel Caplan mygedol, ac wedi ei anrhydeddu a'r swydd o filwriad. Dyma y tro cyntaf i Mr. Williams wneud ei ymddangosiad yn ei wisg filwrol.[3]

Yn wir, roedd un frawddeg a lefarodd John Williams wrth yr hogiau ifanc y diwrnod hwnnw wedi aros yng nghof yr hen ewyrth: 'Os gwrthodwch chi fynd, mi fydd hynny'n ddrewdod yn ffroenau'r oesoedd', beth bynnag oedd ystyr sylw niwlog o'r fath.

Mewn oes â chrefydd yn uchel ei phen, a gweinidogion yn selébs, daliai rhai i gredu fod i'r weinidogaeth Grist-nogol ffiniau na ddylid eu croesi, ac roedd iwnifform a choler gron yn croesi ffin o'r fath. O chwilio'r hanes, cefais yr argraff i hynny ffyrnigo agwedd pobl tuag ato'n gymaint â bron ddim arall. Felly y teimlai rhai o'i gyd-weinidogion tuag ato:

Mewn Cyfarfod Dosbarth yn y Deheudir cododd blaenor i fyny i gyhoeddi cyfarfod pregethu yn ei gapel ef, ac y disgwylid y Cyrnol John Williams i wasanaethu. Bu'r cyhoeddi hwn arno fel Cyrnol yn ddigon i gythruddo

Mae gohebydd i'r *Cymro* yn nodi mai 'dau bregethwr oedd mewn gwisg filwrol' pan gyfarfu Cymanfa Gyffredinol y Methodistiaid Calfinaidd yn Llundain ym Mehefin 1915, 'y Parchn. John Williams, Brynsiencyn, a Ceithio Davies'.[7]

amryw o'r brodyr. Digwyddodd i un ohonynt, gwein-
idog ieuanc, gyfarfod John Williams yng Nghaerdydd ar
ei ffordd i'w gyhoeddiad yn ei wisg filwrol, â gwialen yn
ei law. Rhuthrodd y gweinidog ato, a chipiodd y wialen
o'i law, 'Beth ydyw hon?' gofynnai. 'Chwi o bawb yn
cario peth fel hyn.'[4]

Yn ei dydd, roedd hi'n weithred symbolaidd ryfeddol er na
chafodd hi, hyd y gwn i, gyhoeddusrwydd yn y papurau.
Mae'n ddiamau y byddai'r hanes wedi mynd ar goll erbyn
hyn oni bai am onestrwydd R. R. Hughes yn ei chofnodi
– ond ei chofnodi heb ddatgelu pwy yn union oedd yr
heddychwr ymosodol. Wedi ymgynghori â haneswyr
Methodistiaeth eraill, mae J. E. Wynne Davies yn bur sicr
mai'r 'gweinidog ieuanc' oedd Llew G. Williams, un o
Ben-y-groes, Arfon, yn wreiddiol ond a oedd ar y pryd yn
weinidog yn y Barri.[5] Yn ddiweddarach, dadrithiwyd Llew
Williams cymaint gan yr ymfyddino ffyrnig fel yr ymfudodd
i Lundain i weithio fel newyddiadurwr. Fe'i disgrifiwyd gan
E. Morgan Humphreys fel y newyddiadurwr gwleidyddol
gorau yng Nghymru yn ei ddydd ac ychwanegu: 'Safodd yn
ddiofn dros ei gred a daliodd y lamp yn olau mewn cyfnod
tywyll iawn yng Nghymru.'[6]

Pa hanner sydd drechaf?

Yn ôl y lluniau a dynnwyd, edrychai'r John Williams
talgryf yn rymus ddigon yn ei wisg filwrol. Ond, a bod yn
deg, nid fo oedd yr unig 'gennad hedd' i gymryd at wisg
milwr. Fel yr awgrymwyd, roedd hyn yn lo i'w roi ar y tân

Poster enwog Frank
Brangwyn i hysbysebu
cyngerdd codi arian ar
gyfer y milwyr Cymreig.

i'w elynion ac un o'r rhai cyntaf i ddefnyddio'r glo hwnnw oedd Iorwerth Peate. Mae'n ymosodiad mor gadarn, a'i farn am John Williams mor derfynol, fel y bu i'r paragraff gael ei ddyfynnu ar sawl achlysur:

Yn ystod y rhyfel mawr cyntaf, John Williams Brynsiencyn oedd yr unig weinidog 'i Grist' a welais mewn lifrai milwr. Gwelais ef yn torsythu'n rhwysgfawr ar stesion Machynlleth a thrachefn yn Aberystwyth. Er nad oeddwn y pryd hwnnw wedi ffurfio barn ar bwnc heddwch a rhyfel, fe'm syrffedwyd gymaint gan y syniad o weinidog mewn gwisg milwr fel y gwrthodais yn bendant fynd i wrando arno'n pregethu pan ddaeth cyfle. Ni chefais ail gyfle. Y mae darlun Mr. Humphreys ohono'n un caredig – ond ofnaf yr erys John Williams i mi yn ŵr y Gymraeg chwyddedig a'r lifrai milwr.[8]

Wrth edrych yn ôl ar yr un arfer, mae R. Tudur Jones yr un mor gignoeth a chwerw'i eiriau:

Ac yr oedd gweld John Williams yn esgyn i bulpudau'r Methodistiaid Calfinaidd yn lifrai'r cyrnol yn fwy nag a allai llawer o'i edmygwyr gwresocaf ei stumogi . . . Mae'n rhaid dyfarnu fod John Williams, Brynsiencyn, wedi colli ei draed yn bur ddifrifol pan ymwisgodd â siwt cyrnol a throi'n un o brif swyddogion recriwtio'r llywodraeth yng Nghymru. Ac nid oes ddadl chwaith na bu'r gwaith hwnnw'n foddion i ddwyn sen ar yr Efengyl a bregethai.[9]

A serch pob parch oedd iddo ym Môn, tebyg oedd yr adwaith yno. Yn ôl Emlyn Richards mae atgofion am hynny'n dal i gerdded: 'Yng nghwmni William Hugh, Rhoscryman [Llanfairynghornwy], y dydd o'r blaen y deuthum i wybod rhywbeth am y siomiant a gafodd pobol pan welsant eu harwr, John Williams, yn lifrai'r milwr. Yn wir yr oedd yn gymaint siomiant na fedrent sôn na siarad am y peth.' A barn gyffelyb, yr un mor wrthwynebus, sydd gan Clive Hughes yn ei draethawd ymchwil: 'The most notably bellicose was the Reverend John Williams, who as an honorary chaplain went to preach in Khaki.'[10]

'*Os gwrthodwch chi fynd, mi fydd hynny'n ddrewdod yn ffroenau'r oesoedd!*' – *John Williams, Brynsiencyn*

'DOWCH, AC MI DDAW JOHN WILLIAMS EFO CHI'

Un gŵyn arall amdano, cŵyn a ailgylchwyd drachefn a thrachefn, oedd iddo addo mynd i'r ffosydd gyda'r bechgyn a throi yn ei garn. Yn y gyfrol *Esgid yn Gwasgu*, mae Robyn Lewis yn cynnwys atgofion a glywodd gan ei dad am John Williams yn listio ar awr ginio, yn rhywle neu'i gilydd, ac yn rhoi'r union addewid: 'A siaradai ag awdurdod ei

Gyrnoliaeth yng Nghatrawd-y-Caplaniaid, eithr, yn fwy na hynny, ag awdurdod yr Hen Gorff, onid y Brenin Mawr ei hun! ... "Yn enw rhyddid: yn enw Cyfiawnder; yn enw Duw; hogia', dowch i Ffrainc! *Ac mi ddo' innau efo chi!*"[11] Mae'n debyg ei bod hi'n addewid a roddodd fwy nag unwaith. Wrth gwrs, fe lefarodd Owen Thomas eiriau hynod o debyg: 'Nid wyf yn ymbil arnoch i fynd, ond yn ymbil arnoch i ddod. Oherwydd yr wyf i yn mynd.'[12] Ond roedd hynny'n ddisgwyliedig. Gallai pawb yn hawdd gredu 'Rhyfelwr Môn'. Bu eisoes ar sawl anturiaeth o'r fath, a chan fod rhyfela'n amlwg yn ei waed byddai'n fwy nag awyddus i gael mynd drachefn. Ond roedd addewid John Williams yn rhyfeddod, yn destun edmygedd i rai ac yn gysur i rieni: gwybod y byddai 'Brynsiencyn' fawr yn y ffosydd efo'u hogiau.

Ffos yn Ovillers-la-Boisselle ar y Somme, Gorffennaf 1916. Ceidw un milwr wyliadwraeth tra cysga ei gyfeillion.

Unwaith, bûm yn meddwl mai rhoi addewid dyn mewn diod a wnaeth John Williams, hynny ydi, rhoi'i air heb fwrw'r draul i ddechrau. Hawdd iawn fyddai iddo, gyda'i rethreg ac yng ngwres y foment, roi addewid anodd ei chadw. Nid dyna'r gwir, ac o'r herwydd mae'r feirniadaeth arno'n un gwbl annheg. 'Yn enw Duw dowch ymlaen,' meddai wrth fechgyn ifanc yn Llangefni. 'Af gyda chwi,' ond gan bwysleisio, 'os caf ganiatâd.'[13] Ond 'y gresyn oedd,' meddai'r cofiannydd, 'fod dyn dros ei drigain oed ar ddechrau'r Rhyfel, yn neilltuol dyn o'i dymheredd nerfus ef, erioed wedi meddwl myned'.[14] Ond peth arall oedd hynny.

Meddyliais unwaith mai ei 'dymheredd nerfus', chwedl y cofiannydd, a'i cadwodd rhag croesi'r dŵr i faes y brwydro ond bellach rhaid i mi ailfeddwl. Wrth 'ailgloriannu' cyfraniad John Williams mae R. Tudur Jones yn datgelu fel y bu i John Williams, unwaith o leiaf, groesi'r môr i Ffrainc, a hynny ar ymweliad bugeiliol:

> Bu fy nhad am ddwy flynedd, fel miloedd o Gymry eraill, yn ffosydd Ffrainc yn ystod y Rhyfel Byd Cyntaf, er hynny gwgai uwchben parodrwydd John Williams i annog bechgyn i ymrestru yn y fyddin. A chymeradwyai stori am John Williams yn ymweld â milwr o Fôn a oedd yn gorwedd mewn ysbyty yn Ffrainc, 'Wel, fy ngwas i,' meddai John Williams, 'yr ydach chi'n bell iawn o gartre'. 'Na, Mr Williams,' meddai hwnnw, 'chi sy'n bell o gartre'.[15]

Yn ôl gwefan y Fyddin Brydeinig bu farw 179 o gaplaniaid yn ystod y Rhyfel Mawr.

Gwn mawr Prydeinig yn tanio. Llun swyddogol gan y fyddin yn ôl y geiriad ar y ffoto.

Gwyddai Owen Thomas am y feirniadaeth; bu yntau yn yr un cwch. Naw diwrnod wedi marw ei gyfaill ysgrifennodd lythyr i'r *Post and Mercury* yn talu teyrnged iddo ac yn amddiffyn y cam a gafodd: 'I think it is not generally known that Dr John Williams applied to the War Office to be sent to France with the boys, but the request was denied, as at the time the authorities were despatching younger chaplains to the front.'[16] Penderfynodd yr un awdurdodau nad oedd yntau – er mawr siom iddo – i gael mynd dramor. I mi, mae'r wybodaeth yna'n dod o lygad y ffynnon. Ond, ac yntau wedi marw, roedd hi braidd yn ddiweddar i achub ei gam a cheisio diogelu'i enw da er ei bod hi'n gwbl bosibl iddo wneud hynny ar sawl achlysur cyn hynny. Hyd y gwn i, ychydig o ddeunydd personol a ddiogelodd teulu Llwyn Idris wedi marw'r penteulu. Ond o leiaf fe gafodd ei briod, neu un o'i blant, afael ar y *Post*

and Mercury a thorri allan lythyr cefnogol Owen Thomas ('Dewyrth Owan', hwyrach) a'i ddiogelu.

BARN ERAILL

Beth bynnag am wisgo hanner yn hanner, torri neu fethu cadw addewid, roedd y gwaith recriwtio ynddo'i hun yn hollti cymdeithas ac weithiau'n rhannu aelwyd – yn arbennig felly os oedd y rhyfela wedi gadael bwlch ar yr aelwyd honno. I bwrpas ysgrifennu'r gyfrol, bûm yn holi rhai ym Môn, Arfon neu ar Benrhyn Llŷn y bu eu tadau neu eu teidiau â rhan yn y Rhyfel Mawr – boed hynny o'i blaid neu yn ei erbyn. I ddechrau, bûm yn ddigon ffodus i gael sgwrs efo Kitty Roberts o Gaernarfon sydd newydd ddathlu'i phen-blwydd yn 104 a'i chof fel y grisial:

'Ac mi roeddach chi'n deud ichi glywad John Williams yn pregethu?'

'Do, unwaith. Ond roedd hynny mewn capel yn Llanberis, pan o'n i tua chwech oed i saith oed, deudwch.'

'Mi fydda hynny yn ystod blynyddoedd y Rhyfel Byd Cynta?'

'Bydda.'

'Be ydach chi'n gofio am yr oedfa honno?'

'Bod yno lot fawr o bobl. A 'mod i'n teimlo'n annifyr. 'Nath o ddim argraff dda iawn arna i.'

Mynd dramor â brigâd i'w ganlyn oedd nod Owen Thomas. A'i oedran – 57 mlwydd oed – fu'n fagl iddo yntau. Fe'i harallgyfeiriwyd i ofalu am filwyr Parc Cinmel.

Ond dyna fo, hwyrach mai'r hyn a glywodd hi am y 'pregethwr mawr' mewn blynyddoedd diweddarach a barodd iddi ddychmygu mai dyna a gofiai amdano. Oes yna berson arall yng Nghymru bellach a welodd John Williams, Brynsiencyn, a'i glywed yn pregethu?

O glywed am fy ymchwil, anfonodd Hywel Wyn Adams benillion ataf, yn dyddio o flynyddoedd y Rhyfel Byd Cyntaf, gyda chyfeiriad penodol at John Williams. Byddai ei fam, meddai, yn arfer eu hadrodd wrth y plant:

Rwy'n byw ym myd y newyn,
  O leiaf ynddo'n bod,
Mewn gwlad sydd wedi derbyn
  Pob breintiau dan y rhod.

Gwlad sydd yn proffesu Iesu
  Yn geidwad dynolryw,
Ac eto gwlad sy'n gwrthod
  Ei gynllun ef o fyw.

Pregethwr mawr Brynsiencyn
  Yn filwr wrth y groes,
Yn ailgroeshoelio'r Iesu
  Trwy dwyllo blodau'r oes.[17]

Mae'r gymhariaeth 'Pregethwr mawr Brynsiencyn / Yn filwr wrth y groes' yn un greulon ac yn codi'n ddiamau o atgasedd tuag ato, neu o leiaf at yr hyn a gyflawnai. Eto, roedd awdur y gerdd, 'John Jones, Aberdaron' – crydd

Mae Kitty Roberts, eto fyth, yn cofio rhoi paned o de i awdur y gerdd, wedi oedfa yn Rhoshirwaun, ym Mhen Llŷn, yn y pedwardegau.

wrth ei alwedigaeth a phregethwr cynorthwyol ar y Suliau – yn tynnu am ganol oed ac felly tu hwnt i orfodaeth filwrol. Ond hwyrach mai teimlo dros y genhedlaeth a'i dilynai roedd o, heb y rhyddid i ddewis.

Wn i ddim oedd y feirniadaeth yn llymach yn Llŷn nag ar Ynys Môn ond fe ymddengys felly i mi. Yn ystod rhai o flynyddoedd y rhyfel roedd George M. Ll. Davies, yr heddychwr mawr, o orfod yn was ffarm (ond un breintiedig) ym Moelfre Mawr, Llanaelhaearn. Un diwrnod, trodd i mewn i eisteddiad o Gyfarfod Misol Llŷn ac Eifionydd i glywed hen flaenor o Lŷn yn cyfeirio at John Williams 'mewn ffordd nas anghofiodd':

Anogaeth i gasáu. Dywedir mai un o nodweddion milwyr yw eu amharodrwydd i gasáu eu gelynion . . .

> Rhyw ddeng mlynedd yn ôl John Williams ac Evan Roberts oedd popeth. Wedyn fe aeth yn John Williams a Lloyd George. Ond heddiw John Williams a Kitchener ydi'r cwbl. Pwy ŵyr nad aiff hi ryw ddydd yn John Williams a Iesu Grist.[18]

Ar y llaw arall, roedd yna bobl oedd heb y gallu i athronyddu na dod i farn gytbwys ar gwestiwn rhyfel a heddwch, ac o'r herwydd yn llai miniog eu beirniadaeth ac yn ymateb yn fwy cymedrol. Iddyn nhw, roedd y ddelw aur, mae'n amlwg, wedi'i tholcio ond heb ei llwyr ddryllio. Yn Oriel Môn, cefais sgwrs gydag Ann Wyn Owen o Roscolyn, a'i gŵr, Eric. Un Sul, adeg y Rhyfel Byd Cyntaf, roedd yna gyffro mawr ar aelwyd ei thaid a'i nain, Huw a Catherine Williams o bentref Llanfair-pwll, am fod John Williams, Brynsiencyn, yn dod yno i bregethu:

> Roedd brodyr mam wedi cyffroi hefyd, ond am reswm gwahanol. Tra oedd eu rhieni yn awyddus i glywed y bregeth, roedd y bechgyn yn methu ag aros i weld y modur. Roedd yr arwr yn berchen car a chanddo *chauffeur* . . . Ymhen hir a hwyr, wedi'r oedfa dychwelodd John Williams yn ôl at ei gar i weld llanciau'r fro o'i gwmpas. Ceisiai argyhoeddi'r hogiau i ymuno â'r fyddin ac ymladd dros eu gwlad. Yn nes ymlaen, fe ymunodd tri o'r bechgyn – Dic, Huw a Griff – a bod yn ddigon ffodus i ddychwelyd o'r Rhyfel yn ddianaf. Teimladau amwys fu gan fy nain o hynny ymlaen; teimlai nad oedd ei harwr yn gymaint o arwr iddi wedyn.[19]

Ia, 'teimladau amwys' ond dim gwaeth teimladau na hynny.

Wrth gwrs, fe ellid cael dwy farn wahanol ar yr un aelwyd, nid yn unig rhwng dwy genhedlaeth wahanol ond, ar dro, rhwng gŵr a gwraig. Nid bod hynny, o angenrheidrwydd, yn arwain at unrhyw fath o ryfel cartrefol. Mae gan gyfaill i mi atgofion am beth felly:

> Yr oedd Mam yn un o Sir Fôn, wedi bod yn crefydda yn ffyddlon ar hyd ei hoes, ac yn tueddu i feddwl bod

'Roedd gwahaniaethau o ardal i ardal, rhwng capel ac eglwys, rhwng glöwr ac amaethwr, rhwng y di-Gymraeg a'r Cymry Cymraeg.'
– Gwyn Jenkins, *Cymru'r Rhyfel Byd Cyntaf*, t.19.

pob pregethwr yn haeddu ei gefnogi a'i ganmol, ond, roedd wedi digio wrth Dr John Williams oherwydd ei safiad yn y Rhyfel Byd Cyntaf, ble roedd hi wedi colli brawd, er nad ar anogaeth Dr John Williams yr oedd wedi ymuno â'r fyddin. Ond yr oedd Mam wedi clywed John Williams yn annog a herio hogia ifanc Môn, a doedd hi ddim wedi anghofio hynny, nac anghofio ei ddull o'u 'herio'.

Un o chwarelwyr Arfon oedd fy nhad, ac fel Mam bu yntau yn crefydda yn ffyddlon am flynyddoedd lawer, ond collodd flas ar grefydda [pan gollodd ei glyw!] - medda fo. Roedd o wedi symud i weithio efo'i ewythr a'i fodryb ar fferm Plas Coch, Llanedwen, a chafodd y cyfle

Dros y top . . .
Yr hunllef eithaf a
therfynol, yn aml.

yno i fynd i yrru cerbyd y fferm i gludo J.W. o Lwyn Idris i'r stesion yn y Gaerwen neu i'w gyrchu o'r stesion yn ôl i Lwyn Idris. Dichon na fu llawer o gyfathrach rhwng y ddau, ond, roedd fy nhad wedi cael cario 'cês' J.W., a gweddill ei fywyd ystyriai hynny yn fraint.[20]

Yn naturiol, o dro i dro byddai hanes y Rhyfel Mawr yn codi ei ei ben a dyna, meddai fy nghyfaill, 'un o'r ychydig bethau a gynhyrfai ddadl rhwng y ddau' ac yntau wrth ei fodd 'yn gyrru'r cwch i'r dŵr'. Ond teimlai fod yna resymau dros y ddau ymateb gwahanol: 'Ymateb un a glywodd John Williams oedd ymateb Mam, ond roedd fy nhad yn ymateb fel un a oedd wedi cael adnabod y gwrthrych ac yn falch o hynny; un yn ymateb â'i phen a'r llall yn ymateb â'i galon.'[21]

Ond beth am farn y cyn-filwyr, y rhai a fu yn Fflandrys neu Facedonia, ac a welodd y Rhyfel Mawr yn ei liwiau priodol, yn golli gwaed a cholli bywydau? Newid palmant fu hi i rai, a dod yn rhai o heddychwyr tanbeitiaf yr Ail Ryfel Byd. Eto, mudandod oedd hi i lawer ond gyda chasineb oes at yr hyn a ddigwyddodd. At ei gilydd, roedd eu barn am John Williams yn gyson â'u teimladau am yr ymladd. Yn eu plith, roedd cyn-filwyr a ddaeth yn ysgolheigion o bwys, wedi cael y cyfle i ailgydio mewn pethau. Mae William Owen, yr awdur a'r dramodydd, yn cofio cyflwyno papur ar John Williams, Brynsiencyn, i Glwb y Garreg Wen, cylch llenyddol ym Mhorthmadog:

Delwedd lân, arwrol a phropagandaidd. O Ffrainc, mae'n debyg.

Yn ystod y drafodaeth a ddilynodd, fe fanteisiodd aelod go fyrbwyll yn syth ar y cyfle i daranu yn ei erbyn, i'w feirniadu'n hallt ac i dywallt ei holl felltithion drosto. Sylwais, tra bu wrthi, bod pryd yr athrylith mawr, y cyfieithydd J. T. Jones, yn mynd yn gochach ac yn gochach cyn bwrw iddi'n angerddol fflamllyd i amddiffyn 'Brynsiencyn' i'r carn. Mae un sylw o'i eiddo yn atseinio yn fy nghlustiau o hyd. 'Dim ond cor . . . corachod . . . corachod cibddall, gyfeillion (gan slyrio'r 'r' yn hir), yw'r rhai hynny sy'n rhyfygu i edliw beiau dyn mor fawr â John Williams, sy'n mynnu canolbwyntio ar un peth yn unig, heb ystyried agweddau pwysig eraill o'i gyfraniad sylweddol.' A chofiwch chi roedd J. T. Jones yn siarad fel cyn-filwr, yn un a fu'n gwasanaethu ym Macedonia.[22]

Ffrainc a Phrydain fraich ym mraich. Enghraifft o 'Chums' rhyngwladol, hwyrach?

Ond roedd yna ysgolhaig arall a ddaeth i farn debyg amdano – serch yr 'uffern' y cerddodd drwyddi'n gynharach – a Lewis Valentine oedd hwnnw. Fel y nodwyd, roedd ymhlith y rhai a fu'n gwrando ar John Williams yn annerch y milwyr yn y Rhyl ddiwedd Ionawr 1916. Ond, ar y pryd, yn ôl *Dyddiadur Milwr*, ni chafodd Valentine ei swyno ganddo. Yn nes ymlaen, wedi dychwelyd o'r drin a'i wrando, cymedrolodd ei farn neu o leiaf 'diflannodd' ei ragfarn:

'Ionawr 29. Gadael y Rhyl am Sheffield.' Da y cofiaf yr ymadawiad hwnnw, ac ni wnaeth anogaeth y Parchedig John Williams, Prif Gaplan y Fyddin Gymreig, ond ychwanegu at fy nryswch. Yn wir, o'r funud honno

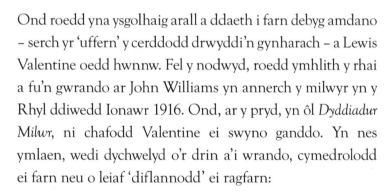

bu gennyf ragfarn yn ei erbyn, a pharhaodd am flynyddoedd. Ond wedi dychwelyd i'r coleg o'r fyddin mynnodd fy nghyfaill Llewelyn Jones, a fu cyn ei farw yn Ysgrifennydd Cenhadol y Presbyteriaid, imi ddyfod yn gwmni iddo i Hirael i wrando ar y Parch. John Williams. Euthum i'r oedfa o'm hanfodd, ond ymhen pum munud wedi iddo ddechrau pregethu fe'm lloriwyd yn llwyr a diflannodd fy rhagfarn.[23]

DAGRAU BIRKENHEAD

O holi, yma ac acw, prin ydi'r dyfyniadau o waith Hedd Wyn sydd ar gof gwerin gwlad. Eto, deil i lefaru dros y miloedd mud, anghofiedig, a wynebodd yr un uffern ag o.

Daw dau a ysgrifennodd yn dreiddgar a gwybodus am Hedd Wyn ac Eisteddfod y Gadair Ddu 1917 – y Prifeirdd Alan Llwyd a Gerwyn Wiliams – i gasgliad hynod o debyg am le'r Eisteddfod honno yn hanes y Rhyfel Mawr. 'Gellid taeru,' meddai Gerwyn Wiliams, 'fod drama'r cadeirio ym Mhenbedw wedi'i rhagdrefnu'n ofalus.'[24] Ysgrifennodd Alan Llwyd yn helaethach am y digwyddiad yn ei gofiant swmpus i Hedd Wyn, *Gwae Fi Fy Myw*. Fe'i gwelodd fel angladd wedi'i drefnu ymlaen llaw gan y sefydliad Cymreig i ddibenion arbennig: 'arch dderw oedd y gadair drom, amdo oedd y gorchudd du, a chroes uwchben y bedd oedd cleddyf yr Orsedd'. Yn wir, yr emyn a ganwyd i gloi'r ddefod oedd 'Bydd myrdd o ryfeddodau'.[25] Un diben yn ddiamau oedd cadw tân y Rhyfel Byd Cyntaf, oedd yn oeri peth, i ddal i losgi.

Ond beth am ddagrau Birkenhead? Roedd John Williams – a'r Athro John Morris-Jones a Syr Henry Jones, o ran hynny – yn wylo. Eto, mae Alan Llwyd yn gadarn o'r farn nad oedd y dagrau hynny'n rhai o edifeirwch: 'Eisteddai'r tri yn ymyl ei gilydd, a threiglai'r dagrau i lawr eu gruddiau. Ac eto, mae rhywun yn wfftio at ragrith y gwŷr hyn. Yr oeddent ymhlith yr helgwn rhyfel mwyaf yn y cyfnod.'[26]

Roedd T. Gwynn Jones – yr ysgolhaig, y bardd a'r heddychwr – yn y fan a'r lle ac yn un o'r tri beirniad. Yn wir, fo a draddododd y feirniadaeth. Meddai mewn llythyr at Daniel Rees, 'Pan gododd y dyn bach cegog [Lloyd George] i siarad, euthum allan i gael mygyn. Ond nid oedd *matches* gennyf, na lle hwylus i fynd i gael rhai' ac felly dychwelodd i'w le. A'i farn? 'Dywedai dynion trigain oed, a fu wrthi fel diawliaid yn hela hogiau i'r fyddin, eu bod yn methu peidio ag wylo, ond nid oedd deigryn y fy llygaid i.' Yna, rhoddodd ei deimladau ar gân:

Ymddengys i R. Williams Parry nyddu'r wyth englyn coffa enwog i Hedd Wyn wrth wrando ar bregeth Saesneg mewn capel yng Nghaerwynt, yn ôl Alan Llwyd. – Bob, tud 142.

> Ond ydi braidd yn biti
> Dy fod ti'n drigain oed?
> 'Does fawr o obaith iti
> Fyth golli llaw na throed;
> Cei eistedd yn dy hafod,
> A sôn am garu'th wlad,
> A throi a thrin dy dafod
> A gyrru'r lleill i'r gad.[27]

T. Gwynn Jones yn ei drigeiniau, ryw ugain mlynedd ar ôl ei safiad ar heddychiaeth.

Ai John Williams, yn benodol, oedd ganddo mewn golwg?

Rhoddodd David Jenkins ddadansoddiad manwl o natur ei heddychiaeth yn ei gyfrol, *Thomas Gwynn Jones*.[28] Yn ôl Jenkins, 'Ni buasai'n aelod ffurfiol mewn eglwys ers blynyddoedd, ond yr oedd yn wrandawr cyson yn y Tabernacl (M.C.) ac yn bur gyfeillgar â'r Gweinidog, y Parch. R. J. Rees.' Ond os mai llusgo'r angor y bu am flynyddoedd – ond gan lynu at y gwerthoedd Cristnogol – ar nos Sul, ym Medi 1915, fe'i cododd hi'n glir o'r dŵr. Wedi i'r gweinidog offrymu gweddi – 'no better than a barbarian's appeal to the god of his tribe,' meddai yn ei ddyddiadur – ac i'r gynulleidfa godi i ganu emyn, cododd o'i sedd a cherdded am y drws a'i deulu i'w ganlyn. Yn un o'i gerddi o gyfnod y rhyfel, 'Quousque, Domine?' ('Pa hyd, Arglwydd?'), rhoddodd ergyd i'r sefydliad crefyddol am ei ragrith, yn wynebu i un cyfeiriad a cherdded i gyfeiriad gwahanol:

> Yn nyddiau undeb y gred a'r drin,
> Syrthiodd y disgybl i gysgu'n flin
> A'i weddi'n rheg ar ei chwerw fin.[29]

Gyda'r blynyddoedd, fodd bynnag, fe ymddengys i T. Gwynn Jones, beth bynnag am gymedroli'i farn am John Williams y recriwtiwr, gydnabod bod iddo rinweddau'n ogystal: 'Eto, er teimlo'n ddig wrtho lawer tro, nid wyf yn meddwl y gallai neb barhau'n hir yn ei ddig at John Williams, nac ystyried bod ei wendidau yn werth sôn amdanynt gyferbyn â'i ragoriaethau'.[30]

DIM NEWID MEDDWL

Yn 1917 roedd John Williams yn cynnal cyfarfod pregethu ganol wythnos yn Llithfaen, Llŷn. A phwy gerddodd i mewn i oedfa'r pnawn ond George M. Ll. Davies. Bûm yn dyfalu pa deimlad a ddaeth heibio i'r pregethwr wrth godi'i ben a gweld George Davies, ŵyr yr enwog John Jones, Tal-y-sarn, yn cerdded i mewn. (Neu hwyrach ei fod yn eistedd yno'n barod, yn ddefosiynol ei wedd.) 'Doedd y ddau'n adnabod ei gilydd yn dda er dyddiau Lerpwl: George Davies, yr hogyn ysgol ac yna'n llanc ifanc, a John Williams, gweinidog y teulu yn eglwys sylweddol Princes Road. Ond o'i weld, a phetai ganddo bregeth a blas rhyfel arni, go brin y byddai 'Brynsiencyn' wedi newid y testun.

Yn y gyntaf o'i ddwy gyfrol, *Heddychwr Mawr Cymru*, cofnododd E. H. Griffiths weddill y stori. Tra'n sgwrsio wrth y tân wedi'r te canmolodd John Williams waith cymdeithasol, heddychol George Davies yn ystod cyfnod y Rhyfel ac ychwanegu, 'O! 'r ffordd yna y daw hi yn y diwedd'. Wrth ffarwelio, rhoddodd ei law ar ei ysgwydd, a dweud, 'Ewch ymlaen, fy machgen i; 'rydych ar ganol llwybr'. Ond nid awgrym o edifeirwch neu newid cyfeiriad oedd hynny; ychwanegodd, 'Ond nid yw'r byd yn aeddfed i beth felly eto'. Ac meddai'r awdur, 'Ei hynawsedd a'i ostyngeiddrwydd ac nid ei bregethau yn gymaint a gofiai hefyd wedi gŵyl Llithfaen'.[31]

Aros am a ddeuai yn undonedd y ffosydd.

Un digwyddiad sy'n tanlinellu'r newid agwedd tuag at John Williams ar Benrhyn Llŷn yn fwy na'r un i mi ydi'r hyn a ddigwyddodd iddo ym Mhwllheli fis cyn y Cadoediad. Un o uchelwyliau'r fro bryd hynny oedd y Sasiwn a ddeuai i Bwllheli'n flynyddol. Yn arferol, fe'i cynhelid yn ystod yr ail wythnos ym Medi. Yr eisin ar y deisen oedd y pregethu ar y diwrnod olaf â'r tîm cyntaf yno – *crème de la crème* y pulpud Cymraeg – yn barod at y gwaith. Serch pob cablu fu arno, ym Medi 1918 roedd John Williams yno unwaith eto, yn y tîm cyntaf. Roedd o i bregethu un o'i ddwy bregeth fore Gwener, yn Neuadd y Dref o bobman – hen safle'r galw i'r gad. Ond mae ei gofiannydd yn cyfaddef iddo orfod pregethu'r bore hwnnw i gynulleidfa 'na rifai hanner cant'. Ac eto, mae'r adroddiad yn *Y Goleuad* yn awgrymu'r gwrthwyneb. Mae'n sôn am 'dorf anferth yn dod i wrando', y ddau gapel mawr, Salem a Phen-mount, a'r Neuadd 'yn llawn i'r ymylon a lliaws mawr yn methu â chael lle'.[32] Tybed a fu i'r oedfa dlawd ei chynulleidfa gael ei chuddio, o fwriad, yn llawnder y cyfrif terfynol?

Cyn-filwr wedi'i glwyfo yn Ffrainc oedd Dan Thomas. Cefais ddeuddeng mlynedd o gydweithio agos ag o yn y chwedegau a'r saithdegau, a'i gael fel y graig. Heddychwr oedd o erbyn hynny, a 'milwr da i Iesu Grist', ond yn tanio iddi wrth ymladd dros bethau a gyfrifai'n werthfawr. Byddai heddychiaeth a hawliau cenedl bob amser ar frig y rhestr honno. Un o'i arwyr pennaf oedd George Davies. Hanner ymffrostiai, ond gyda gofid, mai fo mewn

Y ffans a'r blaswyr pregethau wedi pleidleisio gyda'u traed a'r seddau gweigion yn cyfarth. Oedd Llŷn yn eithriad?

Awyren Albatross, Almaenig. Yn ôl un amcan, ar gyfartaledd un-diwrnod-ar-ddeg oedd disgwyliad bywyd peilot yn y Rhyfel Byd Cyntaf.

dyddiau cynharach – yn swyddog cofrestru bryd hynny – a'i galwodd i'r gad. Byddai enwi John Williams yn ennyn ysbryd gwahanol ynddo. Bu'r ddau'n llythyru â'i gilydd adeg y rhyfel. Dysgais fwy am hynny pan gyhoeddwyd *Byddin y Brenin*, a mwy fyth pan gefais gip ar ran o'r 'Hunangofiant' preifat a ysgrifennodd Dan Thomas ei hun.[33] Dyma ddyfyniad o lythyr a anfonodd Dan Thomas i Lwyn Idris ar drothwy Nadolig 1917:

> Crist tyner hwnnw y soniai fy mam amdano . . . Ni
> ddywedodd, fel ag y mae'r eglwysi yn crybwyll yn fynych
> y dyddiau hyn (hyd yn oed y rhai a fwriadai unwaith
> ymgysegru i ledaenu Efengyl Hedd ar y ddaear), 'Ewch,
> gwasanaethwch Dduw Rhyfel, a Duw ofn a chreulondeb;
> cyhoeddwch i'r byd, canys felly y carodd Duw y byd fel y

lladdodd efe dros ddeng miliwn o'i bobl'. Gwelwch fel yr ymbalfalaf. 'Rwyf yn byw mewn ofn. Naill ai mae Crist yn ffug, neu 'rym ni a'i eglwys yn ei wadu.

Gan ei fod yn llythyr mor gadarn, o'i ddarllen cefais yr argraff fod Dan Thomas eisoes wedi newid cwch, ar hwylio i gyfeiriad gwahanol ac am gael gweld beth a fyddai ymateb John Williams i'w dröedigaeth. Ond i gael ei faen i'r wal roedd am wneud hynny yn rhith gofyn am arweiniad, math o roi abwyd ar fachyn:

Ai ffug y llyfr a roes i ni y Dyn Bach a gawsant yn y preseb, neu ai ffolineb aberth Calfaria? Yn sicr Dr. Williams, chwi a wyddoch. Dysgwch fi ac eraill. Ewch ar hyd a lled y wlad i ddatguddio'r gwir ac i arbed i'r byd groeshoelio'r Crist – dyna yw – os yw'n bod.

Mae fy mhryder yn fawr, felly maddeuwch i mi am eich blino.

Ydwyf mewn helbul,

A. Dan Thomas

Chwarae teg iddo, ysgrifennodd John Williams ateb manwl iddo ymhen deuddydd yn nodi rhes o resymau dros ei safiad. A mynegodd ar ddechrau'i lythyr mai megis ag y bu yn y dechrau, yr oedd hi'r awr hon ac y byddai hi, cyn belled ag roedd ei safbwynt ar gwestiwn rhyfel a heddwch yn y cwestiwn. Ond roedd yn air digon cwrtais:

Annwyl Mr Thomas,

'Rwyf newydd ddarllen eich llythyr a theimlaf fod yno nodyn o gywirdeb a gonestrwydd sy'n haeddu sylw. Ni wn i ba raddau y gallaf fi eich helpu yn y drofa hon yn eich profiad; ond gallaf ddweud wrthych yn glir a chroew fod y ffordd i mi yn hollol oleu o safiad dyletswydd, a dyna'r peth mawr.

Ond serch y dröedigaeth a'i harweiniodd i droi'r rudd arall, doedd Dan Thomas ddim am roi'r gwn yn y cwpwrdd heb danio un ergyd arall: 'Tywyllwch a deyrnasa, a thywyllwch sydd am oleuo'r fagddu, meddech. Mae'n ffodus nad dyna'r ffordd a gymerodd Crist. "Na orchfyger di gan ddrygioni, eithr gorchfyga di ddrygioni drwy ddaioni."'

Bûm yn tybio mai cysgu'r nos a fyddai'n anodd, ambell waith, i ddyn fel John Williams. Ar ei deithiau recriwtio, sawl mam neu dad a welodd neu a glywodd yn erfyn ar i'r 'hogyn' gadw'i groen yn iach a pheidio â thorri ei enw ar y llyfr? Ac yntau'n ei gymell i wneud hynny. Neu sawl enw a welodd am y waith gyntaf newydd ei dorri'n nerfus ar y rhestr ymrestru ond i'w weld yr eildro mewn papur newydd ymhlith y rhai a gollodd eu bywydau? Gyda llun i gyd-fynd, cyn amled â pheidio. Ond i eraill roedd cysgu'n broblem, yn ôl a ddywedai John Williams – y rhai a alwai'n 'llwfriaid'. Gofidiai, mae'n ddiamau, am a ddigwyddai i rai o'r bechgyn ond doedd dim edifeirwch – yn gyhoeddus o leiaf.

> 'Tywyllwch a deyrnasa, a thywyllwch sydd am oleuo'r fagddu, meddech. Mae'n ffodus nad dyna'r ffordd a gymerodd Crist. "Na orchfyger di gan ddrygioni, eithr gorchfyga di ddrygioni drwy ddaioni."'
> — Dan Thomas

Wedi marw John Williams yn 1921 anfonodd R. Aethwy Jones air amdano i'r *Goleuad*, yn cofio dyddiau Lerpwl, gan roi gwedd wahanol i'w gymeriad:

> Cofus gennyf fyned gydag ef adeg y rhyfel rhwng Prydain a'r Boeriaid yn Ne Affrica i wel'd un o longau Richard Mills & Co. yn hwylio o Lerpwl gyda mintai o filwyr, ac wrth i ni ddychwelyd o'r llong cyfarfyddem â'r milwyr a'u gwragedd a'u plant yn eu hebrwng ac yn ffarwelio â hwy, ac mewn eiliad yr oedd dagrau Williams yn llifo, ac meddai – 'Aethwy bach, fedra i ddim aros fan yma, mae gwel'd y rhai'n yn rhwygo fy nghalon i.' . . . Dyna Dr. John Williams, weithiau yn gryf fel cawr, ac weithiau yn egwan fel plentyn.[34]

Rhyfedd y gwahaniaeth teimlad wrth weld milwr wrth broffesiwn yn gadael ei deulu am Dde Affrica a hogyn o Fôn neu o Lŷn yn gadael am Ffrainc – drwy orfodaeth yn yr achos yma ac nid o ddewis. Ond gwahanol iawn oedd barn Owen Thomas amdano: 'He was at once that rarer than rare combination, a thorough man and a real saint.'[35] Wir?

DYN
LLOYD GEORGE

Y N THEATR SEILO, CAERNARFON, YN ÔL YN **1986**, PERFFORMIWYD *Yr Utgorn Arian*, pasiant ar gyfer y llwyfan yn portreadu bywyd a gwaith John Williams, Brynsiencyn. Roedd yna olygfa lle roedd Lloyd George yn aros noson yn Llwyn Idris. Bore trannoeth, wedi i bawb gael brecwast, gofynnodd John Williams i'w blant, 'Rŵan, pwy fydd y cynta ohonoch chi i gau sgidiau Prif Weinidog nesa Prydain Fawr?' A thri o blant, dwy ferch ac un bachgen, yn rhuthro ymlaen i gael y fraint. Bu'n olygfa ddiddan hyd ddiwedd yr wythnos, hyd y perfformiad olaf un, pan benderfynodd y plant, yn ogystal â chau'r ddwy esgid, eu clymu wrth ei gilydd. A Lloyd George cloff ryfeddol adawodd y llwyfan ar derfyn yr olygfa. Ond roedd hi'n olygfa wedi'i sylfaenu ar ddigwyddiad gwirioneddol – ar wahân i *glymu*'r sgidiau wrth gwrs.

Roedd Lloyd George a 'Brynsiencyn' yn llawiau garw a byddai'r ddau'n aros yng nghhartrefi ei gilydd. Gan fod Llwyn Idris wedi'i ehangu'n blasty bach, a thrydan at law fel y nodwyd, roedd

129

yn gartref digon cysurus i letya Canghellor y Trysorlys a Phrif Weinidog Prydain Fawr, pan ddaeth hynny i fod. Ar un achlysur, daeth Lloyd George yno i gynnal seremoni o blannu coeden yn yr ardd braf a wynebai'r Fenai. Mewn dyddiau diweddarach byddai mab yng nghyfraith John Williams, Dr Alun Griffith, yn arfer dangos y goeden hanesyddol honno i hwn ac arall.

Ond fe delid y gymwynas yn ôl hefyd. Yn amlach na pheidio, yn Downing Street y byddai gwely John Williams pan fyddai'n pregethu yn Llundain neu'n mynychu pwyll-gorau yn y ddinas: Rhif 11, pan oedd Lloyd George yn Ganghellor, a'r Rhif 10, breintiedig, pan ddyrchafwyd Lloyd George yn Brif Weinidog yn Rhagfyr 1916. Dywedir na fyddai raid iddo wrth unrhyw gerdyn adnabod. Oherwydd ei fod yn galw mor gyson daeth y gwarchodwyr i gredu bod John Williams yn un o'r teulu agos.

Does dim dwywaith, chwaith, nad oedd y ddau'n mwyn-hau cwmni ei gilydd. Er enghraifft, yn *Hanes y Ddrama yng Nghymru*, mae O. Llew Owain yn cyfeirio at y ddau yng Nghaerdydd gyda'i gilydd ac yn mynd i wylio perfformiad o *Change*, J. O. Francis.[1] Hefyd, ceir sawl llun o'r ddau efo'i gilydd a chydag eraill. Hwyrach mai'r enwocaf, ac un a ddefnyddiwyd hyd at iddo fynd yn gyffredin, ydi'r un a ddisgrifiwyd yn y cofiant fel 'Tri Chymro yn 10, Downing Street': Lloyd George ar stepen a'i codai i daldra'r ddau arall a John Williams a Syr Henry Jones bob ochr iddo – John Williams a Lloyd George, o leiaf, â sigâr yr un.

Byddai thema'r ddrama, y newidiadau gwleidyddol a chrefyddol wedi streic gweithwyr y rheilffordd yn Llanelli yn 1911 o ddiddordeb i'r ddau.

Cyfeirir at Lloyd George fel 'Y Prif Weinidog'. Ond, yn ôl pob tystiolaeth a welais i, fe'i tynnwyd yn ystod ymweliad y Gymanfa Gyffredinol â Llundain ym Mehefin 1915: Syr Henry'n llywyddu un o'r cyfarfodydd a John Williams, wrth gwrs, yn pregethu yno.[2] Ond yn 1916 y daeth yn Brif Weinidog a mudo i Rif 10. Hwyrach iddo fanteisio ar y cefndir i roi ychwaneg o urddas i'r darlun, neu'i fod yn synhwyro beth a ddeuai i'w ran cyn bo hir.

CWLWM CREFYDD

Un edefyn yn y cwlwm rhwng y ddau, a'r cryfaf, oedd crefydd. Roedd hi'n berthynas gynnes a fodolai cyn dyfod dyddiau tywyll y Rhyfel Byd Cyntaf. Er enghraifft, un nos

Sul yn niwedd Awst 1913 aeth Lloyd George i 'wrando ar y Parch John Williams, Brynsiencyn, yn pregethu yn[g] nghapel Tabernacl, Porthmadog'. Yn wir, rhoddodd fewnbwn i'r oedfa: 'Ar ôl y bregeth bu'r Canghellor yn gwrando'r plant yn dweyd eu hadnodau, a rhoddodd anerchiad byr iddynt'.[3]

Ond wedi i'r rhyfel gyrraedd aeth y cwlwm rhwng Lloyd George a John Williams yn un tynnach fyth. Ond tybed oedd Lloyd George, yn hyn o beth, yn taflu llwch i lygaid John Williams? I geisio ateb hynny rhaid manylu ychydig am gyffes ffydd Lloyd George. Doedd o ddim yn ŵr crefyddol yn ystyr ddefodol neu ddefosiynol y gair. Fe fynegodd ei frawd, William George, hynny, gan geisio'i esgusodi am beidio â glynu wrth werthoedd y teulu:

> Bûm yn sôn am ddylanwad y capel, ond nid wyf yn honni bod fy mrawd yn llawer o 'gapelwr' yn ystyr gyffredin y gair. Yn y lle cyntaf, aeth dros y nyth yn gynnar, ac wedi hynny, yn y bywyd prysur a ddaeth i'w ran, yn enwedig wedi iddo led gartrefu tu hwnt i Glawdd Offa, nid ydoedd dilyn 'moddion gras' gyda chysondeb yn beth hawdd. Heblaw hynny, yn gynnar yn ei yrfa, ymgollodd mewn gwleidyddiaeth, ac er bod delfrydau eithaf gwleidyddiaeth yn ardderchog, wfft i'r temtasiynau a ymesyd ar y teithydd tuag atynt.[4]

I gangen arbennig o Fedyddwyr, 'Babtists bara-caws' fel y'i disgrifiwyd gan William George, y perthynai'r teulu.

Bedyddwyr 'bara-caws', oherwydd yr arfer o ddod â phryd o fwyd i'w canlyn. Swper yr Arglwydd i ddechrau ac un cymdeithasol yn dilyn. Ond nid yn nyddiau Lloyd George.

Lloyd George yn y canol â John Williams yn gefn iddo; David Davies, Llandinam ar y dde iddo ac Ellis Jones Griffith, A.S. ar y chwith. Llun a dynnwyd ym Mhentre'r Gof, Cemaes – cartref gwraig gyntaf John Elias. Ystyriwch rym a dylanwad y pedwar hyn ar gymdeithas y dydd.

Bedyddiwyd 'Dafydd' Lloyd George gan ei Ewyrth Lloyd yn yr afonig a lifai heibio i gapel Pen-y-maes – a'i chwaer, Polly, i'w ganlyn. Er bod ei frawd ddwy flynedd yn iau cofiai'r digwyddiad yn dda:

> Gweinyddid ordinhâd Bedydd mewn ffrwd a redai heibio i riniog y Tŷ, ac a gronnid ar gyfer amgylchiadau o'r fath. Safai'r edrychwyr ar y torlannau oddeutu'r afon. Oddiyno gwelid portread o'r *claddu* a'r *codi* wedi ei gerfio mewn cyfrol o ddŵr. Golygfa i'w chofio ydoedd hi – boed haf neu aeaf. Bedyddiwyd fy mrawd fel hyn ar Chwefror 7, 1875, ac efe yn llanc 12 oed. Yr oeddwn i

ychydig yn hŷn pan fentrais dorri trwodd i ofyn am 'le yn y tŷ, ac enw o fewn y magwyrydd'.[5]

Yna'r ddau, y brawd a'r chwaer, yn cerdded o'r dyfroedd oerion i'r capel di-wres i dderbyn 'Swper yr Arglwydd', eu cymun cyntaf – yn unol ag arfer yr enwad – yn arwydd o'u derbyniad i deulu'r Ffydd a chymdeithas y saint ym Mhen-y-maes.

Ond yr un noson cafodd 'Dafydd' fath o dröedigaeth at yn ôl – nid bod ei frawd, William, yn cyfeirio at hynny. Ddeugain mlynedd yn ddiweddarach rhannodd y profiad gyda'i bartneres Frances Stevenson – 'Darling Pussy' fel y cyfeiriai ati. (A bod yn deg, roedd hwnnw'n enw anwes arni gan arall, neu eraill, cyn i Lloyd George ddechrau'i berthynas â hi.) Yn nes ymlaen, cyhoeddodd hithau'r ymgom honno yn ei chyfrol am Lloyd George, *A Diary by Frances Stevenson*.[6] Cofiai Lloyd George, meddai hi, yn fyw iawn y foment pan 'gwympodd holl ddeunydd ac adeiladwaith crefydd yn deilchion o'i flaen, a dim ar ôl'. Serch hynny, daliodd at rai o werthoedd moesol y grefydd y'i magwyd ynddi – am gyfnod o leiaf – gan ymlynu wrth yr allanolion a mynychu gwasanaethau gydol ei oes, bron. A mynd i lygad y ffynnon, mae'i ferch hynaf, Olwen, yn mynnu nad 'pagan' mohono gan y credai yn Nuw, dyfynnai o'r Ysgrythur yn rhwydd ac yn aml, ond ni phregethai am foesau a moesoldeb na'u gwthio ar neb arall.[7] Mewn cyfnod pan oedd crefyddwyr – dibechod neu beidio – yn

Ar lan afon Dwyfor y dymunodd gael ei gladdu nid mewn mynwent eglwys. Ceir ffilm gynnar o'i angladd, Gwener y Groglith 1945. O'i gwylio, gwelir fod i grefydd ran amlwg yn y digwyddiad.

fwy na pharod i daflu'r garreg gyntaf, fyddai hynny ddim wedi bod yn hawdd iawn iddo. Eto, yn annisgwyl, mewn oedfa yn Castle Street – eglwys Gymraeg y Bedyddwyr yn Llundain – ym Mehefin 1911, a Lloyd George yn pregethu, y trawodd Frances Stevenson arno am y waith gyntaf, 'ei bersonoliaeth drydanol' a'i 'lais arian' (er mai pregeth Gymraeg oedd hi), meddai, wedi'i hysgwyd hi.[8]

Ond rhoddai'r werin ragorach duwioldeb iddo nag a haeddai, hwyrach. Un o benawdau'r *Herald Cymraeg* bythefnos wedi i'r rhyfel dorri allan oedd 'Diolch i Dduw am Mr. Lloyd George'.[9] Yn ei *Diary*, mae Stevenson yn sôn am 'little Miss Davies', a ddaeth o'r hen wlad i weini yn Rhif 10, yn dweud wrthi fod pawb yng Nghymru yn *addoli* Lloyd George. Ac na fyddai wahaniaeth gan bobl Cymru pe gofynnid iddynt ei addoli *o* mwy na'r Hollalluog.[10] Ond go brin y byddai 'Brynsiencyn', yr uniongredwr, yn cymeradwyo eilunaddoliaeth o'r fath.

Ond yn ôl Ffion Hague, yn ei chyfrol *The Pain and the Privilege*, cyn belled ag yr oedd gwir addoli yn y cwestiwn, 'gwyliwr' oedd Lloyd George yn hytrach na 'chrediniwr'.[11] A pheth arall, mewn cyfnod pan oedd cael rhyw y tu allan i'r cwlwm priodasol o dan gondemniad, tybed faint oedd gwybodaeth John Williams am anturiaethau Lloyd George tu allan i'w wely priodas? Mewn cyfnodau diweddarach y daeth pethau felly fwy i olau dydd. Ond y gwir ydi fod gan Lloyd George, fel gwyliwr, ddiddordeb ysol mewn pregethu fel perfformiad; a phregethwr, 'pregethwr mawr',

Bu Richard Lloyd, ewythr Lloyd George, a brawd ei fam, yn ddylanwad sylweddol arno hyd ei farw yn 83 oed yn 1917. Bu fyw i weld ei nai – a'i protégé? – yn Brif Weinidog. Portread gan Christopher Williams.

oedd John Williams, Brynsiencyn. Yn fy marn i, dyna'r edefyn cryfaf yn y rhaff. A doedd yr addoliad cyffredin, 'lle byddo dau neu dri', ddim cymaint at ei ddant, os o gwbl. A dyfynnu o'i ddyddiaduron:

> March 2nd 1884: Believe in my heart of hearts to-day, and told William (my brother) that a good walk on such a beautiful day would have shown far greater appreciation of blessing than sticking in a misty hovel to listen to the mumbling of musty prayers and practices.[12]

PERFFORMIO PREGETHAU

Wedi bod yn cael ei groesholi ganddo am chwarter canrif neu well am faterion gwleidyddol a chrefyddol y dydd, dynwared pregethwr oedd y peth olaf a wnaeth Lloyd George yng nghwmni'r newyddiadurwr E. Morgan Humphreys. I feddwl bod dagrau yn llygaid y ddau ar ddiwedd y perfformiad![13] I ddiddori ei 'Pussy' byddai, ambell waith, yn traddodi'r hyn a alwodd hi'n 'a mock sermon in the real Welsh style'.[14] A chyn belled ag roedd pregethu yn y cwestiwn, hyd flynyddoedd canol y Rhyfel Byd Cyntaf, i laweroedd John Williams oedd piau'r llwyfan. O'r herwydd, byddai Lloyd George, yn ôl y cyfle, yn ei gynulleidfa'n weddol gyson – ac yn ei borthi, dybiwn i.

Does dim dwywaith nad oedd Lloyd George yn mwyn-

'Cymerodd ddiddordeb byw yn ffyniant yr eglwys fach yng Nghricieth ar hyd ei oes . . . arferai wahodd rhai o enwogion yr areithfa i aros gydag ef yn ystod mis Awst a rhoi Sul at wasanaeth "Berea" a'r dref.' – ei frawd, William George, *Atgof a Myfyr*, t. 56.

hau'r llwyfan a'r ddrama a gynigiai'r grefydd anghyd-
ffurfiol iddo, yn ogystal, wrth gwrs, â'r cynulleidfaoedd a
fyddai yno ar ei gyfer. 'Roedd fy mrawd,' meddai William
George, 'i ddiwedd ei ddyddiau yn caru clywed pregethu
da . . . Pan ddeuai'r cyfle mynychai'r cyfarfodydd pregethu
mawrion, a oedd yn boblogaidd bryd hynny, ac mae ei
sylwadau personol ar brif bregethau'r cyfnod yn ddeunydd
darllen diddorol.' Ac mae'n dyfynnu o'i ddyddiaduron:
'June 5th 1882: Listening to Herby Evans, Caernarvon.
Never heard anything more eloquent – just like uncle at
his best.'[15] Mae'n rhaid ei fod ar delerau brawdol gydag E.
Herber Evans, gweinidog Salem, Caernarfon, a Phrifathro
Coleg Bala–Bangor yn nes ymlaen, i roi 'Herby', o bopeth,
yn enw anwes arno.

Er iddo gael
magwraeth efengylaidd,
y tebyg yw i Lloyd
George golli ei ffydd
yn ŵr ifanc, ac mai
agnostic fu am weddill
ei ddyddiau. Gall fod y
bu'n wleidyddol ddoeth
iddo gadw'n bur dawel
am hynny.

Yn ogystal, roedd yn ddigon cyfarwydd ag ieithwedd ac
arferion crefyddol y dydd, yn ddigon cyfarwydd i ddweud,
wrth annerch yng Nghonwy ddechrau Mai 1916, na fedrai
neb ymladd y rhyfel fe petai o'n drip ysgol Sul. Yr angen
am y ddeddf newydd, Deddf Gwasanaeth Milwrol, oedd
y pwnc: 'Nid oes sarhad mewn gorfodaeth . . . Nis gallwn
redeg y rhyfel fel y gwneir a thê parti ysgol Sul, un yn
darparu'r buns, ac un arall yn rhoddi tê, ac un arall yn
dod a'i tecell, tra eraill yn segura o gwmpas yn cymeryd y
goreu o'r hyn sydd yn myned yn mlaen. Nid gellir cario y
rhyfel ymlaen y ffordd yna.'[16]

Ond pan fyddai'r ddau – Lloyd George a John Williams
– yn sgwrsio am grefydd, naill ai o dan y feranda yn Llwyn

Dyn byd ac eglwys –
pan fyddai hynny o
fendith iddo.

Idris ar ddydd o haf neu yn Rhif 10 a'r drysau wedi'u cau, faint o ddyfnder, tybed, a fyddai i'r trafod? A sôn am Lloyd George, yn ôl Morgan Humphreys roedd 'cyfyngiadau rhyfedd i'w feddwl a'i wybodaeth' ac 'nid oedd ei wybodaeth am hanes Cymru na helaeth na chywir'.[17] Felly, rhwng popeth, hawdd tybio mai cyfyngedig ac arwynebol fyddai ei ddiddordeb yn hanfodion y Ffydd. Go brin, felly, y byddai yna drafodaeth drom ar bwnc megis Cyffes Ffydd y Methodistiaid Calfinaidd – naill ai fel cyfundrefn neu gorff o ddiwinyddiaeth. Ddim, beth bynnag, yn ôl llythyr a anfonodd at ei briod yn Awst 1897 gyda'r cyfarchiad, 'My sweet but stupid Maggie'. Y cyngor a roddodd iddi, a'r ansoddair a ddefnyddiodd wrth ei roi oedd: 'Drop that infernal Methodism which is the curse of your bitter nature.'[18]

Ond pan oedd John Williams yn traddodi ei Ddarlith Davies – 'Hanes yr Apostol Paul a'i Ddysgeidiaeth am yr Iawn' – mewn Cymanfa Gyffredinol a gynhaliwyd ym Mhorthmadog ym Mehefin 1921, pwy gerddodd i mewn ond y Prif Weinidog ei hun. Fel y gellid disgwyl, fe'i llwythwyd ar ei union i'r sêt fawr. Teyrngarwch i'r 'dyn', mae'n ddiamau, a'i tynnodd yno, yn fwy felly hwyrach na diddordeb yn y pwnc. Eto, gallai ymddiddori, mae'n debyg, yn hanes Paul ond faint, tybed, fyddai ei ddiddordeb yng nghymhlethdodau athrawiaethau'r Apostol sy'n gwestiwn arall. A doedd John Williams, yntau – ychydig fisoedd cyn ei farw – ddim yn ddigon cryf, bellach, i fedru'i 'thiwnio' hi. A hynny a fyddai at ddant ei arwr. Ond cafodd y Prif Weinidog gyfle i eilio'r diolchiadau iddo ar y diwedd. Roedd ganddo le i ddiolch iddo, nid yn gymaint am yr anerchiad hwyrach, ond am y gefnogaeth a'r cymwynasau a dderbyniodd oddi ar ei law yn ystod blynyddoedd enbyd y Rhyfel Byd Cyntaf.

Rhoddai John Williams yr argraff fod Lloyd George yn weddïwr, a gwnaeth hynny, unwaith, wrth annerch cyfarfod lecsiwn yng Nghaergybi, i gefnogi Syr Ellis Jones Griffith, y Rhyddfrydwr. Dechreuodd drwy sôn am ddyled y wlad i Lloyd George:

> Yna dechrau cerdded yn ôl a blaen ar y llwyfan – peth dieithr iddo ef – a siarad yn fwy megis wrtho'i hun nag wrth y gynulleidfa. Disgrifiai'r amseroedd ofnadwy y daethai'r wlad trwyddynt; tristwch ar aelwydydd y wlad; clywed newydd drwg ac ofni newyddion gwaeth, a phawb wedi colli eu ffydd 'ond y bachgen hwn a fagwyd ar draws y dŵr â ni yn Llanystumdwy yna, ag yr oedd baich ofnadwy yn gorffwys ar ei ysgwyddau. Ar y noson dduaf, rhuthr fawr olaf y Germaniaid ym Mawrth 1918, cerddai ar hyd ystafelloedd a *chorridors* Downing Street, heb golli ei ffydd, ond dan furmur rhyngddo ag ef ei hun ac â Rhywun mwy –
>
> > Os dof fi trwy'r anialwch,
> > Rhyfeddaf fyth dy ras.'[19]

Mewn araith yn y Queen's Hall, Llundain, 19 Medi 1914, dywedodd Lloyd George: 'I should like to see a Welsh Army in the Field. I should like to see the race that faced the Norman for hundreds of years in a struggle for freedom, the race that helped to win Crecy, the race that fought for a generation under Glyndwr against the greatest Captain in Europe – I should like to see that race give a good taste of their quality in this struggle in Europe; and they are going to do it'.

O feddwl am rethreg John Williams – oddi ar lwyfan neu o bulpud – gallaf ddychmygu cownt crefyddol Lloyd George ymhlith y werin bobl yn codi i'r entrychion o wrando ar deyrngedau fel yna. Cyfeiriodd William George at yr un profiad, 'mai rhyw weddïo-ganu iddo'i hun y byddai 'mrawd lawer tro ym mhoethder y frwydr', gan ychwanegu mai cofio am hynny a ysbrydolodd y dorf i ganu'r un emyn 'gyda'r fath wefr' ddydd ei angladd, ar lan afon Dwyfor, Gwener y Groglith 1945.[20]

DYN 'DECHRAU CANU'

Yn ôl Emyr Price yn *Lloyd George a'r Eisteddfod Genedlaethol,* 'oddi ar lwyfan yr eisteddfod y traddododd rai o'i areithiau mwyaf nodedig ar law a hindda.'

Ond o leiaf roedd Lloyd George, beth bynnag am John Williams, yn ddyn 'dechrau canu, dechrau canmol'. Wn i ddim pa mor ddwfn yr ystyriai'r ddiwinyddiaeth a oedd yn sylfaen i'r emynau a genid, ond gallaf ddychmygu bod clywed cynulleidfa'n morio ambell hen ffefryn yn llacio'r tyndra ac yn rhyddhau ei emosiwn – yn union fel gwrando ambell bregeth. Wn i ddim chwaith a fyddai Lloyd George, na John Williams o ran hynny, yn cytuno â'r gred fod rhai emynau'n ffitio'r galw'n well na'i gilydd ar ddyddiau rhyfel, a hynny oherwydd eu delweddau, megis: 'Heddiw, tanllyd saethau yma, / Fory, tanllyd saethau draw' neu 'Yn y rhyfel mi arhosaf, / Yn y rhyfel mae fy lle'.

Bellach, faint o'i chefnogwyr sy'n gwybod mai Lloyd George a sefydlodd Gymanfa Ganu gyntaf yr Eisteddfod

Genedlaethol, digwyddiad sydd wedi llenwi Pafiliwn y Brifwyl yn ddigon didrafferth er 1916. Wedi i bethau fynd i'r gwellt ym Mangor y flwyddyn flaenorol oherwydd enbydrwydd y rhyfel, 'sylweddolai Lloyd George,' ebe Huw Williams, y cerddor a'r colofnydd, 'bod angen "tonic" gwirioneddol ar y bobl . . . Ac os oedd rhaid felly wrth "donic" wel Tonic yn y Sol-ffa amdani'.[21] Cynhaliwyd y Gymanfa honno yn Aberystwyth, 18 Awst 1916, gyda Lloyd George yn y gynulleidfa a'i gefnogwr diwyro, John Williams, yn un o'r llywyddion. Eto, fel y crybwyllwyd yn gynharach, ei anogaeth wrth recriwtio ym Mrynsiencyn, ddeuddydd wedi i'r rhyfel dorri allan, oedd 'rhywbeth heblaw canu'! Ar wahân i foli Duw, roedd i'r Gymanfa yn Aberystwyth bwrpasau eraill: un oedd cyfiawnhau canu ar awr dywyll a'r llall oedd cefnogi'r brwydro. Y farn gyffredinol, ar y pryd, oedd i'r ddeubeth olaf weithio, beth bynnag am y cyntaf:

Eisteddfod Aberystwyth 1916. Daeth Hedd Wyn, o dan y ffugenw 'Y Fantell Wen', yn ail yng nghystadleuaeth y Gadair. Teimlai rhai y dylai fod wedi ennill. Byddai'n fuddugol yn Eisteddfod Penbedw 1917.

Darllenwyd brys-neges yng nghyfarfod y prynhawn oddi wrth un o'r catrawdau Cymreig yn Ffrainc yn dymuno llwyddiant y Gymanfa Ganu. A hysbyswyd eu bod wedi canu 'Crugybar' allan o raglen y Gymanfa y Sadwrn blaenorol, a hynny 'yn sŵn magnelau yn ffosydd gwaedlyd yr Armagedon'.[22]

Ac yn ystod y dydd, fe gasglwyd arian sylweddol i'w rannu rhwng gwahanol gronfeydd rhyfel.

Yn ei anerchiad fel Llywydd y Dydd, fe geisiodd Lloyd George roi'r tonic angenrheidiol i godi ysbryd cynulleidfa a llwyddo, a chymryd bod yr ymateb ar y pryd yn brawf o hynny. Mae'r araith, fel ag y mae hi yn *Baner ac Amserau Cymru*, wedi'i phupro â 'cym.' [cymeradwyaeth] o du'r gynulleidfa: 'cym. uchel', 'cym. adnewyddol', 'uchel gym' a sawl 'chwerthin' – er i mi ddewis eu hepgor:

Yn y tridegau recordiodd Lloyd George ei araith yn Eisteddfod 1916. Mae gwrando arni'n cyflymu calonnau gwrandawyr bron i gan mlynedd yn ddiweddarach.

Ond pa ham na ddylem ganu adeg rhyfel? A pha ham, attolwg, na ddylem ganu yn y cyfnod hwn ar y rhyfel? Ni yw lleni ffenestr Prydain i lawr etto, ac nid ydynt yn debyg o fod. Nid yw anrhydedd Prydain yn farw. Nid yw ei gallu wedi ei dori; nid yw ei thynged wedi ei chyflawni, ac nid yw ei delfrydau wedi eu malurio gan ei gelynion. Y mae yn fyw, a mwy na byw – y mae yn fwy o allu, ac yn fwy mewn ystyr nag erioed. Y mae ei therfynau a'i thiriogaethau yn eangach nag erioed; ei dylanwad yn ddyfnach, ei phwrpas yn fwy aruchel nag erioed. Pa ham na ddylai ei phlant ganu? . . . 'Does yna ddim eos yn

canu yr ochr yma i'r Hafren, medda nhw. 'Does dim eu heisieu. Anaml y mae Rhagluniaeth yn gwastraffu ei doniau. Ac nid oes arnom eisieu yr 'eos' i ganu yn Nghymru. Mae aderyn yn y cymmoedd yma ganith yn well na'r eos. Ei enw ydyw 'Cymro'. Y mae'n canu mewn llawenydd, yn canu, hefyd, mewn tristwch; y mae yn canu mewn heulwen, ac mi fedr ganu yn y ddrychin; fe gana wrth ei waith, ac fe gana wrth chwareu; canu mewn rhyfel, yn gystal ag mewn heddwch; canu yn y dydd a chanu yn y nos . . . Gan hyny, dewch i ni ganu.[23]

Wyddwn i ddim nes gweld rhifyn o'r *Gwyliedydd* fod Lloyd George yn emynydd, neu o leiaf yn gyfieithydd un. Yn y rhifyn hwnnw cyhoeddodd W. Arvon Roberts drosiad Lloyd George o emyn Saesneg Lewis Hensley – un o glerigwyr ac ysgolheigion Oes Victoria – 'Thy Kingdom Come, O God' a rhoi'r cyd-destun. Fe'i cyfansoddodd ar fordaith adref o Colombo, Sri Lanka – Ceylon, bryd hynny – yn nechrau'r tridegau, a hynny wedi clywed canu'r emyn gwreiddiol mewn gwasanaeth ar fwrdd y llong. Meddai awdur yr ysgrif, 'Fe gyffyrddodd ag ysbryd Lloyd George ac aeth i'r dec, a throsi'r emyn i Gymraeg':

Dy Deyrnas doed, O Dduw,
Boed Crist yn Llyw yn awr;
Â'th wialen haearn tor
Holl ormes uffern fawr.[24]

Wedi i mi ddangos copi iddo, barn John Gwilym Jones – yn Brifardd ac yn emynydd ei hun – oedd mai addasiad ydi'r gwaith, at ei gilydd, er bod y pennill cyntaf yn gyfieithiad pur lythrennol. 'Mae'n amlwg,' meddai, 'fod ganddo glust am fydr ac odl, ac o ran ceinder crefft y mae'r Gymraeg yn rhagori ar y gwreiddiol Saesneg.' Ond ni theimlai iddo lwyddo i gyfleu arwyddocâd y gwreiddiol bob tro.

Defosiwn ac emynyddiaeth oedd yr echel i fywyd Lewis Hensley. Bu farw'n annisgwyl mewn cerbyd trên yn Swydd Norfolk, 1 Awst 1905.

Y CWLWM GWLEIDYDDOL

Ddiwedd Medi 1914 roedd y ddau, y gwleidydd a'r pregethwr, mewn cyfarfod cyhoeddus yng Nghricieth i hyrwyddo ymrestru. Roedd y gynnau mawr yno'n gryno: Owen Thomas, Syr Henry Lewis, yr ysgolhaig, a John Williams. Roedd disgwyl mawr am y tri, mae'n ddiamau, ac yn arbennig, hwyrach, am 'Frynsiencyn'. Ond tra oedd Henry Lewis ar ganol annerch pwy gerddodd i mewn heb ei ddisgwyl, ond yn fwriadol felly o bosibl, ond Lloyd George, ei briod a'u merch, Megan, a fyddai'n ddeuddeg oed ar y pryd. Pan ddaeth y Canghellor i'r golwg, wedi peth curo ar y drws, cafodd 'gymeradwyaeth fyddarol':

> Ymddengys iddo gael cryn drafferth i weithio ei ffordd i mewn i'r cyfarfod. Yr oedd wedi curo deirgwaith neu bedair wrth y drws tra yr oedd yr Heddwas Thomas yn gwrthod agor ac yn ei anog i geisio gweithio ei ffordd trwy ddrws y cefn. Modd bynag gwaeddodd rhyw fachgenyn bychan trwy ddrws y clo. 'Mr. Lloyd George sydd yma.' Ac ar unwaith wele y drws yn agor led y pen.
>
> Pan gododd y Canghellor i siarad, yng nghanol cymeradwyaeth fyddarol y dorf, dywedodd ei fod wedi cael anhawsder mawr i ddod i mewn heibio yr Heddwas Thomas, ac anogai hwy i'w anfon ef fel sentry i faes y gad gan sylwi na buasai berygl i'r un gelyn ei basio.[25]

Yn 1913 cytunodd Frances Stevenson i fod yn ysgrifenyddes bersonol i Lloyd George – personol iawn, a deud y gwir. O hyn ymlaen byddai Frances yn feistres, yn ysgrifenyddes, ac yn confidante iddo a deuai, yn 1943, yn ail wraig i'r gŵr mawr. Anodd meddwl beth oedd ymateb John Williams i Frances, os gwyddai am wir berthynas ei gyfaill grymus â'i ysgrifenyddes.

Hyn, rhwng dau . . .

Digwyddiad cofiadwy arall ar y noson oedd galw ymlaen filwr o Gaernarfon a fu ym mrwydr Mons ac a oedd wedi dychwelyd adref yn wael ei iechyd. Yn ddiamau, gallai gweld a gwrando milwr gwael ei iechyd weithio ddwyffordd, o blaid ymrestru neu yn erbyn. Ond yn ôl y wasg, Lloyd George aeth â hi'r noson honno. Does dim cofnod yn y papur o air a ddywedodd John Williams, na'r ddau arall, ond mae yno grynodeb helaeth o'r hyn a ddywedodd Lloyd George a'r anerchiad wedi'i fritho â'r gair 'cymeradwyaeth'. Sicrhaodd ei gynulleidfa fod y rhyfel yn un cyfiawn. Roedd yr amser wedi dod i Brydain gael byddin fawr a llynges fawr. 'Pe y gwnâi sir Gaernarfon ei chyfran dylent roddi mil o ddynion at Fyddin newydd Cymru (cymeradwyaeth).' A diau fod John Williams ymhlith y rhai oedd yn cymeradwyo.

Ond tybed a fu i'r ddau erioed drafod, mewn gofid a gwewyr, gwestiwn rhyfel a heddwch yng ngoleuni'r Testament Newydd? Ond a fyddai pwynt mewn trafod ar y lefel yna? Wedi'r cwbl, roedd gan John Williams ei ddehongliad ei hun a chan Lloyd George, yntau, argyhoeddiad gwleidyddol na fyddai newid arno. Ac wedi'r llabyddio gwaedlyd ni newidiodd John Williams ei farn am grefyddolder Lloyd George.

Wrth gwrs, un edefyn arall yn y rhaff oedd gwleidydd-iaeth. Rhyddfrydwr oedd John Williams yntau. Fel 'Pab Rhyddfrydiaeth' y syniai tad W. J. Gruffydd amdano ac, o'r herwydd, fod iddo fath o anffaeledigrwydd: 'Pe clywsai fy nhad i sicrwydd fod Mr Lloyd George wedi lladd ei nain, buasai mwrdro neiniau ar unwaith yn llai o ysgelerder yn ei olwg'.[26] Ac roedd hi'n berthynas glòs, fel yr eglurodd Bob Morris – ar raglen deledu – a hynny ar fwy nag un gwastad:

Roeddan nhw yn gyfeillion personol ond roeddan nhw hefyd yn cyd-weld ar ystod eang o egwyddorion. Roeddan nhw'n rhannu'r un egwyddorion, yn Rhyddfrydol yn wleidyddol, yn rhannu egwyddorion anghydffurfiol yn grefyddol. Ond roeddan nhw hefyd yn rhannu'r un gwladgarwch, yr un ymdeimlad fod yn rhaid i Gymru fod yn rhan flaenllaw ym mywyd Prydain a'r Ymerodraeth. Mi roedd John Williams hefyd yn teimlo fod ganddo fo rôl arbennig yn ystod y rhyfel i fod yn llais y gydwybod anghydffurfiol Gymreig, oedd fynych yn siarad yng nghlust Lloyd George.[27]

Ac eto, roedd yna wahaniaethau. Cyfrwng i'w ddefnyddio i amcanion gwleidyddol oedd crefydd i Lloyd George tra oedd rhai fel John Williams yn dehongli gwleidyddiaeth y dydd yng ngoleuni eu hargyhoeddiadau crefyddol. (Bu'n arwain ym mrwydr y Datgysylltiad cyn y Rhyfel Byd Cyntaf ac yn dilyn hynny.) Nid na fu John Williams yn weithgar a gweithredol ym maes gwleidyddiaeth: yn 'rhyddfrydwr' wrth reddf, bron, a hefyd o ran ei argyhoeddiadau. Aeth unwaith, os nad yn amlach na hynny, cyn belled ag

. . . ond heb gael ei blesio.

etholaeth Lloyd George i gefnogi'r achos. Fel y nodwyd, gallai droi'r fantol mewn ambell gwrdd gwleidyddol ac o 1913 ymlaen bu am gyfnod yn aelod o'r Cyngor Sir.

Ond yn Etholiad Cyffredinol 1918 aeth yn big ar John Williams y gwleidydd: i bwy i roi ei gefnogaeth? Roedd ei law dde yn ystod y Rhyfel Mawr, Syr Owen Thomas, yn sefyll fel Ymgeisydd Llafur, i gefnogi'r gweithiwr cyffredin a thyddynwyr Môn. Ond roedd y Rhyddfrydwr a ddaliai'r sedd, Ellis Jones Griffith – un arall o gyfeillion agos John Williams – yn awyddus i'w chadw. Ond penderfynu cadw at yr hen lwybrau a wnaeth John Williams. Wedi i'r Etholiad fynd heibio, am huodledd John Williams y bu'r sôn ond Owen Thomas a anfonwyd i'r Senedd i gynrychioli Ynys Môn. Ym marn E. Morgan Humphreys, doedd John Williams erioed wedi'i fwriadu i fod yn arweinydd gwleidyddol a hynny am ei fod yn rhy dueddol i gael ei gario gan deimlad y foment – a dyna anghysondeb arall yn ei gymeriad. Ac meddai ymhellach, gallai Lloyd George swyno John Williams a chyfeiria at y dylanwad aruthrol oedd ganddo arno am flynyddoedd. Yn ei adolygiad ar gyfrol Morgan Humphreys mae Iorwerth Peate yn dal ar gyfle arall i'w barddu o ymhellach:

Gŵr pendant ei farn oedd Iorwerth C. Peate am unigolion a digwyddiadau. Hynny ar dafod neu mewn inc. Felly ei farn am John Williams.

Gallaf dystio fy hun i ddylanwad dewinol Lloyd George fel y disgrifir ef yn y gyfrol. Gwelais, ar dri achlysur gwahanol, farchog o Sais, cynghorwr Sosialaidd a nafi yn cael eu dal yn llwyr dan hudlath L.G., er eu bod y

'WYLFA' BAY. CEMAES
Rev. J. WILLIAMS GOING BOATING
MORRIS PHOTO CEMAES BAY

'The Revd J. Williams going boating' ger trwyn Wylfa. Tybed a oedd geiriau Ieuan Glan Geirioynydd yn ei feddwl? – 'I mewn i'r porthladd tawel clyd, / O sŵn y storm a'i chlyw, / Y caf fynediad llon ryw ddydd – / Fy Nhad sydd wrth y llyw.'

tri ohonynt ar ddechrau'r cyfarfodydd yn chwythu bygythion yn ei erbyn, ond yn ymadael gan ei addoli.[28]

Camwedd John Williams yn ôl J. W. Jones – a oedd erbyn hyn yn weinidog yng Nghricieth a'r Fonesig Margaret yn aelod o'i eglwys – oedd caniatáu i hynny ddigwydd iddo. Fe ddylai wybod, oherwydd gwyddai'n dda am Lloyd George a John Williams; yn rhinwedd ei swydd galwai heibio i Fryn Awelon yn weddol gyson.[29]

Mae haneswyr yn bur gytûn i Lloyd George ddefnyddio
John Williams i'w amcanion ei hun – yn arbennig felly yn
nyddiau'r Rhyfel Mawr. Fel y dywedodd Maldwyn Thomas,
mor graffig: 'Pe bai Lloyd George isio tanio rwbath, mae'n
siŵr gin i mai drwy wn dau faril John Williams, y bydda
fo'n gneud hynny.'[30] Ar y llaw arall, hwyrach iddo yntau
fwynhau'r profiad a'r sylw mawr a gafodd yn sgil hyn i
gyd a llwyddo i yrru'r lladdiadau erchyll i ystafell sbâr yn
ei feddwl. Roedd Morgan Humphreys, meddai Gerwyn
Wiliams, wedi sylweddoli mai 'un diniwed ddigon, yn ei
hanfod, oedd pregethwr enwocaf ei ddydd, creadur hawdd
dylanwadu arno ac ysglyfaeth gyfleus i gawr perswadiol fel
Lloyd George'.[31] Anodd ydi anghytuno â hynny. Trueni,
serch hynny, i Lloyd George, oherwydd amgylchiadau'r
dydd, fethu cyrraedd i'w angladd. Mi fyddai John Williams
wedi disgwyl cymaint â hynny, siawns gen i. Ond rhaid
symud at hynny yn nes ymlaen.

Ac fe barhaodd y berthynas rhwng y ddau deulu, o leiaf
i'r genhedlaeth nesaf. Ddydd Gwener, 10 Mehefin 1938,
cynhaliwyd Garddwest Genhadol o gryn fri yn Llwyn
Idris a daeth Megan Lloyd George, Aelod Seneddol Môn
ar y pryd, yno i annerch. A chafodd Dr Alun Griffith
gyfle arall i ddangos i'r dyrfa y goeden a blannodd ei thad
yng ngardd Llwyn Idris ar achlysur digon tebyg – coeden
oedd, ar y pryd, yn dal i flaguro.

A'R HERIO DEWR O'R DDAU DU

GAN GYMAINT Y GWRTHDARO YN Y DREF RHWNG y rhai a gefnogai'r rhyfel a'r nifer llai a'i gwrthwynebai roedd Pwllheli i mi yn fath o fychanfyd yn dangos y darlun mwy. O olrhain hanes y gwrthdaro ym Môn, Arfon a Llŷn, ar wahân i Langefni a Bangor hwyrach mai Pwllheli fu'r prif dalwrn ar gyfer y frwydr. Ond efallai mai fy nghynefindra i â'r hen dref sy'n peri i mi feddwl hynny. Prun bynnag, taniwyd ar y dref yn gynnar. Yn y gyfrol *Lleisiau'r Rhyfel Mawr*, ceir dyfyniad o lythyr a anfonodd perthynas i mi, David Williams, Yr Hendre, Aberdaron, at ei chwaer, Claudia:

> Mi fûm yn ffair Pwllheli ddoe, nid oedd yno lawer o bobl, llawer o hogiau ieuanc yn aros adref rhag cael eu dal gan y milwyr efallai. Mi roedd y Lt. a'r Police yn dal llaweroedd o hogiau heb exemption Cards, ac yn cymeryd ei henwau ac yn myned ag eraill i mewn ond yn ffodus fe gefais i heddwch.[1]

RHYFEL Y CADFRIDOGION

Achos y Rhyfel Mawr ddaeth â John Williams i Bwllheli ar nos Wener ym Medi 1914.[2] Fel y cadfridog o un ochr i'r frwydr, bu yno i'r un perwyl fwy nag unwaith yn ystod blynyddoedd y Rhyfel. Ond roedd cadfridog y fyddin arall – a elwid ar dro yn 'fyddin y brenin' – yn byw ym Mhwllheli er Ebrill 1907. John Puleston Jones oedd hwnnw, gweinidog Pen-mount, *cathedral* anghydffurfiol y dref, a'r 'pregethwr dall' fel y'i gelwid. Enillodd radd dosbarth cyntaf mewn hanes yn Rhydychen a hynny serch iddo golli'i olwg yn ddeunaw mis oed. Yn addysgol, roedd yn ganmil disgleiriach gŵr na John Williams a gwrthwynebai'n ddi-dderbyn-wyneb y jingoistiaeth ar ymfyddino oedd ar gerdded.

Cwrteisi crefyddol, hwyrach, a barodd i'r trefnwyr ofyn i Puleston eistedd ar y llwyfan y noson honno. A chwrteisi crefyddol, ac ofn erledigaeth, dybiwn i, a barai i weinidogion mewn trefi a phentrefi ufuddhau i wahoddiadau o'r fath. Eto, yn ôl Clive Hughes, 'the extent of nonconformist support for the war is nowhere more obvious than in the participation of ministers at recruiting meetings'.[3] Cymerid yn ganiataol y byddai ficer y plwyf ar y llwyfan bob amser, oherwydd eithriadau prin oedd clerigwr na chytunai ag amcanion y rhyfel. Presenoli'i hun wnaeth Puleston y noson honno, mae'n debyg, ond dewis peidio ag eistedd ymhlith y gwŷr blaen. Gynnau

Priodwyd David Lloyd George â Margaret Owen ar ddydd Calan 1888, a chawsant bump o blant.

mawr y noson oedd John Williams, Owen Thomas a
Margaret Lloyd George.

O ran John Williams a Puleston, roedd y
ddau'n hen gydnabod, wedi arfer cyd-danio
mewn sasiynau ac uchelwyliau. O fy mlaen i mae
copi o *Llofion Llŷn*, a lluniau ynddo o Sasiwn
a gynhaliwyd yn Sarn Mellteyrn, ar Benrhyn
Llŷn, yn 1901.[4] Yn un llun mae Puleston a John
Williams – oedd yn un o bregethwyr yr ŵyl – yn
cydgerdded ar flaen y dyrfa, er bod yna hyd cleddyf
o fwlch rhwng y ddau. Hwyrach fod y rhychwant yn
ddelwedd o'r pellter syniadau a fyddai rhwng y ddau dair
blynedd ar ddeg yn ddiweddarach.

Dydi'r anerchiad a draddododd John Williams ar y
noson ddim wedi'i gofnodi'n llawn. Ond ym Mhwllheli,
yn 1916, byddai'r awyrgylch yn Neuadd y Dref yn sicr o
fod yn gynnes o'i blaid. O bori yn y papurau a gylchredai'n
lleol, gwelir i bobl Pwllheli fod yn weddol gadarn o
blaid y Rhyfel Byd Cyntaf o'r dechrau ac yn arbennig o
gefnogol i hogiau'r dref oedd oddi cartref. Yn ôl ei fab
yng nghyfraith, R. W. Jones, a ysgrifennodd gofiant iddo,
cyfaddefodd Puleston, wedi i ymweliad John Williams
fynd heibio, 'iddo gael argyhoeddiad dyfnach nag erioed
y noson honno ei fod ar y llwybr iawn'.[5] Oherwydd ei
safbwynt, cafodd Puleston wely rhyfeddol o galed yn y dref
a chyfaddefodd yn *Y Goleuad* mai 'pobl ffyrnig o ryfelgar'
oedd o'i gwmpas ym Mhwllheli.[6]

*Margaret Lloyd George
tua 1916. Unig blentyn
Richard a Mary Owen
fferm Mynydd Ednyfed
Fawr, Cricieth oedd
Margaret. Roedd ei
rhieni'n ddigon da
eu byd a'i thad yn
flaenor Methodist selog
yng Nghapel Mawr
y dref. Ar y dechrau
gwrthwynebai ei thad
ei charwriaeth â'r
cyfreithiwr Bedyddiol o
Lanystumdwy.*

Fel y dengys y cerdyn
post hwn o Sasiwn
Sarn Mellteyrn, 1901,
does fawr o bellter
corfforol rhwng John
Williams a Puleston
Jones, ond pa faint y
pellter arall?

Rwy'n cofio llunio portread llwyfan o Puleston, yn ôl yn Nhachwedd 1987, *Cannwyll yn Olau*, a gweld ei berfformio yn Neuadd y Dref ym Mhwllheli a mannau eraill. Yn ddiweddarach y clywais i'r stori a fyddai wedi gwneud golygfa gofiadwy, yn arbennig felly ym Mhwllheli. Yn ôl traddodiad llafar, roedd Puleston wedi methu stumogi'r hyn a glywodd gan John Williams y noson honno a cherddodd allan cyn diwedd y cyfarfod. Am genhedlaeth wedyn, meddir, bu rhai o drigolion Pwllheli yn tybio eu bod nhw'n clywed tap, tap ei ffon wrth iddo ymlwybro at y drws. Ond dychymyg yn codi o farn neu o ragfarn oedd hynny. Yn ôl ei gofiannydd, cario'i ffon a wnâi Puleston a phrin gyffwrdd y llwybr o'i flaen. Ond gwir neu ddychymyg, byddai'r effaith sain wedi rhoi clo perffaith i'r olygfa.

Bu brwydr agored arall ym Mhwllheli yn niwedd 1917. Ond Syr Henry Jones oedd ar y llwyfan y noson honno ac nid John Williams. Mae'r cofiant i Puleston yn awgrymu y bu'r gwrthdaro yr un mor gadarn bryd hynny ond yr awyrgylch beth yn fwy cartrefol. Hwyrach mai'r man cyfarfod a wnaeth y gwahaniaeth. Doedd Neuadd y Dref ddim ar gael a chafwyd caniatâd i gynnal y cyfarfod yn ysgoldy Pen-mount:

> Ar ddiwedd araith Syr Henry cododd Puleston o'r gynulleidfa i ofyn iddo un neu ddau o gwestiynau, a theimlai llawer fod ei gwestiynau yn cornelu'r athronydd. 'Puleston annwyl,' meddai Syr Henry, 'beth sydd wedi digwydd yn dy hanes di? A wyt ti wedi mynd at yr hen griw yna?' Cododd y llywydd i roi pen ar y cwestiynau, ac eisteddodd Puleston yn dawel, a'r tro hwn ymwahanodd y dyrfa mewn cydymdeimlad dyfnach na chynt â Puleston, a chan resynu iddynt golli gweld ymafael codwm rhwng y ddau gawr.[7]

Dyfnhaodd y cydymdeimlad tuag at Puleston wedi'r Rhyfel ac fe'i hystyrid yn arwr. Dyfarnwyd doethuriaeth er anrhydedd iddo a threfnwyd tysteb. Bu farw 21 Ionawr 1925.

Ond nid wedi ymuno â'r 'hen griw yna' roedd Puleston. Y fo, fel yr awgrymwyd, a rhai fel y Prifathro Thomas Rees, oedd yn arwain – yn union fel roedd John Williams yn un o arweinyddion y fyddin arall. Y 'deyrnas', yn ystyr ehangaf posibl y gair, oedd consýrn y ddwy ochr fel ei gilydd: John Williams am ei sicrhau hi drwy ymdrechion yr Ymerodraeth Brydeinig, a olygai aberth a thywallt gwaed, a Puleston a'i ddilynwyr am fentro llwybr di-drais yn unol â'u dehongliad o'r Testament Newydd. (Ond yn 'Sasiwn y Sarn', cyn dyfod y dyddiau blin – â 6,000 yn bresennol, meddir – roedd y ddau i'w gweld fe pe baent yn canu o'r un llyfr emynau.)

Bu ymrafael arall rhwng Puleston a Syr Henry Jones ychydig wythnosau'n ddiweddarach. A'r tro yma roedd Neuadd y Dref ar gael. Yno, byddai mwy o gynulleidfa a mwy, yn ddiamau, o blaid yr 'Athro Alltud'. Yntau, o bosibl, wedi dod â chryfach arfau i'w ganlyn. 'Paham na ellir terfynu'r Rhyfel?' oedd y pwnc. Roedd ei enaid, meddai, yn dyheu am heddwch, ond iddo fod yn heddwch llwyr: 'Dyda chi ddim haws a gwneyd llong berffaith ym mhob peth ond un peth. Os y gadewch un twll ynddi aiff yr holl long a'i llwyth i'r gwaelod'.[8]

Yna, roedd y siaradwr yn fwy na pharod barod i ateb unrhyw gwestiwn. Dyna pryd y camodd Puleston i'r cylch. Pendilio bywiog rhwng y ddau fu hi wedyn: Puleston yn holi a Syr Henry yn ateb:

'Sut mae goruchafiaeth filwrol o'n tu ni yn debyg o dd'od â'r Almaen i'w lle?'

'Wel, beth ydach chi yn ei gynyg?'

'Wel, os mai ffrwyth cyfiawnder yw heddwch, ai onid heddwch fuasai'r arf goreu i'w drin?'

'Dowch a'ch cynllun.'

'Aeth y rhan fwyaf o'r bechgyn a adnabûm yn ôl i'w heglwysi a'u capeli heb falio botwm corn am y rhan a gymerodd gweinidogion i'w hysio i'r fyddyn' — Ernest Roberts, *Ar Lwybrau'r Gwynt*, t 86.

'Paham na ellir cael cynhadledd? Pe byddai i ni wneyd y cynigion mewn ysbryd cariad cawsai ddylanwad da ar y byd er gwaethaf yr ysbryd drwg sydd yn yr Almaen a phob man arall.'

'Ond sut y gellir cynhadledd felly? Siarad yn yr awyr ydyw peth fel yna!'

A chafodd Syr Henry, yn ôl *Yr Udgorn*, gymeradwyaeth frwd.

O'r gyfrol John Puleston Jones, M.A., D.D., *1929.*

RHWYFO'N GROES I'R LLANW

Ond nid pawb o'r gwŷr ifanc oedd am fynd efo'r llanw. Yn ystod y Rhyfel Byd Cyntaf daeth y 'gwrthwynebydd cydwybodol' i amlygrwydd a'r enw, o hynny ymlaen hyd derfyn yr Ail Ryfel Byd, yn derm swyddogol arno, naill ai'n gwrthwynebu rhyfela ar unrhyw adeg, o dan unrhyw amodau, neu'r rhyfela a ddigwyddai ar y pryd, a hynny, naill ai o argyhoeddiadau gwleidyddol, dyngarol neu, yn amlach, ar seiliau crefyddol. Roedd angen cryn ddewrder i fynd yn groes i'r lli, â llanw rhyfelgarwch cyn gryfed. Yn ystod blynyddoedd y Rhyfel Byd Cyntaf roedd oddeutu 16,500 yn wrthwynebwyr cydwybodol - tua 900 yn Gymry. Carcharwyd tua 6,000 gyda rhai Cymry amlwg yn eu plith. Pan elwid gwrthwynebydd gerbron llys barn, os oedd ganddo gysylltiadau â chapel, ei weinidog, yn

amlach na pheidio, a âi yno i'w gefnogi. Ceir enghreifftiau o weinidogion na chytunent gant y cant ag argyhoeddiad y gwrthwynebydd ifanc ond yn mynd yno i gefnogi ei ryddid cydwybod. Wn i ddim oedd gan John Williams gydymdeimlad â safbwynt o'r fath ai peidio. Fel llwfrdra, mae'n debyg, y byddai'n darllen y sefyllfa. Ond fel y nodwyd yn flaenorol, teithiodd ymhell ac agos i gadw cefn milwr ifanc – cyn belled â Ffrainc, fel y gwn i bellach – ond a aeth i lys barn dros y 'conshi', wn i ddim.

Wrth chwilota, darllenais hanesion am lu o wrthwynebwyr yn ymddangos gerbron llysoedd yn Llŷn, Arfon a thros y Fenai ym Môn, ac ymhellach na hynny. Yn achos un bachgen o Fôn daeth enw John Williams, a'i safbwynt, yn rhan ganolog o'r croesholi a fu arno:

Gwnaed sylwadau pur ryfedd yn Llys Apêl Lleol Caergybi gan Mr Evan Roberts, athraw yn Ysgol y Cyngor, pan yn apelio am ryddhad ar dir cydwybod. Disgrifiodd ryfel fel llofruddiaeth ar raddfa eang a throsedd yn erbyn dynoliaeth. 'Pe buasai pawb a broffesent Gristionogaeth wedi neidio allan o'u crwyn gan fraw pan gychwynodd y rhyfel, gallasent fod wedi atal y cyfan,' meddai. Gofynodd y Cadeirydd, ai onid oedd ef yn barod i gymeryd esiampl y Parch John Williams, un o'r gweinidogion Cymreig blaenaf? Tybed nas gallai ef fod o esiampl iddo fel Cristion? Yr Apelydd, fod Cristionogaeth yn hollol wrthwynebol i gymeryd bywyd; ac os nad oedd y Parch. John Williams yn barnu yn wahanol ni chredai ei fod ef yn Gristion. Ysgrifenydd: Hynny yw, nad yw ef yn gymwys i bregethu yr Efengyl? Yr Apelydd, Nid wyf yn credu ei fod. Taflwyd yr apel allan.[9]

Fel llwfrgwn y meddylid yn aml am rai oedd yn amharod i ryfela, fel Evan Roberts, athro ysgol o Gaergybi. Ond y gwrthwyneb oedd y gwir yn aml iawn, yn enwedig felly mewn tref mor gymysg ei phoblogaeth â Chaergybi. Mae'r gyfrol *Anglesey at War* yn dangos i Gaergybi fod yn un o'r cadarnleoedd ym Môn cyn belled ag roedd cefnogi'r rhyfel yn y cwestiwn.

Roedd amryw o'r rhai a ddeuai o flaen eu gwell yn egin weinidogion:

Yn Nhribiwnlys Llanrwst dydd Llun apeliai dyn ieuanc am esgusodiad hollol ar dir cydwybod. Dywedodd iddo fyned i'r coleg er paratoi ar gyfer y weinidogaeth, a chan

'To be honest, extreme conscientious objectors have always struck me as cranks.' — Jeremy Paxman, *Great Britain's Great War.*

fod y cwerylon yn erbyn efengyl Crist ni byddai iddo gymeryd rhan o gwbl yn y rhyfel.

Gofynodd y Swyddog Milwrol iddo i roi mynegiad plaen o'i olygiad ac nid pregethu.

Apelydd: Yr wyf wedi rhoi fy hun i fyny yn gyfangwbl i Grist, ac fel ei ddisgybl nis gallaf fyned yn erbyn ei orchmynion drwy gymeryd arfau yn erbyn fy nghydddynion.

Y Swyddog Milwrol: Yr ydych eto yn pregethu yr efengyl o 'sgulcio'. Nid yn unig yr ydych yn erbyn myned allan i ymladd dros eich gwlad, ond ceisiwch wenwyno eraill gydag athrawiaeth. Ond, diolch i'r nefoedd, yr ydych chwi, y gwrthwynebwyr cydwybodol truenus yn ychydig mewn rhif.[10]

Serch fod ymateb y swyddog yn un trahaus roedd gan y 'dyn ieuanc' ddigon o ruddin i ddal ei dir. Y ddedfryd orau, a'r un esmwythaf, y medrai gwrthwynebydd cydwybodol obeithio amdani oedd cael ei ryddhau i ddilyn galwedigaeth sifil. Ond doedd y dewr-galon o Ddyffryn Conwy ddim am y dewis hwnnw chwaith, rhyddid i'w gydwybod neu ddim:

Yr Apelydd: Yr wyf wedi derbyn Crist. Ni wnaf ddim yn erbyn Ei ddysgeidiaeth. Ef ydyw fy Mrenin a fy Nheyrnas. Y mae genyf nerth i sefyll i fyny dros fy egwyddorion, a gadael y canlyniadau yn nwylaw Duw.

Pan hysbyswyd yr apelydd y byddai iddo gael ei roi

Yn ôl ffigurau'r Archif Cenedlaethol, o'r 11,307 o'r apeliadau a wrandawyd rhwng 1914 a 1918, 577 yn unig oedd ar dir cydwybod, ychydig dros 5%.

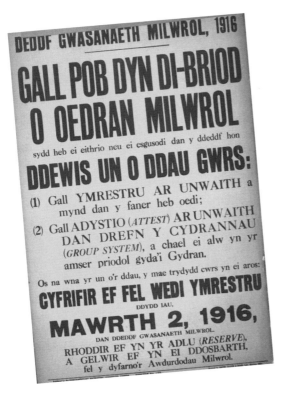

DEDDF GWASANAETH MILWROL, 1916

GALL POB DYN DI-BRIOD
O OEDRAN MILWROL

sydd heb ei eithrio neu ei esgusodi dan y ddeddf hon

DDEWIS UN O DDAU GWRS:

(1) Gall YMRESTRU AR UNWAITH a
mynd dan y faner heb oedi;

(2) Gall ADYSTIO (*ATTEST*) AR UNWAITH
DAN DREFN Y CYDRANNAU
(*GROUP SYSTEM*), a chael ei alw yn yr
amser priodol gyda'i Gydran.

Os na wna yr un o'r ddau, y mae trydydd cwrs yn ei aros:

CYFRIFIR EF FEL WEDI YMRESTRU
DDYDD IAU,

MAWRTH 2, 1916,

DAN DDEDDF GWASANAETH MILWROL.

RHODDIR EF YN YR ADLU (*RESERVE*),
A GELWIR EF YN EI DDOSBARTH,
fel y dyfarno'r Awdurdodau Milwrol.

mewn gwasanaeth anfilwrol, dywedai y byddai iddo apelio yn erbyn y dyfarniad.

Dyma'r math o ddynion a alwyd gan frawd Lloyd George yn 'objectionable cowards'. 'Mae'n amlwg na wyddai ef ddim mwy amdanynt na'r dyn yn y lleuad!' meddai Dewi Eurig Davies.[11] Ond mae'n anodd gen i gredu hynny. O leiaf, fe ddaeth i wybod a mynegi hynny, chwarae teg iddo, yn gadarn ddigon yn ei *Atgof a Myfyr*: 'Ond wedi tewi o'r gynnau mawr yn 1918, ac i Gymru gael hamdden i hel ei meddyliau gorau at ei gilydd, dechreuodd sylweddoli

Ar y dechrau bu William George yn erfyn ar ei frawd i ddadlau dros beidio â mynd i ryfela.

*Er y gallasai
W. R. P. George fod
wedi apelio ar sail
anabledd dewisodd
wynebu'r llysoedd,
yn wrthwynebydd
cydwybodol, a'i orfodi i
weithio ar y tir.*

bod gwahaniaeth hanfodol rhwng egwyddorion Heddwch ac egwyddorion Rhyfel a bod yr olaf yn groes i ddysgeidiaeth Iesu Grist.'[12] Yn ystod yr Ail Ryfel Byd roedd ei fab, y Prifardd a'r Archdderwydd W. R. P. George, yn wrthwynebydd cydwybodol ac yn talu'r pris am hynny.

Ond nid pobl ifanc o argyhoeddiad oedd pawb o'r rhai a ddeuai gerbron y llysoedd apêl. Deuai rhai oedd ar fin gadael oed gorfodaeth filwrol, a chanddynt fusnesau i'w rhedeg neu deuluoedd i'w cynnal. Ar dro, serch difrifoldeb y sefyllfa a'r pryder am y dyfodol, ceid mymryn o hiwmor. 'Cadw'r Mul' oedd pennawd un adroddiad papur newydd:

> Dywedai cariwr o Lanbedrog, yr hwn a wnâi gais am esgusodiad, ei fod yn cario busnes eang yn mlaen ac yn ffarmio daliad bychan. Yr oedd ganddo chwech o geffylau yn ei wasanaeth, ac yr oedd wedi dechreu y busnes er's 25ain mlynedd.
>
> Mr. J. G. Jones: Dechreuasoch hefo trol a mul yn do? (chwerthin)
>
> Yr Apelydd: Do.
>
> Y Clerc: Ac y mae y mul wedi mynd yn chwech o geffylau?
>
> Yr Apelydd: Ydyw, ac y mae y mul genyf o hyd.
>
> Y Clerc: Da iawn, cedwch y mul er cof am y dechrau. (chwerthin)
>
> Rhoddwyd esgusodiad amodol iddo.[13]

O'R TU ARALL

Hawdd oedd meddwl bryd hynny am y gwrthwynebwyr cydwybodol fel unigolion, i'w cael yma ac acw ond a oedd allan o gyswllt â realaeth, yn mynnu rhwyfo'u cychod eu hunain. Ond daeth mudiad Cymdeithas y Cymod – a wrthwynebai ryfela ar sail ei ddehongliad o'r Ffydd Gristnogol – i fodolaeth mor gynnar â 1914. Ac er mai gweinidog o'r Almaen, Friedrich Siegmund-Schültze, a Chrynwr o Loegr, Henry Hodgkin, a blannodd yr hedyn, daeth yn fudiad Cymreig – ar lawer cyfrif, oherwydd y traddodiad o heddychiaeth Gristnogol a fodolai yng Nghymru, yn enwedig ymysg rhai o'r enwadau anghydffurfiol. Mewn cynhadledd a drefnwyd gan Gymdeithas y Cymod yn y Bermo yng ngwanwyn 1916, penderfynwyd bod angen cylchgrawn i hyrwyddo'r neges, ac erbyn Hydref 1916 roedd gan y rhai a wrthwynebai'r rhyfel eu misolyn eu hunain o'r enw Y Deyrnas. Ei bris oedd dwy geiniog, yn codi i ddwy a dimai ym Medi 1918 ac i ddod i ben yn Nhachwedd 1919. Un o gymwynasau'r misolyn oedd trefnu nifer o gyfarfodydd a elwid yn 'gyfarfodydd heddwch'. Yn y fan honno gallai rhai o'r un feddwl gwrdd â'i gilydd a rhannu'r neges, os yn bosibl, â rhai a gredai'n wahanol.

Cyfeiriwyd yn gyson at wrthwynebwyr cydwybodol fel dynion merchetaidd. Mewn cerdyn post cafwyd y rhigwm:
'While the shot and shell are flying / And the mighy cannons boom, / He is tyding up the trenches / With a dust-pan and a broom!'

Penderfynwyd cynnal cyfarfod o'r fath ym Mhwllheli ym Mehefin 1917, gyda golygydd *Y Deyrnas*, y Prifathro Thomas Rees, Puleston a George M. Ll. Davies yn annerch. 'Perthynas yr efengyl â chwerylon o bob math' oedd y pwnc trafod. Bu'n haws cael siaradwyr na man cyfarfod. Gwnaed apêl am fenthyg un o festrïoedd capeli'r dref ond cafwyd ateb na fyddai hynny'n bosibl heb i'r Cyngor Eglwysi Rhyddion roi sêl ei fendith; gwrthod wnaeth hwnnw. Ar yr unfed awr ar ddeg penderfynodd yr eglwys yn South Beach, yr esplanâd a ddatblygodd Solomon Andrews ar gyfer yr oes newydd, agor ei drysau. O'r herwydd aeth y cyfarfod yn ei flaen ond nid heb gryn bryderon. Go brin y gellid ystyried yr adroddiad dychanol ei arddull a ymddangosodd mewn papur lleol yn un diduedd:

Yr oedd tref Pwllheli yn ferw drwyddi, a llawer o'r nwydau iselaf wedi eu deffro. Cyn amser dechreu yr oedd nifer o frodyr a chwiorydd, beryglus yr olwg arnynt, wedi ymgasglu. Oddi allan i'r capel y mynnai'r mwyafrif o'r teulu hwn fod, a naturiol oedd ymholi pa ddosbarth o'r eglwys a deimlodd y fath ysfa genhadol fel ag i wahodd y teulu hwn. Ein cysur oedd meddwl fod y profiad o wrando gair Duw, a bod yr awyrgylch gweddi yn brofiad newydd i lawer o'r teulu tu allan i'r Porth. Yr oedd y mwyafrif yn y Capel yn bobl fwyaf parchus a chrefyddol Tref Pwllheli.[14]

Yn y golofn nesaf, roedd newyddion am ryfeddod arall, 'Priodas Miss Lloyd George': Olwen, merch y Prif Weinidog, oedd honno. Y priodfab oedd y Capten T. J. Carey Evans. Fe'i gweinyddwyd yn Castle Street, Llundain. 'Yr oedd y rhan fwyaf o'r gwasanaeth yn Gymraeg' ac 'anfonodd y Brenin deligram.'

Ceid dioddefaint o'r ddwy ochr. Dengys y cerdyn hwn o waith Ludwig Hohlwein (1874–1949) filwr Almaenig sy'n gwbl groes i gywair buddugoliaethus ac arwrol posteri o'r cyfnod. Ystyr y geiriau yw 'Cronfa Ludendorff ar gyfer Clwyfedig y Rhyfel'

Ond methodd dau o'r siaradwyr â chyrraedd yno wedi'r cwbl: y naill oherwydd angladd cyfaill iddo a'r llall oherwydd dryswch gydag amser y trên. Felly, bu'r cyfarfod heddwch yn nwylo un gŵr, George Davies, a daeth hedd, meddir, i deyrnasu.

LLWYBR HANNER FFORDD

Ond roedd yna fechgyn ifanc – a hwy a orfodid i gerdded y llwybr cul a gwneud y dewis anodd – yn chwilio'n ddyfal am y tir canol. Ar un wedd, dyna'r syniad tu cefn i ffurfio Cwmni Cymreig o'r Corfflu Meddygol. Byddai'n ddrws dihangfa i rai a wrthwynebai ladd a thywallt gwaed ond a oedd yr un pryd yn awyddus i ymgeleddu'r clwyfedigion a byw o ddydd i ddydd o dan yr un amodau â'r milwyr. Gweinidogion a myfyrwyr a oedd yn ddarpar-weinidogion oedd amryw o'r rhain, ond nid pob un. Er hynny, ar un wedd, 'Listiwch! Listiwch!' oedd y gân. Hynny ydi cael mwy o fewnbwn i ryfel a oedd, fel y tybid ar y pryd, i derfynu pob rhyw ryfela. Cofnododd R. R. Williams, a ymunodd â'r Corfflu, hanes y sefydlu mewn cyfrol o'i eiddo, a gwneud hynny'n grafog ddigon:

> Baban y Cadfridog Owen Thomas, a aned yn annisgwyliadwy, ond yn wyrthiol, oedd y Cwmni Cymreig o'r Corfflu Meddygol. Fe'i cofrestrwyd gan Mr. F. Llewelyn Jones o'r Wyddgrug [a anfonodd gylch-lythyrau i'r colegau, a thu hwnt, yn hysbysu'r bwriad] a'i gysegru yn y Rhyl gan y Parch. John Williams Brynsiencyn, cyn ei drosglwyddo i'r Swyddfa Ryfel. Fe'i henwyd yn 'God's Own', pan gyrhaeddodd Sheffield, er y deliai'r swyddogion ag ef yno fel eiddo Rhywun arall, gan regi pob un na safai cyn sythed â saeth a symud fel mewn gwregys o haearn.[15]

Felly, cyn belled ag y mae sefydlu Cwmni Cymreig o'r Corfflu Meddygol yn y cwestiwn, cydgyfrifoldeb ydi'r ateb. Ond roedd gan John Williams, chwedl yr awdur, ran amlwg yn ei 'gysegru'. Hwyrach iddo daro ar yr union air.

Wedi'r 'cysegru' a'r apelio yn y Rhyl, y Gwener olaf o Ionawr 1916, roedd cynifer â 240 wedi ymuno â'r

'Galwem gyda'n gilydd heibio pob claf, a rhaid fyddai aros yn hir i leddfu poen ambell un a'i roi eilchwyl i gysgu'.
– R. R. Williams, *Breuddwyd Cymro Mewn Dillad Benthyg*, t 41.

'God's Own'. Un oedd yn y cwrdd cysegru hwnnw oedd Caledfryn Evans o Dal-y-bont, Aberystwyth. Gwnaeth y pregethwr, John Williams, gryn argraff arno, yn fwy felly na'i bregeth: 'Dyn golygus iawn, yn pregethu inni yn Pafiliwn y Rhyl . . . y lle yn "crammed to capacity" . . . yn llawn milwyr i gyd. Dw i ddim yn cofio ei bregeth, dim ond ei bresenoldeb.'[16]

Yn ôl Cynan, 'ar wahân i ryw ddau neu dri allan o dros ddau gant, mi ddywedwn i mai cwmni o basiffistiaid oeddem'.[17] Roedd hynny'n sicr o fod yn wir. Bu ffurfio'r uned hefyd yn gyfle i barchuso'r rhyfela, i dynnu peth halen o'r briw fel petai, ac i gefnogi'r Cymreigrwydd roedd John Williams bob amser mor barod i'w hyrwyddo. A bod yn deg, bu Cwmni Cymreig y Corfflu Meddygol yn gymorth amhrisiadwy i gludo clwyfedigion i ddiogelwch a'u hymgeleddu, i weini ar gleifion yn ogystal â chladdu, mewn parch, gyrff y rhai na chafodd y cyfle i ddychwelyd.

E. Morgan Humphreys
(1882–1955)
newyddiadurwr, llenor,
nofelydd arbrofol a
darlledwr cynnar.

CAEL EI GARDIAU

Ystyrir E. Morgan Humphreys fel un o brif ffigurau'r wasg Gymraeg yn chwarter cyntaf yr ugeinfed ganrif; felly y caiff ei ddisgrifio yn *Gwyddoniadur Cymru yr Academi Gymreig.* O'r herwydd, roedd llwyddo i fedru cyflogi golygydd *Y Genedl Gymreig* am gyfnod maith, a cholofnydd cyson i'r *Guardian,* yn olygydd *Y Goleuad* yn gryn sgŵp i'r enwad, ddywedwn i – er mai am ddau gyfnod gweddol fyr y bu wrth y gwaith hwnnw. Hwyrach mai ei wreiddiau Methodistaidd a'i aelodaeth yn eglwys Engedi, Caernarfon, a barodd iddo ymgeisio am y swydd neu hwyrach iddo gael ei berswadio i'w derbyn. A phwy a ŵyr, hwyrach fod gan John Williams, a oedd yn Gadeirydd y Pwyllgor a ofalai am *Y Goleuad* yn ystod cyfnod y Rhyfel Byd Cyntaf, ran yn y penderfyniad hwnnw.

Daeth y ddau i gyffyrddiad agos â'i gilydd am y waith gyntaf yng ngwanwyn 1905 pan ymfudodd Morgan Humphreys i Lerpwl yn ohebydd i'r *Liverpool Courier*, ymhlith pethau eraill, ac i ddilyn hanes Diwygiad 1904-5 yn y ddinas. Fe ysgrifennwyd portreadau fyrdd o 'Frynsiencyn', yn arbennig felly yn dilyn ei farwolaeth, ond o fewn cylch fy narllen i roddodd neb bortread mwy cytbwys a threiddgar na Morgan Humphreys. Fe'i hystyriodd yn deilwng o fod yn un o'r ddau ddwsin i'w portreadu ganddo yn ei gyfrolau *Gwŷr Enwog Gynt*.

Yn ystod ail dymor ei olygyddiaeth, o ddechrau Gorffennaf 1914 hyd ddiwedd Rhagfyr 1918, yr aeth pethau'n sur rhwng y ddau. Ymateb E. Morgan Humphreys i'r Rhyfel Mawr – ymateb unochrog, yn ôl John Williams – a'i bolisi fel golygydd *Y Goleuad* a ffyrnigodd y Pwyllgor. Yn ddiddorol iawn, mae proflenni hirion a ddiogelwyd, gydag ambell gywiriad neu gyfnewidiad yn llawysgrif pen ac inc Morgan Humphreys ei hun, yn cofnodi beth yn union oedd esgyrn y gynnen.[18]

Doedd Morgan Humphreys ddim yn ddyn 'y deyrnas' yn yr ystyr ei fod yn heddychwr digymrodedd. Hwyrach i'w nwyd fel 'dyn papur newydd' gymedroli ei farn a'i arwain i gerdded llwybr canol. Mewn rhifyn o *Barn* mae Aled Job yn disgrifio E. Morgan Humphreys fel 'golygydd eangfrydig a di-dderbyn-wyneb *Y Goleuad*'.[19] Roedd hynny'n sicr o fod yn galon y gwir. Ar y llaw arall, roedd yr un nwyd yn ei orfodi i fod yn onest ei farn am ddynion ac am ddigwyddiadau.

Yn un peth, roedd y jingoistiaeth gynyddol a welai gydol y rhyfel yn ei ofidio, a gwelai arwyddion mai heddwch ar yr un telerau fyddai hi pan ddeuai'r rhyfel i ben. Yn ogystal, roedd yn wrthwynebydd i Ddeddf Gwasanaeth Milwrol 1916 ac yn hynny o beth, meddai Maldwyn Thomas, 'yn mynd yn groes hollol i John Williams, Brynsiencyn, yn mynd yn hollol groes i'r pwerau honedig, am ei fod o, os ca' i ddeud, yn ŵr digon annibynnol i wneud hynny'.[20] Ac annibyniaeth barn y golygydd oedd un peth a flinai John Williams a'i Bwyllgor. Roedd *Y Goleuad* yn cael ei ystyried yn offeryn yr enwad – yn wir, felly roedd pethau yn y saithdegau pan fûm i wrth y gwaith – a dyletswydd golygydd oedd mynegi llais yr enwad a barn yr enwad hwnnw. Ac ar y pryd, cyn belled ag roedd y rhyfel yn y cwestiwn,

Cywilyddio oedd y bwriad. Ffurfiwyd y 'Pals' – catrodau o'r tebyg gyda'u tebyg – yn ystod Awst 1914.

byddai'r Pwyllgor a thrwch y darllenwyr yn sicr o fod yn cefnogi safbwynt John Williams. Ond roedd Morgan Humphreys, yn ôl Maldwyn Thomas eto, 'yn cyflwyno safbwynt newydd, ac yn cyflwyno byd newydd, ac yn mynd yn groes i John Williams. Ac er mor hael, ac er mor annwyl, oedd John Williams brws bras oedd gynno fo yn ei ddwylo!' Cafodd Morgan Humphreys o leiaf dri llythyr ganddo yn ei rybuddio i gadw at y llwybr cul. I mi, roedd eu darllen yn dangos yn well na fawr ddim arall yr ysbryd gormesol a allai feddiannu John Williams o dro i dro.[21]

Yr halen ar y briw oedd cynnwys *Y Goleuad* o wythnos i wythnos. Hwyrach mai ymatebion Puleston, yr heddychwr, a enynnodd y protestiadau ffyrnicaf; ond yn ei erthygl yn *Barn* mae Aled Job yn awgrymu'i bod hi'n ddadl fwy penodol na hynny: 'Mynegodd Humphreys ei ofid am yr ysbryd milwrol oedd yn cyniwair drwy'r tir oherwydd y Rhyfel ac fe aeth mor bell â beirniadu'r llo aur ei hun, Lloyd George.'[22]

A hwyrach mai 'beirniadu'r llo aur' oedd yr ergyd olaf. Derbyniodd Morgan Humphreys air o rybudd gan John Williams yn enw'r Pwyllgor – a dim ond un oedd yn erbyn ei anfon – fod ei sylwadau'n peri anniddigrwydd yn 10 Stryd Downing. 'Caraswn iddo wneud yn wahanol gyda rhai pethau, mae'n wir,' meddai John Williams mewn llythyr rhybuddiol arall at y Golygydd yn achub cam y Prif Weinidog, 'ond

Monogram John Williams ar waelod llythyr.

tybed wedi'r cwbl na ŵyr efe beth sydd oreu i'w wneud wrth ystyried yr argyfwng hwn. Nid yr un fath y dylid ymddwyn mewn storm ac mewn hindda.'[23]

Ond y gwir oedd fod brath i Lloyd George yn frathiad i John Williams ac yn ei glwyfo yntau. 'Gwyliwch chi ddigio hwn,' fyddai ei rybudd i rai a oedd am fentro gwneud hynny, ac roedd Morgan Humphreys, mae'n amlwg, yn eu plith. Gwnaeth hynny unwaith wedyn a dangoswyd y cerdyn melyn iddo; cwtogwyd ei gyflog am olygu'r *Goleuad*. Ond ni newidiodd y golygydd ei gân ac yn Rhagfyr 1918, a'r rhyfel drosodd erbyn hynny, cafodd yr hwi.

Fel 'papur enwadol nad oedd gwleidyddiaeth yn brif fater iddo' y disgrifiodd John Williams Y *Goleuad*, unwaith, wedi i'r papur hwnnw roi pluen yng nghap Asquith – y Prif Weinidog a ddisodlwyd gan Lloyd George yn niwedd 1916. Anodd, os nad amhosibl, i gyw o frid fel E. Morgan Humphreys oedd peidio â chrwydro i'r byd hwnnw. Er hynny, gwleidyddiaeth hefyd – ond bod yr esgid ar y droed arall – a arweiniodd John Williams a'i Bwyllgor i roi'r cerdyn coch iddo.

DYDD O YMOSTWNG

Cyn bo hir, aeth y gau broffwydo am ddiwedd buan i'r rhyfel, 'drosodd cyn y Nadolig', i'r cysgod. Fel yr âi'r tywallt gwaed yn ei flaen, a mwy o waed yn cael ei dywallt,

'Ni chredaf
fod llawer o
sail i'r honiad
mai agwedd yr
eglwysi tuag at
gwestiwn rhyfel
a gychwynnodd
y gwrthgiliad . . .'
– Ernest Roberts,
ac yntau'n
gyn filwr, *Ar
Lwybrau'r Gwynt*,
t 86.

dechreuodd rhai a oedd wedi cefnogi'r rhyfel ar y dechrau anesmwytho ac amau a oedd y crocbris yn werth ei dalu. Y gwir oedd fod yr hyn a ddigwyddai draw dros y don bellach yn destun sgwrs bob dydd ar aelwyd a heol ym Môn a draw ym Mhen Llŷn. Bellach, daeth pobl leol yn rhan o'r dioddef pell. O ganlyniad, dechreuodd yr hyn a ystyrid unwaith yn werthoedd digyfnewid ostwng yn eu gwerth: 'y graig ni syfl ym merw'r lli' yn syflyd. O leiaf, dyna fel y bu hi ym Môn, yn ôl R. Prys Owen:

Yn y cynulliadau a arferai ddod i addoli teimlid anhaw-ster am beth i weddïo; collodd lawer eu ffydd mewn gweddi, a chilient draw yn ddistaw. Yr oedd pryder ac ofn yn llethu calon ac ysbryd; ofnid bob dydd clywed newydd drwg am rai agos ac annwyl, ac yn rhy aml deuai y newydd hwnnw. Weithiau deuid â chorff adref i'w gladdu i'w henfro dawel ym Môn. Angladd milwrol a fyddai, ac yn sŵn dieithr yr ergydion a ollyngid ar lan y bedd deuai pob clust yn y fro i wybod am yr helynt fawr oedd yn y byd.[24]

Mor gynnar â'r dydd cyntaf o Dachwedd 1916 cyhoeddodd Cennin – bardd gwlad o Eifionydd – gerdd yn gofyn cwestiwn a ystyriai'n un creiddiol. Fu Cennin, sef Robert Henry Jones, ddim yn filwr ei hun ond aeth i weithio i Gaeredin a phriodi un o weddwon y Somme. Hwyrach mai'r brofedigaeth ail-law, a'i gefndir gwledig yn Eifionydd, oedd ei ddefnyddiau crai:

O! P'LE MAE YR OEN?

  I ganol y frwydr
    Dychrynllyd y daeth,
  Oen bychan diniwed
    Cyn wyned a'r llaeth;
  Rhyw filwr a'i gwelodd,
    Hyf lamodd hyd ffroen
  Y fagnel ddinistriol
    I achub yr Oen.

  Mae'r Eryr a'r Llewpart,
    Mae'r Llew gyda'r Arth,
  Mewn gornest yn ymladd
    A'u gilydd mewn gwarth;
  Cyfrynged y nefoedd,
    Mae'r byd yn ei boen,
  Yn ochain yn uchel,
    'O! P'le mae yr Oen?'[25]

Ai dyma enghraifft nodweddiadol o oen i'r lladdfa? Yn hyderus barod cyn bod yn 18 oed.

Yn annisgwyl, fe ymddengys i'r 'anhawster am beth i weddïo' arwain, yn nes ymlaen, at ragor o weddïo a gweddïo mwy penodol. 'Dydd o Ymostyngiad' oedd yr enw a ddefnyddid. Yn annisgwyl eto, os nad yn anhygoel, blaenor ym Mhen-mount, a anghytunai'n chwyrn â safbwynt Puleston, a alwodd ar drigolion y dref i ymbwyllo ac ymostwng. Gwahoddodd weinidogion a swyddogion eglwysi Pwllheli (dynion i gyd) i gyfarfod arbennig yn Neuadd y Dref – nid i recriwtio, mwyach, ond i drafod sut i ddwyn heddwch: 'Erioed ni welwyd cyfarfod mor gynrychioladol o ddosbarthiadau mor unol eu llais ac o ysbryd mor ragorol. Teimlai pawb yn ddiwahaniaeth na ellid d'od a heddwch eto i deyrnasu hyd nes ceid preswylwyr y deyrnas i ysbryd o ymostyngiad a gweddi.'[26] Dydd Iau, 25 Ebrill 1918, y bu'r 'Dydd o Ymostyngiad' ym Mhwllheli:

> Cauwyd yr holl fasnachdai, ac yr oedd Neuadd y Dref yn orlawn yn ystod y cyfarfod. Caed cyfarfodydd rhagorol ymhob ystyr. Y gweddïau yn ddwys ac erfyniadol, a theimladau drylliog y cynulliadau yn profi fod yno wir ymostyngiad a gostyngeiddrwydd ysbryd. Yr oedd gweddeidd-dra a threfn yn nodweddiadol yn yr holl gyfarfodydd. Casglwyd yn ystod y dydd 18p. er cael ymborth i'r carcharorion rhyfel Cymreig . . . Canmolid yn fawr ymddygiadau da a phriodol y plant yn ystod y cyfarfodydd. Bu cynulliadau lluosog yn addoli yn y gwahanol addoldai am 7.30 y boreu.[27]

Ond roedd mwy iddi na hynny. Awgrymwyd bod hanner dydd, o hynny ymlaen, i'w ystyried yn ddyddiol fel 'adeg gweddi' ac y dylai'r capeli a'r eglwysi fod â'u drysau'n agored ar gyfer hynny. Yn ogystal, fod y milwyr a'r morwyr, boed ar dir neu ar fôr, i gael eu hysbysu am y trefniant. Wn i ddim faint o drigolion Pwllheli a ddaeth i ddygymod â'r awr weddi ac ymroi iddi – ychydig eneidiau, mae'n ddiamau.

Ond pan ddaeth hi'n gadoediad roedd hi'n Ffair Bentymor ym Mhwllheli, a chaed cyfarfod gweddi ar y Maes 'a channoedd yn bresenol' yn ôl *Yr Udgorn*.

Nerth gweddi neu beidio, roedd y farn am y Rhyfel Mawr pan ddaeth hwnnw i ben – wedi'r bwtsiera eithafol o waedlyd ac un anfoesol gostus ym mhob rhyw fodd – yr un mor rwygedig: rhai 'yn seinio buddugoliaeth / am iachawdwriaeth lawn', a chyrff crefyddol yn eu plith, ac eraill o ystyried yr ystadegau yn holi mewn sobrwydd, 'i ba beth y bu'r golled hon?'

Bu peth dathlu, fel y ceir o hyd. Cyhoeddodd Pwyllgor Dathlu Heddwch, a sefydlwyd yn nhref Llangefni, lyfryn, dwyieithog mwy neu lai, yn cynnwys enwau bechgyn o'r dref a fu yn y rhyfel: 260 wedi ymrestru a'r rhai a syrthiodd yn gymaint â 37, gyda chynifer â saith o un stryd yn unig.[28] Ond eto, awyrgylch dathlu buddugoliaeth sydd i'r llyfryn yn fwy nag ysbryd o ofid ac edifeirwch. Meddai'r Rheithor, T. Smith, yn y cyflwyniad: 'Hwynt-hwy fuont yn foddion yn llaw Duw i brofi fod uniondeb yn drech na grym, ac fod rhinwedd yn y diwedd yn sicr o ennill y fuddugoliaeth . . . Ymadawsant i'r bröydd tragwyddol ynghanol ysblander gogoniant eu gwrhydri.' Yn union fel petai'r bechgyn wedi penderfynu, o'u bodd, eu bod yn mynd dramor am ychydig o wyliau. (Ym mlwyddyn olaf un y rhyfel y cyrhaeddodd T. Smith Langefni, ond wedi gweld ei erchylltra, mae'n ddiamau, ac yntau'n ficer Dewi Sant, yr eglwys Gymraeg, yn Paddington.) A phwyslais digon tebyg a osododd Lewis Edwards, oedd yn weinidog gyda'r Wesleaid: 'Nid yw eu marw cynnar yn codi dyryswch ynghylch trefn y nefoedd.' Rhyfedd o sylw!

Soissons, Picardy
Ffrainc ar ôl ymosodiad
ym 1914. Distrywio
cartrefi, busnesau a
bywydau o'r ddwy ochr.

Wedi'r Cadoediad, cryfhaodd y mudiad heddwch rhywfaint, ond nid yn ddigonol i fedru osgoi cyflafan arall un mlynedd ar hugain yn ddiweddarach. Ar gwestiwn rhyfel a heddwch bu Pwllheli yn llwyfan i'r un math o wrthdaro, unwaith eto, yn 1936. Y bwriad i adeiladu ysgol fomio ar dir Penyberth yn Llŷn a gododd wrychyn heddychwyr y tro yma. Bu cyfarfod protest i'w ryfeddu ym Mhwllheli a thua 8,000, meddir, o gynulleidfa. 'Gwrthdystiad Ysgubol ym Mhwllheli' a 'Torri Dannedd Nofelydd' oedd dau o benawdau'r *Herald Cymraeg*.[29] Ar y Maes y cynhaliwyd y cyfarfod a stand y meri-go-rownd yn fath o lwyfan i'r siaradwyr. Hwyrach mai'r digwyddiad mwyaf adleisiol o ddoe oedd Tom Nefyn – cyn-filwr y Dardanelles – yn cael ei foddi gan y gwrthwynebwyr:

Aeth Mr. Williams rhagddo i ddisgrifio creulonderau rhyfel, ond parhai'r aflonyddwyr i weiddi ar ei draws. Dywedai mai uffern ar y ddaear oedd rhyfel [a siaradai o chwerw brofiad]. 'Gwaedda gyfaill,' meddai: 'gwaedda eto'n uwch, ond cofia mai dy blant di a'th wyrion a raid dioddef am hyn.'[30]

Cyn belled ag roedd argyhoeddiadau am werth y Rhyfel Mawr yn y cwestiwn – beth bynnag am y pris – glynu at eu cred a wnaeth llawer, yn cynnwys rhai a fu drwy'r Somme a thros Gefn Pilckem, yn Fflandrys neu ar weunydd Macedonia. Ond tuedd milwr a fu ym mhoethaf y frwydr, mae'n debyg, oedd peidio â dweud dim – neu fethu ei ddweud, hwyrach. Glynu at eu corneli fu hanes John Puleston Jones a John Williams. Ddechrau haf 1918, pan oedd y rhyfel yn tynnu ei draed ato – er nad oedd arwyddion o hynny'n rhy amlwg – cododd Puleston ei bac a mynd â'i heddychiaeth efo fo i fwynder Maldwyn. Dal at ei argyhoeddiadau a wnaeth John Williams, gan ddweud na allai fod wedi medru meddwl na gweithredu'n wahanol.

Ond bu i lawer iawn o gyn-filwyr, ar sail eu profiadau enbyd ac ystyriaeth ddyfnach, newid ochr. Fel y trafodwyd eisoes, daeth rhai ohonynt yn enwau mawr y mudiad heddwch yn yr Ail Ryfel Byd. Ond y Rhyfel Mawr a achosodd eu tröedigaeth. Meddai John Gruffydd Jones:

'Gwaeddai'r terfysgwyr, a chanent "Rule Britannia" ar draws y siaradwr . . . Gwaeddai D. R. Hughes – "Cywilydd i Bwllheli".' — William Morris, *Tom Nefyn*, t 11.

Er bod y gynulleidfa wedi canu rhan o emyn D. Tecwyn Evans 'Duw a thad yr holl genhedloedd' hepgorwyd y ddau bennill cyntaf sy'n cynnwys y geiriau 'Gwasgar di y rhai sy'n caru / Rhyfel a'i erchylltra ef . . .' Ond fe gynhwyswyd y trydydd a'r pedwerydd pennill sy'n cynnwys: 'Mewn trugaredd cofia'r gwledydd, / O'u blinderau arwain nhw / Yn d'oleuni Di i rodio / Fel na ddysgont ryfel mwy / O! cymoder, / Pawb a'i gilydd wrth y groes.'

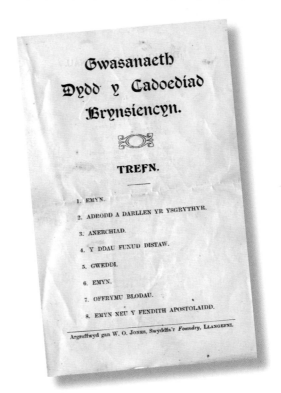

Rhyfel a wnaeth fy nhad yn heddychwr, ac ar ambell Sul byddai Tom Nefyn, Huw Griffith, Penrallt, cymydog, a Nhad yn cael eu cadw yn y parlwr i rannu profiadau dros baned, a Mam yn sicrhau nad oeddwn o fewn clyw . . . Cuddio ei brofiadau wnaeth o, yn union fel cuddio ei glwyfau, a wnaeth o erioed ddiosg ei esgidiau yn fy ngŵydd rhag ofn i mi weld y creithiau ar ei goesau. Mae'r ffaith iddo gasglu cylchgronau am y rhyfel yn dweud llawer, gan nad oedd ganddo lawer o ddiddordeb mewn darllen, ac efallai mai yn y fan honno roedd yn cuddio ei atgofion. Fe rown i lawer am wybod mwy.[31]

TYNER FU'R SAINT OHONO

WEDI'R RHYFEL MAWR, ROEDD JOHN WILLIAMS I DDYCHWELYD i'w hoff Frynsiencyn i chwilio am yr hanner ymddeoliad a aberthodd bedair blynedd a thri mis ynghynt. Dychwelyd, i gamu 'draw ac yma o'i drig', i bregethu'r Gair a rhoi'i ysgwydd o dan arch ei enwad; i stwna peth gyda gwleidyddiaeth bro a sir, i wneud ffyn, pysgota a saethu ffesantod, i adfer perthynas gyda hen ffrindiau ac i wneud ychydig o rai newydd a bod fwy gyda'i deulu. O bosibl, dychwelyd i ailddarganfod fo'i hun. Ac at ei gilydd, meddir, 'tyner fu'r saint ohono' ac yn arbennig felly ym Môn.

Sgwrsio wrth fwrdd swper, ar Ŵyl Ddewi, ro'n i efo Dafydd Roberts, Trefor Ganol, Llansadwrn, pan ddaeth 'John Williams, Brynsiencyn' i'r pwdin. Mi wyddwn ymlaen llaw am ei ddiddordeb mawr yn hanes Methodistiaeth yn Sir Fôn ac yn John Williams yn arbennig:

'Ac eto mi fu rhai o frodyr eich tad yn y Rhyfel Byd Cyntaf?'

'Roedd 'Nhad, David Roberts, wedi'i fagu yn Fferam

179

Gorniog, ffarm ym Mhentraeth, yn un o wyth o blant. Ac mi aeth tri ewyrth i mi, tri brawd i 'nhad felly, i'r Fyddin. Mi gafodd Joseph, yr hynaf o'r tri, ei glwyfo a'i yrru adra. Mi ymfudodd i Ganada wedyn, byth i ddychwelyd i Gymru. Wedyn, mi gafodd, brawd arall, Robert James, ei ladd ar y Somme yn 1917.'

'Ac ar y Somme, dyna lle bu'r colledion mawr.'

'Mawr iawn. Ac am Herbert, y brawd fenga, mi ddaru hwnnw drio joinio'r Armi pan oedd o'n ddim ond un ar bymthag oed. Ond ei yrru'n ôl gafodd o. Ond mi aeth, wedyn, a chael ei ddal yn garcharor yn Ffrainc.'

'Gafodd o 'i ryddhau?'

'Do. Ond wedi cael amsar calad iawn ac mi roedd 'i gymeriad o wedi newid. Wedyn, mi aeth allan i India at ei frawd, oedd yn ŵr busnes llwyddiannus iawn yno.'

'Ond serch y chwalfa fawr, roedd eich tad yn dal yn driw i John Williams?'

'O, yn hannar 'i addoli o ac yn dal ar bob cyfle i wrando arno fo. Ma gin i go' am ryw werthwr blawd yn galw acw, ac yn dechrau lladd ar John Williams. O 'cw bu rhaid iddo fo fynd, yn y fan.'

Ond doedd pawb o'r 'saint', hyd yn oed ym Môn, ddim mor dyner eu barn – ddim o bell ffordd. Oherwydd yr hyn a wnaeth, ac a ddigwyddodd iddo yn ystod rhyfel colledus 1914-18, byddai'n amhosibl iddo hawlio ewyllys da pawb. 'Yr oedd llawer iawn mwy o wrthwynebiad i John Williams

Ac mae enw 'Lieut. R. J. Roberts, Fferam', ar y maen coffa sydd yng nghlawdd yr eglwys blwyf ym Mhentraeth ynghyd â phedwar arall 'a roddasant eu bywydau i lawr dros eu Brenin a'u Gwlad' – boed nhw'n credu hynny, ar y pryd, neu beidio.

POST CARD.

Hawddamor ar fyd
Penblwydd yn 16^{eg} oed.
Y rhyfel wedi darfod
"a'r wlad a gafod lonydd"
J.W.

Master John Merfyn Williams
Llwyn Idris
Llanfair P.G.
Anglesea

fel swyddog recriwtio ym Môn,' meddai Emlyn Richards –
'mwy nag a gofnodwyd':

Deuai newyddion i ardaloedd pellennig am fechgyn ifanc
wedi'u lladd ar faes y gad a theuluoedd eraill yn llawn eu
pryder ynghylch eu meibion, a dyma'u harwr osodwyd
ar y pedestal uchaf, y pregethwr a godai gynulleidfa i'r
entrychion – hwn yn cymell ac yn perswadio'r plant
i listio i fynd yn aberth. Meddai hen wraig o'r ardal,
'aberth mor fawr ar allor mor annheilwng'. Na, mae'n
amlwg ddigon y profodd John Williams dafod miniog
sawl mam ym mhentrefi Môn. Rwy'n cofio holi Richard

Roedd 'y rhyfel wedi
darfod' yn newydd da
iawn i deulu Llwyn
Idris ac yn arbennig
i 'Joe' ei hun am na
fyddai raid iddo ddilyn
y miloedd a'r filoedd
o fechgyn deunaw oed
a aethai i faes y gad –
rhai ar anogaeth ei dad
– a nifer, mwyaf garw,
i farw ymhell.

Y PLANT.

DILYS. MERFYN. EFRYS.

Dilys Edna, ganed 1901. John Merfyn, ganed 1902. Miriam Jane Efrys, ganed 1905.

Williams, Tŷ Wian, Llanfairynghornwy, a fu farw bum mlynedd yn ôl, beth tybed oedd ymateb ei deulu i alwad John Williams i ryfel? Ac meddai, 'yn ôl y sôn, mi fyddai hen ewyrth imi'n arfer deud mai'r hen Siôn oedd y pregethwr mwyaf ond y dyn gwannaf'.[1]

I gadarnhau'r farn, dyfynnodd Aled Job atgofion gŵr lleol, lle byddai cownt John Williams, mae'n debyg, ar ei uchaf: 'Yn ôl y diweddar William Parry o Frynsiencyn, cofiai amdano'i hun yn mynd draw i Gaernarfon rhyw ddydd Sadwrn lle digwyddodd sôn wrth wraig yn un o'r siopau mai ym Mrynsiencyn roedd yn byw. Meddai'r wraig honno, "O, peidiwch â sôn am yr enw wrtha i. Y John Williams yna. Mae gen i fab wedi'i golli."'[2]

HIRAETH A GODODD GARREG

Fel rwy'n ysgrifennu, mae Carwyn Jones, y Prif Weinidog, newydd deithio i Langemark yn Fflandrys i dorri'r dywarchen gyntaf o'r tir y codir arno gromlech, a chreu gardd, i gofio'r Cymry a laddwyd yn ystod y Rhyfel Byd Cyntaf – y mwyafrif yn Fflandrys a gogledd Ffrainc. Ond y pell wedi dod yn agos, dybiwn i, y profedigaethau a'u heffeithiau'n lleol, fyddai'r rhai anoddaf i John Williams ddygymod â hwy.

Mewn darlith gynhwysfawr am John Williams a'i ddoniau, cyfeiria D. Ben Rees at ei ddadrithiad: 'Sylweddolodd John Williams ei hun fod y Rhyfel wedi andwyo'r "blychau ennaint", a gwelai gyda'i lygaid ei hun y difrod a wnaed ar gapeli Môn o bob enwad . . . Roedd cynulleidfaoedd capeli Môn wedi lleihau yn ddirfawr. Gwelai yr encilio yn digwydd. Gofynnodd i bob pregethwr ym Môn draethu o'r pulpudau ar y thema Cymod'.[3] Sonia hefyd am y modd y gwnaeth y capeli, o dan arweiniad John Williams, ymdrech i goffáu'r bechgyn a laddwyd yn y rhyfel. Casglodd ystadegau am nifer y bobl ifanc a gollwyd o wahanol gapeli'r Methodistiaid Calfinaidd ar Ynys Môn. Er enghraifft, mae'n nodi i 38 o gapel Bryn Du ymrestru ac mai 27 a gafodd ddychwelyd, a'r rheini 'nid yn holliach o angenrheidrwydd'.

Ond, yn ôl y darlithydd, yng nghylch gofalaethau John

Yn 1913 roedd aelodaeth Horeb, Brynsiencyn yn 344, yn 1919 yn 323 ac yn 1920 yn 313 – gostyngiad bob blwyddyn. Ond nid un sylweddol.

Williams a Thomas Charles Williams gwelwyd nifer uwch yn ymuno â'r fyddin, a hynny oherwydd maint eu gweithgarwch a'u dylanwad yn yr ardaloedd hynny. A phetai gennyf hamdden i gasglu ystadegau am y rhai a gollwyd o eglwysi a chapeli Arfon neu Lŷn ac Eifionydd, rhywbeth yn debyg, yn ddiamau, fyddai'r sgôr.

Aeth oddeutu 273,000 o fechgyn ifanc Cymru i'r Rhyfel Mawr – rhai o'u gwirfodd, yn aml drwy berswâd, ac wedi 1916, o orfodaeth. Fe gafodd tua 32,000 ohonyn nhw eu lladd, heb sôn am y miloedd ar filoedd ychwanegol a glwyfwyd, gorff a meddwl, i fyw gyda'r hunllef, a'i hail-fyw hi, weddill eu dyddiau. Mi fyddai cyfran dda ohonyn nhw yn 'Bobl y Pasg', yn yr ystyr eu bod nhw, mewn gwahanol ffyrdd, yn arddel y Ffydd Gristnogol. Ond mi fyddai cyfran lawer mwy – o gwmpas eu hanner, hwyrach – wedi bod mewn rhyw fath o gysylltiad â byd crefydd. O droi 'nôl i Fôn, pa mor hawdd i John Williams fyddai cerdded strydoedd Llangefni i gyfeiriad Neuadd y Dref – a fu'n cystal theatr iddo ar gyfer y recriwtio mawr – heb daro ar rywun a ddoluriwyd gan y rhyfel. Ond, o feddwl, efallai mai rhuthro i ysgwyd llaw ag o fyddai hanes rhai o rieni Llangefni, am fod y rhyfel drosodd a'u bechgyn hwythau wedi cael dychwelyd, yn fwy na choncwerwyr.

Yn naturiol, wedi i'r rhyfela ddod i ben, fe roddodd John Williams heibio'i lifrai milwrol a throi'n ôl at ei hen iwnifform – ei siwt pregethwr. Ond ni thorrodd ei

Y gyntaf o bedair cymdeithas a ffurfiwyd ond a gyfunwyd, 15 Mai 1921, i greu'r Lleng Prydeinig.

berthynas yn llwyr, chwaith, â'i gyfeillion o ddyddiau'r fyddin. Yn 1917 ffurfiwyd cymdeithas o'r enw Cymrodyr y Rhyfel Mawr ar gyfer meibion a merched oedd wedi gwasanaethu yn y Rhyfel Byd Cyntaf. Yn ôl tystysgrif a ddiogelwyd, ar 8 Chwefror 1919 ymunodd John Williams â Changen Brynsiencyn o'r gymdeithas honno. Saesneg ydi'r iaith a nodir bod 'Hon. Col. Chaplain Dr. John Williams has been regularly enrolled a Comrade'.[4]

ER ANRHYDEDD

Yn *Y Brython* cyhoeddwyd rhestr o'r rhai a dderbyniodd radd er anrhydedd gan Brifysgol Cymru ym Mehefin 1917 ac roedd enw John Williams yn eu plith. Gradd Doethur mewn Diwinyddiaeth a ddyfarnwyd iddo.[5] Fe'i cyflwynwyd i'w urddo gan ei ddisgrifio fel 'Prif Gaplan y Milwyr Cymreig . . . Diwinydd, Pregethwr a Gweinidog'. Sylwer, ei waith milwrol a nodwyd yn gyntaf a'i wir alwedigaeth fel ychwanegiad at hynny. Yn naturiol, cyfeiriwyd at ei athrylith yn y pulpud, 'yn bregethwr y gall gŵr dysyml ac arweinydd cenedl eistedd o dan ei weinidogaeth, a'r naill fanteisio cymaint â'r llall, a'r ddau ar eu canfed'. I gloi'r cyflwyniad, fe'i canmolwyd 'am ei gynhorthwy i'r ieuenctid a ddaeth o dan ei weinidogaeth, pan orfu iddynt wynebu gydag yntau ar y cyfwng tywyllaf a oddiweddodd eu gwlad yn ei holl hanes.' Ond, yn fy marn i, bu rhaid i'r bechgyn druan, a aeth dramor, orfod wynebu tywyllach cyfwng.

Mae rhywbeth yn chwithig yn y modd y cyfeiriwyd at yr anrhydedd ar dudalennau'r *Goleuad*: 'Er dydd Mercher diweddaf y mae'r Parch. John Williams Brynsiencyn, i'w gyfarch fel Dr. Williams. Y mae pawb yn falch o'r anrhydedd a roddwyd arno, ond nid yw pawb mor falch o'r cyfnewidiad yn yr enw. Cymer i ni dipyn o amser i ddysgu dywedyd Dr. Williams; hyd y gwyddom ni cheisiodd neb ddysgu dywedyd Cyrnol Williams.'[6]

Efallai i newyddion y dydd – er nad oes prawf o hynny – lwydo peth ar lawenydd yr awr i John Williams a'i deulu. Y Sadwrn blaenorol yr ymosododd awyrennau'r Almaen ar Lundain am y waith gyntaf. Mewn cwta chwarter awr

Rhoddodd *Y Brython* iddo nodwedd angel gyda'r 'llam dychymyg a bair i chwi feddwl am esgyll Talysarn a John Elias bob tro y clywoch ei fflap.'

'The Vow of Vengeance'
gan Frank Brangwyn
i'r Daily Chronicle.
Ar waelod y poster ceir
y sylw gogleisiol: 'Daily
Chronicle readers are
covered against the risks
of bombardment by
zeppelin or aeroplane.'

lladdwyd cant o bobl a chlwyfo bedair gwaith hynny. Ar ben hynny, roedd y Fyddin unwaith eto, a Chymry yn eu plith, ar gyrchu corsydd lleidiog Fflandrys a brwydr, anfaddeuol gostus, Passchendaele, i gael ei hymladd. Er mai am Frwydr y Somme, yn benodol, y canodd Meirion MacIntyre Hughes, mae ei gwpled mor ofidus o wir am ymron holl frwydrau'r Rhyfel Byd Cyntaf:

> A hel eu cyrff fesul cant
> Yn fud at ddrws difodiant.[7]

   Ond un tro, bu anrhydedd arall o fewn ei gyrraedd – un wahanol, beth bynnag am un uwch. 'Why Bryn-siencyn would not be a Lord' oedd y pennawd bras ar un o dudalennau'r *Western Mail* un bore ym Medi 1931.[8] Yn ei erthygl helaeth i'r papur roedd Listener-in yn trafod Cymry amlwg a foddodd yn ymyl y lan – 'famous Welshmen who might have been Peers'. Un is-bennawd, gydag ebychnod, oedd 'A Preacher Peer!' Yn ôl y stori bapur newydd, roedd Lloyd George wedi llwyr fwriadu cyflwyno enw John Williams am arglwyddiaeth a'i gael i eistedd yn Nhŷ'r Arglwyddi. Rywbryd cyn ei farw, yn gyfrinachol fe ymddengys, rhannodd 'Brynsiencyn' yr hanes hwnnw gyda Listener-in ac yn 1931, ddegawd wedi marw John Williams, ysgrifennodd yntau'r hanes i'r *Western Mail*.

Ar y dechrau un, ar gymhelliad Lloyd George, roedd gan John Williams chwant derbyn yr anrhydedd. Dadl y Prif Weinidog oedd fod gan yr Eglwys Esgobol eisoes bresenoldeb yn y Tŷ ac mai peth da i'r Anghydffurfwyr fyddai cael llais yno. A phwy'n well, holodd, i lenwi'r sedd honno na'r mwyaf derbyniol o'r gweinidogion? Penderfyniad John Williams, yn annisgwyl braidd, oedd ymbwyllo peth ac ymgynghori gyda dau neu dri o gyfeillion. I mi, roedd ymateb y cyfeillion hynny yr un mor annisgwyl: awgrymu iddo wrthod. Yn rhyfedd iawn, eu pryder pennaf oedd na fyddai awyrgylch oeraidd Tŷ'r Arglwyddi'n rhoi siawns i 'areithydd gorau'r pulpud Cymraeg' lawn ddefnyddio'i ddoniau. A pheth arall, byddai gofyn iddo bregethu yn Saesneg! Ond a oedd rhesymau'r 'cyfeillion' yn rhai dilys, neu'n ddim ond ymdrech i gadw traed John Williams ar y ddaear?

Roedd Listener-in mae'n debyg, yn Gymro Cymraeg ei iaith. Ai cadw addewid i John Williams oedd oedi cyn cyhoeddi'r stori ryfeddol?

Er hynny, ei gyfaill Thomas Charles Williams, a'i Saesneg mor rhwydd a chlasurol â'i Gymraeg, a roddodd dop-hat ar bethau, a hynny gyda'i hiwmor crafog. Teimlai mai chwith iawn i glustiau cynulleidfa o Fethodistiaid fyddai clywed cyhoeddi, 'Y Saboth nesaf mi fydd yr Arglwydd yn pregethu yma.' ('The saving Grace of Humour' ydi'r is-bennawd yn y *Western Mail*.) Beth bynnag ei resymau, mentro digio Lloyd George, am unwaith, a gwrthod yr anrhydedd a wnaeth John Williams. Fel yr awgrymodd Listener-in, does dim dwywaith nad 'Arglwydd Brynsiencyn' y byddai wedi'i ddewis yn deitl. Ac mi fyddai hynny wedi rhoi pleser digymysg i bobl y Bryn, a phleser digymysg, os nad esgus i dynnu coes, i'r 'Llwyn Idris Sgwad' neu 'Hogiau'r Stabal' fel y'u gelwid. Oherwydd, wedi i John Williams hanner ymddeol a chydio yn yr hobi o wneud ffyn, deuai rhai ato i'r stabl â brigau i'w canlyn ac

Rue de Lille, Ypres ar ddiwedd y Rhyfel

ymdroi yno yn ei gwmni, 'ac âi'r gwaith ymlaen,' meddid, 'yn fynych yn sŵn siarad a dadlau brwd'.[9]

NID WYF YN FARDD

Yn ôl pob tystiolaeth, roedd John Williams yn brynwr llyfrau brwd – ar grefydd a llenyddiaeth Gymraeg yn bennaf – ac yn ddiamau roedd yn Llwyn Idris lyfrgell ardderchog. Ond ar y pryd, roedd hynny yr un mor wir am weinidogion tlotach eu byd. Er y byddai'n rhaid i'r rheini, wrth gwrs, ffitio'r wadn fel bo'r droed. Gallai ysgrifennu rhyddiaith yn raenus a chywir a chyfrannai i'r wasg Gymraeg yn achlysurol. Gwyddai ei wrandawyr yn dda am ei allu i ddyfynnu barddoniaeth i danlinellu'i genadwri, a gwneud hynny'n raenus a chofiadwy.

Flwyddyn priodas John Williams, 1899, cyhoeddodd gyfrol hardd ei gwedd o'i waith, sef *Cofiant a Phregethau y Parch. J. Hughes, D. D.*[10] Un o Lannerch-y-medd oedd John Hughes, yn ddiwinydd ac ysgolhaig, a bu'n weinidog yn Lerpwl a Chaernarfon. Ond cafwyd adolygiad miniog ar y gyfrol, hyd yn oed mewn ysgrif goffa iddo: 'Nis gellir dweyd fod ei gofiant i'r Dr. Hughes yn llwyddiant o unrhyw gyfeiriad a gwyddom iddo gael ei siomi gan y derbyniad a gafodd gan y wasg ar y pryd.'[11] Ond efallai mai cyfrol wedi'i hysgrifennu ar y cyd oedd hi i raddau, er na nodir hynny. Yn nyddiau Lerpwl, a Chaerwyn yno'n newyddiadurwr,

Adnabyddiaeth dyddiau Lerpwl, a hwylustod hwyrach, a barodd iddo ddisgyn ar Isaac Foulkes a'i Wasg i gyhoeddi'r gwaith. Ond roedd 'Llyfrbryf', (1836–1904) yn gyhoeddwr o fri ac yn gryn lenor.

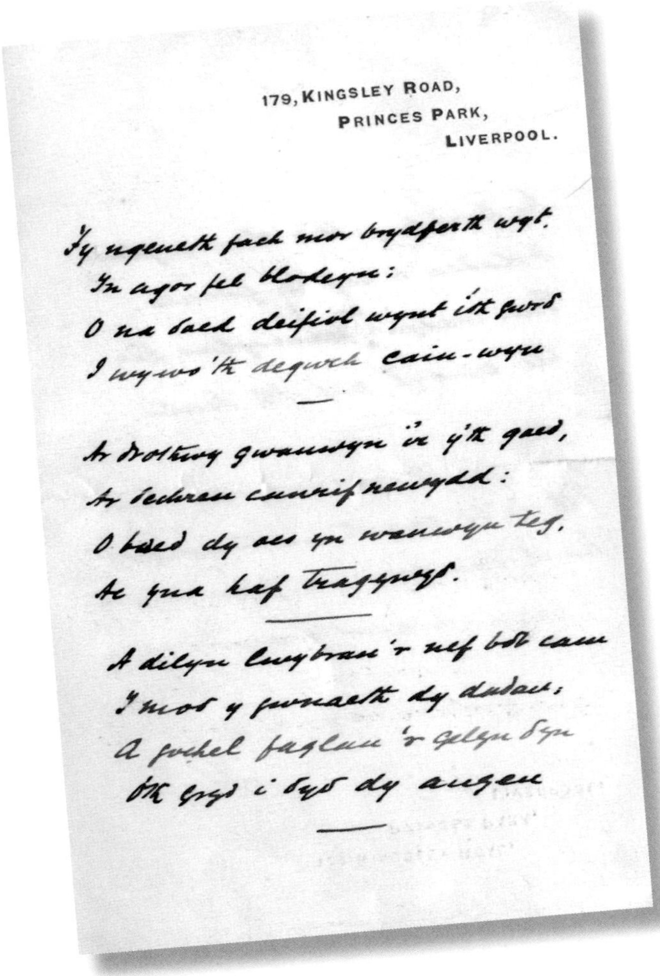

179, KINGSLEY ROAD,
PRINCES PARK,
LIVERPOOL.

[handwritten verses]

> I'y ngenedd fach mor brydferth wyt,
> Yn agor fel blodeyn:
> O na allai deifiol wynt i'th gwrdd
> I wywo'th degwch cain-wyn.
>
> —
>
> Ar drothwy gwanwyn i'n y'th gaed,
> Ar dechrau canrif newydd:
> O boed dy oes yn wanwyn teg,
> Ac yna haf trafferus.
>
> —
>
> A dilyn llwybrau'r nef bob cam
> I mor y ... dy dadau;
> A ... faglau 'r gelyn ...
> ... i fyd dy angau
>
> —

Mae'r ymadrodd 'ar ddechrau canrif newydd', yn brawf gweddol bendant mai ar gyfer ei gyntaf-anedig, Dilys Edna, y cyfansoddodd y penillion hyn.

gofynnodd John Williams iddo am ei gymorth: 'Un noson rhoddodd ddyddiaduron a phregethau y Dr. a fagwyd yn Llanerchymedd i mi, gan atolygu arnaf wneud y gorau o'r defnyddiau er mwyn ei gynorthwyo . . . cydrhyngom daeth y cofiant allan o'r wasg.'[12] Eto, yn y gyfrol, does dim cydnabyddiaeth o gyfraniad Caerwyn i'r gwaith.

Flynyddoedd yn ddiweddarach, gofynnodd awdures ifanc, Awen Mona, iddo ysgrifennu Rhagair ar gyfer ei chyfrol gyntaf, *Cyfrinach y Dyffryn a Throion yr Yrfa*.[13] Disgwyliai eirda fel pob awdur ifanc ar ddechrau'i rawd, a thybiodd y byddai cael enw 'Brynsiencyn' yng nghorff y llyfr yn help i'w werthiant. Cafodd eirda, do: 'Y mae Awen Mona yn medru barddoni, ac os deil i ddarllen a myfyrio daw Cymru benbaladr i'w hadnabod.' Ond derbyniodd bregeth yn ogystal – anodd, mae'n debyg, tynnu cast o hen geffyl – 'Gwrandawed fwy-fwy, sylled ragor, darllened bigion barddoniaeth y Cymry a'r Saeson, ac na foed iddi wario ei nerth ar fan bethau.' Eto, roedd wedi ysgrifennu yn yr un Rhagair, 'Nid wyf fi fardd, na mab i fardd.' Prin,' meddai *Baner ac Amserau Cymru* mewn coffâd iddo, 'fod cynghori awdures ar ddalenau ei chyfrol wych yn arwydd o foesgarwch.' Fe syrthiodd John Williams ar ei fai, ond y farn derfynol ar y mater oedd y byddai John Williams

Magwyrydd Montfaucon, o fan ysbïo Almaenig a feddiannwyd gan yr Americanwyr ar ôl brwydr enfawr ym Medi 1918.

'yn barod iawn i draethu ei syniad am waith llenyddol na fedrai efe ei hun byth mo'i gyfansoddi'.[14]

Cyn belled ag roedd ei hoffter o farddoniaeth yn y cwestiwn, gwaith yr hen feirdd oedd at ei ddant. Yn achlysurol, ymdrechai i nyddu ambell gerdd neu gyfieithu barddoniaeth Saesneg. Ceir ambell ddarn yn yr idiom ffraeth – ffraethineb gofalus, wrth gwrs – ond bardd yr awen ddwys oedd John Williams wrth natur. Mewn rhifyn o *Trysorfa'r Plant* ceir cerdd, 'Er cof am Peggy Lloyd, merch Mr a Mrs W. E. Lloyd, Liverpool, yr hon a fu farw Rhagfyr 10ed, 1906 yn 9 mlwydd oed, *Gwywa y gwelltyn, a'i flodeyn a syrthiodd*'. A cheir llun o'r fechan.[15]

'CARENT WAEDD EI UTGORN TEG'

Ond ailymddeol yn benodol i bregethu'r Gair oedd bwriad John Williams, ac nid i lenydda neu farddoni. Dyna fu, a

*David Lloyd George
a Vittorio Emanuele
Orlando, Prif Weinidog
yr Eidal, yn Versailles
1919. Dau o'r 'Big
Four' – big yn big!*

dyna oedd, ei *forte*. Gellid dadlau mai dim ond yn ystod blynyddoedd y Rhyfel Mawr y bu iddo golli rhan o'i gynulleidfa, a rhan yn unig. Er enghraifft, yn ôl *Yr Udgorn*, pregethai'r 'Cyrnol John Williams, Brynsiencyn' gydag eraill, mewn Sasiwn yn Harlech ym Mehefin 1915: 'Yr oedd y tywydd yn nodedig o ddymunol, a'r cynulleidfaoedd yn rhifo oddeutu wyth mil.'[16] Er na welais brawf o hynny, mae'n fwy na thebyg – ac mae'r teitl 'Cyrnol' yn awgrymu hynny – iddo bregethu'r diwrnod hwnnw yn ei siwt filwrol a'r goler gron.

Ei ddawn i bregethu ac areithio, a chodi gwres cynull-
eidfa, a welodd Lloyd George ynddo ar ddechrau'r rhyfel, a'i
brynu ar gyfer y gwaith. A'r ddawn honno, yn anffodus, a
roddodd iddo gymaint llwyddiant yn y gwaith hwnnw. Yn
wir, yn y cofiant rhestrir chwech o'i bregethau gyda chyfeir-
iadau pendant ynddynt at yr anghenraid i ryfela a bod
hwnnw, ar dro, ar lwybr ewyllys Duw. Yna, yn union wedi'i
gladdu, cyn i'r gwellt gael aildyfu bron, cododd hiraeth
mawr ar y rhai a'i clywodd am gael ei glywed yn llefaru eto
– er mewn print, bellach – a chyhoeddwyd dau gasgliad
helaeth o'i bregethau, y naill yn 1922 a'r llall yn 1923.

Yn ei gampwaith *Ffydd ac Argyfwng Cenedl*, mae gan R.
Tudur Jones bennod ar 'Awr Machlud y Pregethwr Mawr',
lle mae'n dadlau mai Oes Victoria oedd yr oes aur ac i'r
grefft a'r nwyd golli tir cyn diwedd y cyfnod hwnnw.[17] Ond
doedd hynny ddim yn wir yn hanes John Williams, Bryn-
siencyn, fel y nododd y Parch. John Roberts, Llanfwrog,
wrth gofio am frwdfrydedd ei dad:

> John Williams Brynsiencyn, wrth gwrs, oedd un o
> bregethwyr mwyaf oll y cyfnod hwnnw, ac yr oedd ei
> ddyfod ef, cyn-weinidog Princes Road Lerpwl, cyfaill
> Lloyd George, iarll Llwyn Idris, i gapel bach diarffordd
> Llanfwrog fel dyfod tywysog i gornelyn dieithraf ei
> deyrnas . . . Wythnosau cyn y Sul y disgwylid John
> Williams i Lanfwrog, 'Ddaw o, tybed?' oedd cwestiwn
> William Roberts beunydd beunos. Y bore Sul hwnnw

a ddaeth. Wele William Roberts a'i fab yn cerdded ar draws y caeau o Lan-yr-afon tua'r capel. 'Ddaw o, tybed?' o hyd ar wefusau'r tad. Cyrraedd y capel. Agor y drws. A William Roberts yn troi at John ac yn dweud, 'Mae o yma!'[18]

Geiriau, wrth gwrs, oedd y defnydd crai ac roedd y rheini bron bob amser at ei alwad, yn wir fel petaent yn neidio i'w gyfarfod. Cred Gerallt Lloyd Evans – a fu'n weinidog ym Mrynsiencyn ac a astudiodd John Williams, y 'pregethwr' – 'fod ei bregethau i gyd yn gyfansoddiadau llenyddol cain a'r ymresymu diwinyddol yma i gyd wedi cael ei hydreddu gan y ddawn lenyddol fawr yma. Yn fwy na dim, wrth gwrs, roedd ganddo fo genadwri.'[19]

Un o'r rhai sy'n dal i werthfawrogi ei bregethau – ar bapur bellach ond yn dal i lefaru – ydi William Owen. Fel y nodwyd yn flaenorol, bu ganddo, unwaith, ddarlith ar 'Frynsiencyn':

Ar ddechrau'r 20fed ganrif traddodid cynifer â 11,000 o bregethau bob Sul a nifer, wedyn, yn ystod yr wythnos.

Mae'n wir mai pethau a luniwyd i'w gwrando yw pob pregeth nid i'w gadael i grimpio rhwng cloriau llyfr. Eto, o ddarllen dyrnaid ohonynt heddiw, daliant i adael argraff ddofn ar ddyn. Doedd ryfedd bod dynion cryfion yn gwelwi mewn diymadferthedd o dan ddylanwad ei draddodi. Mae rhai o glytiau porffor ei sylwadau yn rhagori weithiau hyd yn oed ar yr Apostol Paul! Ac yn rhyddiaith gain a chaboledig. (Onid yw Pregeth y Maen, petai angen un, yn brawf o hynny.) Nid rhyfedd

Mae Ffrances wedi dychwelyd i'w phentref ar ddiwedd y rhyfel a chanfod ei chartref yn bentwr o rwbel.

y byddai wrthi am wythnosau yn caboli pob un, yn eu hysgrifennu lawer gwaith drosodd, ambell frawddeg wedi costio oriau iddo a'i fod wedi disgwyl am fis neu ddau am un ansoddair priodol. Prin fod tystiolaeth o'r fath ofal yn bod y dwthwn hwn![20]

Un anhawster ydi ei bod hi, mewn oes wahanol ei diwylliant, yn anodd dirnad ei boblogrwydd. Ond rhaid bod ganddo ddawn pregethu ac areithio uwch na'r cyffredin, a hynny mewn dyddiau pan oedd doniau o'r fath, ymhlith gweinidogion, yn ddwsin am ddimai. Byddai'n anodd, os nad yn amhosibl, cael gonestach barn na gwell dadansoddiad nag un E. Morgan Humphreys, un oedd yn newyddiadurwr wrth ei grefft a phob amser yn dreiddgar ei sylwadau. A chwarae teg iddo, cyhoeddodd ei ganmoliaeth wedi i'r ddau fynd benben â'i gilydd parthed *Y Goleuad*, a John Williams, erbyn hynny, tu hwnt i fedru gwerthfawrogi nac anghytuno â hynny – pe dewisai:

> Eisteddwn ar y llwyfan, dipyn y tucefn i'r pregethwr, ac yr oeddwn mewn lle da i sylwi ar y gynulleidfa, tua chwe mil o rif, y mae'n debyg . . . Yr oedd John Williams yn adeiladu ei bregeth o'r cychwyn, bron fel pe bai'n saer yn codi pont ac yn rhoddi pob carreg yn ei lle yn ofalus. . . . Wedi cyrraedd tua canol y bregeth yr oedd John Williams yn ysgwyd ei fraich estynedig yn ôl a blaen dros astell y pulpud – symudiad araf, cyson, yn ôl a blaen, ac hollol naturiol iddo ef. A gwelais fod y gynulleidfa ar ganol y llawr yn siglo yn araf yn ôl a blaen hefyd fel pe buasent yn cadw amser gyda'r fraich, neu fel y llanw yn siglo gyda'r lloer. Ffolineb fuasai ceisio gosod terfynau i'r hyn y gallai dyn a fedrai effeithio felly ar filoedd o bobl ei wneud yn ein hoes ninnau.[21]

Yn Rhagfyr 1907 cyhoeddodd The *British Weekly* enwau'r 'Five Best Preachers in Wales': John Williams ar y brig ac Elfed yn bumed.

Bryd hynny, wrth gwrs, roedd yna lymeitwyr pregethau, a ddisgrifiwyd unwaith gan John Stott, y clerigwr dylanwadol – ond â'i dafod yn ei foch – fel 'kind of ecclesiastical pub-crawlers'. Ond un o'r cyfeiriadau doniol, prin, yn y

OCTOBER. 1914   10 CENTS

The MASSES

The Girl He Left Behind Him

Clawr The Masses
*yn Hydref 1914. Mae'r
cartwnydd Henry
J. Glintenkamp yn
proffwydo adladd y
Rhyfel. Nodwch yr
esgyrn yn y tir coch.
Teitl y darlun yw* 'The
Girl He Left Behind
Him'. *Cylchgrawn a
arddelai ddaliadau
adain chwith oedd* The
Masses *ac yn 1917
fe'i gorfodwyd i gau
gan i lywodraeth UDA
gyhuddo'r golygyddion
o gynllwynio i lesteirio
gorfodaeth filwrol.*

teyrngedau a ddiogelwyd ydi hwnnw at un o'i wrandawyr ym Mrynsiencyn 'yn cysgu ar hyd y bregeth ac yn gallu deffro i'r eiliad' pan ddeuai'r ymchwydd a'r darn clo – hyd at fedru gollwng dagrau yn ystod y pum munud olaf o'r perfformiad.[22]

A phregethwr Cymraeg oedd 'John Williams Brynsiencyn'. Mewn cymhariaeth, roedd Thomas Charles Williams yr un mor llithrig yn y ddwy iaith, yr un mor dderbyniol ym mhulpudau Bournemouth neu Hastings, dyweder, ag roedd o ym mhulpudau mwy cyfyng cefn gwlad Sir Fôn. Wrth gwrs, yn ei waith fel Caplan yn y Fyddin, o orfod Saesneg fyddai'r iaith cyfathrebu gyda'r uchel-swyddogion a diau y byddai John Williams yn gwbl hapus yn gwneud hynny. Wedi'r cwbl, Saesneg, yr iaith Brydeinig, oedd iaith swyddogol y Rhyfel Mawr.

Brynsiencyn John Williams yn gynnar yn y bedwaredd ganrif ar bymtheg. Beth oedd effaith y Rhyfel Mawr ar bentrefi tebyg?

Un o'r oriau mawr i ŵr fel John Williams oedd cael ei ethol yn Llywydd Cymanfa Gyffredinol ei enwad. Traddododd ei Araith Ymadawol o bulpud Capel Stanley Road, Bootle, 6 Mawrth 1914. O gofio'i flynyddoedd yn Lerpwl byddai'r man cyfarfod yn siŵr o fod wrth ei fodd. O ddarllen ei araith, byddai'n sicr wedi bod yn awr faith i'r gwrandawyr, os nad hwy na hynny – ond roedd ei themâu yn gyfoes iawn ar y pryd. Rhyfedd meddwl mai 'undeb eglwysig' oedd un o'i themâu, yn ôl yn 1913: 'Yr ydym yn llawenhau yn fawr fod teimlad fel hwn wedi cyrraedd y fath aeddfedrwydd yn ein gwlad.' Ond doedd o, chwaith, y Methodist Calfinaidd ag yr oedd o, ddim am weld 'un enwad mawr cyffredinol' a'r Hen Gorff ddim yn bod.

Yn arddull John Williams 'y pregethwr' y daeth â'i araith i'w therfyn ag ansicrwydd parthed parhad ei enwad ond sicrwydd am ddiflaniad yr iaith Gymraeg; gwyddai am yr union fan a phwy a fyddai'n cael y gair olaf:

Fel Cymro a Methodist Calfinaidd Cymreig byddaf yn cael fy hun yn gofyn cwestiynau rhyfedd iawn. Dros ba hyd y mae'r Hen Gorff yn myn'd i fyw? Ddeil o i gyfieithu tybed? Faint o'i ôl o fydd ar Gymru? Faint bery yr iaith Gymraeg? Ymhle y siaredir hi olaf? Mi welais fod rhyw frawd o ororau Lleyn yn proffwydo mai yno y tyn ei hanadl olaf. Pe dywedwn i fy marn, mi ddywedwn mai ar lethrau Mynydd y Garn, yn Llanfairynghornwy, Ynys Môn, y seinir ei hacenion olaf; ac mai i ryw gapel bychan ar lethrau'r mynydd hwnnw yr ymgynhulla'r gynulleidfa Gymreig olaf; yno, mi gredaf, y rhoddir i ganu am y tro diweddaf:-

> 'Ymgrymed pawb i lawr
> I enw'r Addfwyn Oen.'

Mewn angladd syml yn y fro honno y cenir am y tro olaf, 'Bydd myrdd o ryfeddodau Ar doriad bore wawr'. Gobeithio modd bynnag y bydd yr hen iaith farw ag emynau'r cysegr ar ei gwefusau.[23]

Y GWN GLÂN

O ddyddiau Lerpwl ymlaen, yn ôl Emlyn Richards, byddai'n dianc yn gyson i dawelwch Llanfairynghornwy, bro mebyd ei dad, i hela:

Yr oedd iddo ganiatâd saethu ym mhob cae o'r cwmwd hwn, ddeuai o fyth i Fôn heb ei wn! Cyrhaeddai'n gynnar yn y bore i'r Nanner, fferm fawr yn ardal Cemlyn, cerddai'n syth am Lanfair yn saethu ar ei daith. Fel arfer byddai'n cyrraedd Rhoscryman Bach at deulu ei dad erbyn cinio. Gwyddai'r teulu i'r dim beth fyddai'r fwydlen i fod – platiad o fara menyn a digon o laeth enwyn – y bara a'r llaeth yn gynnyrch y tyddyn. Yn wahanol iawn i'r Parch Thomas Williams Gwalchmai yr oedd John Williams yn syml iawn a chyffredin ei ddeiet. Gadawai'r tyddyn to gwellt ger y môr ar ei daith i saethu a chyrraedd at Sadrach Hughes, pen blaenor Salem, i botsio ambell ysgyfarnog neu ffesant i Foneddigion y sêt fawr yn Princes Road er mwyn cyfiawnhau ei ddiwrnod i'r brenin.

Tra'n mwynhau paned o de yn y Post efo Sadrach a'i wraig unwaith bu i gath y blaenor wneud pryd helaeth o'r ysgyfarnog a adawyd ar gownter y Post. Synhwyrodd Sadrach y dilemma, heb yn wybod i'r saethwr anfonodd nodyn i ben potsiar y pentra ddod ag ysgyfarnog i'r Post rhag blaen. Fu erioed bentra enwocach am ei botsiars.

Ond cyn troi adra fe roddai John Williams bregeth mewn oedfa yn Salem, oedfa heb ei chyhoeddi ac eithrio ergydion y saethu yn ddigon o rybudd i'r ardal wybod. Byddai Thomas Williams, Tŷ Wian, wedi galw yn y tŷ Capel i rybuddio'r hen ferch am yr oedfa ac i'w rhybuddio i dynnu'r llenni dros y ffenestr

ar y chwith i'r pulpud gan sibrwd dan ei ddannedd –
os gwel Siôn geiliog ffesant chaen ni ddim pregeth.
Gyda llaw, yr oedd Thomas Williams yn gefnder i John
Williams ac yn ei adnabod yn well na neb.[24]

YN Y DIRGEL

Yn ôl R. R. Hughes, wrth ddod â'r cofiant 300 tudalen i
ben, wedi ymadawiad John Williams dechreuodd hanesion
am ei garedigrwydd i'r difreintiedig a'r llu cymwynasau
dienw a gyflawnodd gerdded y wlad. Gan ei fod, oherwydd
ei briodas ffodus, yn ŵr cefnog fe'i hystyrid gan rai fel
gŵr ariangar yn ogystal – er nad oedd, cyn belled ag y
gwn i, unrhyw brawf o hynny. Mewn darlith boblogaidd
yn ei dydd, 'Y Diweddar Ddoctor John Williams', mae
R. J. Jones – gweinidog yn Nhan-y-coed, Arfon, a Phorth

R. R. Hughes, *awdur*
Cofiant, Y Parchedig
John Williams, D. D.
Brynsiencyn

Amlwch wedi hynny – yn ceisio'i amddiffyn rhag honiadau
o'r fath ac yn rhoi'r wedd arall i'w gymeriad:

> Nid yn aml y gwelid ei enw yn yr adroddiadau cyhoeddus
> gyda swm mawr wrth ei enw, ac, fel y dywedwyd, cafodd
> ei gam drin grŷn lawer gan rai llac eu tafodau. Credaf
> na chafodd neb fwy o gam yn yr ystyr yma na'r annwyl
> Ddr. Hwyrach wedi'r cyfan, ei fod ef ei hun yn gyfrifol
> i raddau helaeth am y cam-argraff hwn. Ei reol ef oedd
> wrth roi fyddai dweud wrth y derbyniwr bob amser –

'Peidiwch â dweud wrth neb' . . . Ond gwell yw cael eu gwybod yn awr na pheidio chael eu gwybod o gwbl.[25]

Mae'n sôn am John Williams yn holi ysgolfeistr Tan-y-coed. ger Llanrug, 'a oedd yno blant yn yr ysgol heb esgidiau cymwys', yn prynu rhai ar eu cyfer a'u hanfon ymlaen gyda'r rhybudd 'Peidiwch â sôn pwy sydd yn eu rhoi'. Mewn rhifyn o'r *Traethodydd* roedd gan D. Tecwyn Evans enghraifft arall o'i gymwynas yn y dirgel:

> Dyma un: y dydd ar ôl ei arwyl clywais am weinidog tlawd fu'n gyfyng ei fyd yn ystod blynyddoedd y Rhyfel Mawr, oherwydd y ddrudaniaeth a chystudd yn y teulu, a dderbyniodd bymtheg gini oddiwrth y Doctor ar yr amod na soniai ddim am y rhodd wrth neb. Ar ôl marwolaeth y Doctor, ac yn wyneb ensyniadau annheilwng ac annheg rhywun na wyddai am beth y llefarai, methodd gan y gweinidog tlawd ddal yn hwy, a mynegodd y gyfrinach er gwaetha'r amod uchod.[26]

Meddai J. W. Jones, 'Cwyna rhai pobl heddiw yn erbyn John Williams am gymryd rhan yn y Rhyfel Mawr. Yr oedd caplaniaid eraill yno hefyd yn derbyn cyflog da, ond ni chymerodd John Williams dâl; gwnâi y gwaith am ddim.'[27] (Ac yntau'n draethwr poblogaidd ei hun, hwyrach mai am gadw cefn y 'pregethwr' roedd yr awdur.) Ond os gallai 'Brynsiencyn' fforddio hepgor y 'cyflog da' – a diau fod hynny'n wir – dewisodd wneud hynny, ac o'i wirfodd.

A chyda stori o'r fath, un yn awyrgylch *Teulu Bach Nantoer*, y daeth R. R. Hughes â stori bywyd John Williams i ben: teulu bach yr arferai letya gyda hwy ar y Suliau wedi mynd yn ôl yn y byd, a threfniant iddo fynd i aros at deulu cyfoethocach; John Williams yn gwrthod hynny, 'a chyn myned oddi yno gadawodd yr holl gydnabyddiaeth a dderbyniasai am ei wasanaeth y Sul o dan y plât ar y bwrdd borefwyd'.[28] Rhaid derbyn bod gwneud cymwynasau dirgel yn wir amdano ac y dylid cydnabod a gwerthfawrogi hynny. Roedd ganddo'r modd i wneud hynny ac, wrth gwrs, y dewis o beidio.

MI GAF YNO

I'w gartref yn Llwyn Idris – gyda diolchgarwch a rhyddhad yn aml, mae'n ddiamau – y dychwelai John Williams o bob rhyw deithio, ac o ganol pob rhyw storm. Fel y canodd ei hoff Bantycelyn, ond am brofiad gwahanol:

> Mi gaf yno, dan bob blinder,
> > Hyfryd dreulio 'nyddiau maes,
> Heb gael briw, na chlais, nac archoll,
> > Gan neb rhyw elynion cas.

Fel ymwelydd cyson am flynyddoedd, gwyddai ei gofiannydd yn dda iawn am aelwyd Llwyn Idris yn nyddiau John Williams. Meddai: 'Y mae'r plant i gyd yn debyg i'w tad,

yn naturiol a dirodres, yn Gymry twymgalon, yn siarad Cymraeg dilediaith eu tad, ac yn ffyddlon i draddodiadau uchel y teulu o'r ddeutu.'[29] Fel y gellid disgwyl, o gofio pwy oedd yn byw yno a chofio'r cyfnod, roedd yn gartref lle roedd i grefydd a defosiwn le blaenllaw.

Ymhlith y defnyddiau a ddiogelwyd ceir ychydig o ohebiaethau rhwng aelodau'r teulu a'i gilydd a chydag eraill. Tra oedd ar ei fynych deithiau, anfonai gardiau post at ei blant, rhai cartwnaidd yn amlach na pheidio, i ddweud 'Tada' yn y fan a'r fan ac 'yn meddwl amdanoch'. Un peth a ddaeth yn amlwg i mi, o'u darllen, oedd y berthynas o anwyldeb ac agosatrwydd oedd rhwng John Williams a'i wraig a'i blant – a'r naturioldeb rhyngddynt. Fe'u cyfarchai'n ddieithriad â'r 'ti' gwerinol – ac nid y 'chi' uwchraddol a fyddai'n dderbyniol ar y pryd mewn cartref o'r fath – gan ychwanegu negeseuon doniol, yn arbennig felly at ei unig fab, a elwid yn 'Joe' [John Merfyn]. Hwnnw, yn ôl R. R. Hughes oedd y cellweiriwr. Er enghraifft, ar 4 Medi 1907 anfonodd gerdyn post o Cork, gwaith yr artist masnachol Sydney Hayes – peintiad mewn lliw o anifeiliaid ffarm – at 'Master J. Merfyn Williams' â nodyn cartrefol: 'Dyma i Joe lun pony bach neis. Y mae Tada yn Cork ar ei ffordd i Bantry. Gwaith 21/2 awr eto. Diwrnod gwlyb.'[30] Un enghraifft arall ydi'r cerdyn post, diddyddiad, oddi wrth y tad at 'Master John Merfyn Williams' ar achlysur ei ben-blwydd. Ond y dewis o gerdyn sy'n ddiddorol, os nad yn eironig: math o gartŵn, lle mae un dyn cegagored

yn ceisio bloeddio cwestiwn i glust fyddar dyn arall,
a phennill:

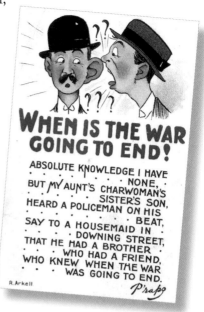

WHEN IS THE WAR GOING TO END?

Absolute knowledge I have none,
But my aunt's charwoman's sister's son,
Heard a policeman on his beat,
Say to a housemaid in Downing Street,
That he had a brother who had a friend,
Who knew when the war was going to end.[31]

Ar y cefn mae'r cyfarchiad: 'Hawddamor ar ddydd
pen-blwydd yn 16eg oed. Y rhyfel wedi darfod "a'r
wlad a gafodd lonydd". J. W.' Roedd 'y rhyfel wedi
darfod' yn newydd da iawn i deulu Llwyn Idris ac
yn arbennig i 'Joe' ei hun am na fyddai raid iddo ddilyn y
miloedd a'r filoedd o fechgyn deunaw oed a aethai i faes
y gad – rhai ar anogaeth ei dad – a nifer, mwyaf garw, i
farw ymhell.

Yn ôl y sôn, bu John Williams a'i briod yn garedig
wrth eu plant a chyda'r rhai a'i gwasanaethai. Er
enghraifft, un o gylch Dyffryn Tanat, yn wreiddiol, oedd
Elizabeth Roberts; fe'i cyflogwyd fel morwyn i'r teulu yn
nyddiau Lerpwl. Gan ei bod yn ddigon hapus ei byd yno
cytunodd i symud, wedyn, i weini yn Llwyn Idris wedi
i John Williams ymddeol a symud yn ôl i Fôn. Ddydd
ei phriodas â hogyn o'r Bryn, Hugh Williams, rhoddodd

Llwyn Idris,
Llanfair, P.G.
Anglesey, N.W.

May 21st 1919

My own dearest Edith,

It was a terrible shock for me to receive your letter this morning. It has quite upset me. I never thought there was anything serious the matter with you, in my innocence I thought it was only the effect of what you suffered some time ago when you went through the usual crisis for women in a certain age. I only

[...] back is alright. It was raining hard this morning so I thought she had better not go, but she is going to-morrow morning.

Cheer up, you will get over it alright, I feel convinced.

My very best love, This will be with you all through.

Your anxious boy

John

Mrs John Williams
(C/o Mrs Brett)
2 Maryland Street
(Rodney Street)
Liverpool

Llythyr pedair tudalen sy'n gorffen â 'Your anxious boy, John'.

John Williams fenthyg ei gar iddi – a gwasanaeth y gyrrwr, dybiwn i – iddi gael teithio i'r capel mewn steil.[32]

Fel yr awgrymwyd, un farn am John Williams oedd ei fod yn brin o hiwmor ac mai'r grefydd brudd a apeliai ato. Ond gallai yntau ar dro, yn arbennig yn ei berthynas â'i blant, roi cyfle i ysgafnder. Gyda'i union oedran gallai

John Williams, meddir, gynilo'r gwir a thaflu llwch i lygad ymholwr busneslyd. Rhydd Listener-in – gohebydd difyr y *Western Mail* ac edmygydd o John Williams – enghraifft o ysmaldod o'r fath. Adeg ymweliad Siôr V a'r Frenhines Mary â gogledd Cymru cafodd ei gyflwyno i'r ddau. Gan bwyntio i gyfeiriad darn o fynydd yn y pellterau gofynnodd y Frenhines iddo beth oedd enw'r fan? A chan na wyddai, mentrodd ar 'Rhosllannerchrugog' gan wybod, meddai Listener-in, na fedrai hi byth ailadrodd y gair os dymunai ei holi ymhellach![33]

Cefais aros, fwy nag unwaith, ar y Sul yn Llwyn Idris. Merch hynaf John Williams, Dilys Edna, ei phriod, Dr Tom Alun Griffiths, a'u mab, Alun, oedd yn byw yno ar y pryd. Serch ychydig anabledd Alun, mae gen i gof ei bod hi'n aelwyd eithriadol o lawen a chroesawus. Ymffrostiai Alun mai o'r tri mab y fo oedd yn debyg i'w daid! Beth bynnag am hynny, barn y to hŷn oedd fod ei fam 'yr un ffunud â'i thad', a'i bod hi hefyd yn ei addoli.

'NOSWYLIO'

Ond, a throi'n ôl, cyn diwedd Awst 1921 roedd yr haf bach Mihangel a gafodd wedi blynyddoedd hyllion y Rhyfel Mawr yn dechrau tynnu ei draed ato. Mewn pennod a alwodd yn 'Noswylio' rhydd R. R. Hughes fwletinau wythnosol, bron, ar gyflwr iechyd John Williams a'r

'Mae hi ar ben arna i,' meddai [John Williams] wrth Owen Thomas y garddwr, un bore. 'Fel yna y byddwch chi, syr,' atebai Owen Thomas, 'os bydd y peth lleia arnoch chi, am farw ar unwaith.'
– o'r Cofiant.

blinder graddol a'i pryderai. Cyngor cyson y meddyg lleol iddo oedd gorffwyso. Lai na phythefnos cyn colli'r dydd anfonodd air pryderus, ond gobeithiol, at 'J Owen, Esq, The Shop, Cemaes Bay, Anglesey' a diogelwyd y llythyr hwnnw gan ei deulu:

Hydref 20, 1921

Annwyl Gyfaill,

Ni byddaf abl pregethu am dymor go hir. Bu yma Specialist ddoe o Lerpwl. Nid oedd yn cymryd golwg drist ar fy achos, ond archai berffaith orffwys. Musgrell ryfeddol wyf, prin yn gallu symud dim.

Cofion caredig,

Yr eiddoch yn bur,

John Williams[34]

Fe arwyddodd John Williams ei ewyllys ar 6 Tachwedd 1917, yr un diwrnod ag y llwyddodd milwyr Canada i ail-gipio Passchendaele. Does wybod pam y penderfynodd lunio'r ewyllys bryd hynny. Wrth gwrs, roedd y Rhyfel dal ar ei ffyrnicaf a dim sicrwydd sut y byddai pethau'n troi allan. Hawdd iawn dychmygu mai ansicrwydd felly, ac yntau â chymaint bys yn y brywes, a'i hysgogodd i roi gair ar bapur ond dyfalu fyddai hynny. Y tebyg ydi mai cymhellion eraill a ddaeth heibio wrth iddo deimlo'i hun yn heneiddio peth. Byddai'n tynnu at ganol ei chwedegau erbyn hyn.

O'i darllen, gall llygaid cyffredin sylwi ei fod yn ŵr cefnog a pherchennog cryn eiddo, yn dai a thiroedd a ffermydd. Peth diddorol i mi oedd fod Llyfrgellydd Coleg y Brifysgol, Bangor, i gael dewis unrhyw lyfrau Cymraeg prin a fyddai o ddefnydd i'r coleg; yna, ei wn (serch y defnydd cyson a fu arno) a'i wats a'r gadwyn aur i fynd i'w fab, John Merfyn. Roedd cwpwrdd tridarn – un a fu yn y teulu, yn ôl geiriad yr ewyllys, ers pedwar can mlynedd – i fynd i'w ferch hynaf, Dilys Edna, ac ail un i'w ail ferch, Miriam Jane Evrys. Gofynnais i gyfreithiwr a hanesydd, John Bryn Williams – un â'i wreiddiau yn y Bryn – fwrw golwg dros yr ewyllys:

Thomas Charles Williams (1868–1927): cyfaill, cymydog, cyd-Fonwysyn a chyd-gyfundrefnwr. Mewn oes pan oedd pregethau, i lawer, yn adloniant a'r pregethwyr yn selébs roedd John Williams ac yntau'n cystadlu am yr un gymeradwyaeth.

> Nid cyfreithiwr a'i lluniodd, rwy'n siŵr. Mae'n rhoi'r cyfan i'w wraig ac yn symud ymlaen wedyn i roi'r cyfan i eraill. Efallai mai awgrymiadau i'r weddw ydi'r gweddill. Mae diwedd yr Ewyllys wedi ei chameirio hefyd a dyma pam fod angen yr 'Affidavit of due execution failed' y cyfeirir ati ger y diwedd. Tybed o ble y daeth yr holl dai a'r eiddo? Mae'n ddiddorol ei fod yn ceisio rheoli ymddygiad ei blant gan fygwth eu cosbi trwy eu hamddifadu o gypyrddau tridarn ac yn blaen![35]

Roedd y cyfan, fel y nodwyd, yn amodol ar eu bod yn byhafio, 'conduct themselves worthilly'. Ond heb egluro, chwaith, beth yn union a olygid wrth 'ymddygiad teilwng'. Ond wedi marw John Williams, roedd yna bethau eraill i'w rhannu a oedd heb fod yn ysgrifenedig yn yr ewyllys:

Tyner fu'r saint ohono,

O ddistaw fedd! Est a fo.

Carent waedd ei utgorn teg,

O bridd heb fedru brawddeg!

Meddai nerth a rhyferthwy,

O ddistaw Hedd! Est a hwy.

T'wysog diysgog osgedd

O lonyddwch, waelach wedd!

– *darn o gywydd 'Brynsiencyn'*
R. *Williams Parry a*
ymddangosodd yn y Western
Mail, *22 Ebrill, 1922*

math o greiriau i gofio amdano ac i gadw'i enw da yn fyw. Er enghraifft, fe dderbyniodd William Roberts – a fu'n weinidog eglwys Gorslwyd yn ardal Rhos-y-bol am gyfnod maith – sgarff a wisgai'r pregethwr mawr yn anrheg. Yn ôl Dafydd Roberts, Pentraeth – un o'i ddisgynyddion – o hynny ymlaen bu William Roberts yn gwisgo'r sgerffyn hwnnw gylch ei wddf haf a gaeaf, mewn oerni a gwres, a hynny weddill ei ddyddiau. Wedi'r cwbl, bu John Williams ac yntau'n gyd-ddisgyblion mewn ysgol a cholegau ac am gyfnod yn cydletya. Yn wir, yn groes i'r drefn, mynnodd fod William Roberts yn cael deud gair yn ei Gyfarfod Sefydlu ym Mrynsiencyn ddydd Calan 1878. A hwyrach fod glynu at y sgarff yn symbol o'r arwriaeth a berthynai i John Williams ym meddyliau cymaint o weinidogion, ac yn arbennig felly ar Ynys Môn.

Ond, wrth gwrs, roedd iddo arwriaeth ymhell y tu hwnt i Fôn. Hyd heddiw ceir lluniau ohono wedi goroesi mewn ambell gapel ac, o bosibl, mewn ambell gartref. Yn ôl y casgliad lluniau a ddiogelwyd gan ei deulu, fe'u tynnwyd, gan amlaf, nid ar hap a damwain ond yn fwriadol gan ffotograffydd proffesiynol. Teimlad rhyfedd, tra oeddwn yn ysgrifennu'r gyfrol hon, oedd camu i mewn i Gapel y Fro yn Nhrawsfynydd a darganfod darlun o John Williams yn y cyntedd. O dan y llun mae enw'r cwmni adnabyddus a'i tynnodd: Lettsome and Sons, Photographers to the Queen, Llangollen. Victoria oedd y frenhines honno, mae'n debyg. Ond o'i gymharu â lluniau eraill ohono sydd ar gael, rwy'n tybio iddo gael ei dynnu'n ddiweddarach na hynny ond, o bosibl, cyn y Rhyfel Mawr. Bellach, yn y Traws, ŵyr neb, chwaith, pwy a'i cyflwynodd i'r eglwys – capel 'Moriah', cyn uno'r enwadau – na phryd, nac am ba reswm. Yr hyn sy'n annisgwyl ydi ei fod yn Nhrawsfynydd, ychydig lathenni i fyny'r ffordd o'r fan lle mae'r gofeb i Hedd Wyn, yn dal i gadw enw 'Brynsiencyn' ar dir y byw ac yn symbol o'r poblogrwydd eang a oedd iddo yn y fro honno ar y pryd.

Bu John Williams farw ddydd Mawrth, 1 Tachwedd 1921 – Gŵyl yr Holl Saint – yn ei gartref yn Llwyn Idris ac yng nghwmni ei deulu. Nodwyd mewn papur newydd mai am chwarter i wyth y bore y bu hynny, ac mae'r cofiannydd yn cadarnhau hynny. Wedyn, i fodloni chwilfrydedd anhygoel y cyhoedd cyfrannodd ei weinidog, J. E. Hughes, ysgrif i'r *Cymro* yn cofnodi ei gyflwr meddygol o ddydd i ddydd yn ystod y mis olaf, gan ddisgrifio'r symptomau a'r farn feddygol – yn fath o adroddiad *post-mortem*, mewn gwirionedd.[36] Daeth y briodas a ddathlwyd mor gofiadwy ym mis Mai 1899, ac a ddisgrifiais ar ddechrau'r gyfrol, i'w therfyn ar y dydd olaf o Ebrill 1931. Bu Edith Mary Williams, priod John Williams, farw ddiwrnod union cyn priodas eu merch ieuengaf. Ac angladd preifat iawn oedd y

'Onid ydych yn sylweddoli fod pendefig a gŵr mawr wedi syrthio heddiw yn Israel?' – Beibl Cymraeg Newydd

dewis – yn wrthgyferbyniad eithafol i'r un enfawr a gafodd ei gŵr, ddegawd ynghynt – gydag 'ychydig eiriau' wrth y tŷ yn Llwyn Idris a theithio'n griw gweddol fychan i Lan-faes a 'dim blodau'.

Yng nghwmni Gerallt, eto, yr euthum i Lan-faes i weld bedd John Williams a'i briod. Un peth a'm trawodd, o edrych ar y gofeb dal, oedd amlder y geiriau i gofio am ei gŵr ac atodiad mor fyr i gofio amdani hi – a hynny ar droed y garreg. Dim ond cofnod moel, enw a dyddiad marwolaeth. Ond roedd yr adnod o Lyfr y Diarhebion yn dweud yr hyn y dymunai'r teulu a'r fro iddi gael ei chofio amdano: 'Ei phlant a godant, ac a'i galwant yn ddedwydd: ei gŵr hefyd, ac a'i canmol hi'.[37]

Tyfodd un o'r plant, John Merfyn, i fyny i fod yn ffarmwr llwyddiannus, yn ffarmio Gwredog yng ngogledd Môn, a bu Owen Glyn Jones, Rhos-y-bol, yn gweini iddo am dros ddeng mlynedd ar hugain. Diddorol oedd ei glywed yn dweud, ar sgwrs, mai anaml iawn, os byth, y byddai'n sôn wrtho am ei dad. Ond yn ifanc, o leiaf, byddai'r mab yn dilyn ei dad i hela. Annisgwyl iawn, i'r cynrychiolwyr mewn Cymdeithasfa ym Mhwllheli ym Medi 1915 oedd clywed ymddiheuriad ar ran John Williams am ei absen-oldeb, a hynny am 'fod ei fab wedi cyfarfod a damwain ddifrifol pan allan yn saethu; ond ei fod erbyn hynny allan o berygl'.[38] Fodd bynnag, yn ôl Owen Glyn Jones, soniai'r mab yn gyson a chyda brwdfrydedd am ei fam a'r rhinweddau mawr a berthynai iddi hi.

'SINCE "OLD BRYNSIENCYN" IS GONE'[1]

O**S MAI 'TEG A HYFRYD AM RYW ENUYD' OEDD** PROFFWYDOLIAETH *Almanac Caergybi* am ddiwrnod priodas Edith Mary Hughes a John Williams yn 1899, 'oeredd agwedd' oedd rhagolygon yr un *Almanac* ar gyfer diwrnod ei angladd.[2] Bore cymylog ydoedd a'r awel yn fain: haf hirfelyn tesog 1921, a'r hydref braf a'i dilynodd, wedi troi'n aeaf erbyn y bore hwnnw – er iddi heulo peth fin nos.

Beth bynnag y tywydd, bu'n rhaid i Stemar Bach Sir Fôn danio ben bore. 'Doedd ceir yn prysur lenwi'r Maes yng Nghaernarfon: un neu ddau Buick B-25, hwyrach, neu Chevrolet 490, Renault 7 i gario criw a Humber Coupe yn ddigon i gludo tri o rai gweddol denau. Yn ddiamau, byddai yno sawl Ford Model T – y Tin Lizzie chwedlonol, erbyn heddiw – fel un y diweddar John Williams ei hun. A'r galarwyr yn ei throtian hi, wedyn, y naill ochr i'r castell at y lanfa, tu draw i'r Cei Llechi. Bu 4 Tachwedd

1921 – diwrnod angladd John Williams, Brynsiencyn – gyda'r diwrnod prysuraf erioed i'r Stemar Bach. Roedd tad Iorwerth Williams, Caernarfon, Griffith Williams, yn ei ugeiniau bryd hynny, yn un o griw'r fferi ac yn cofio hynny.

Yn arferol, pobl Sir Fôn yn teithio o Dal-y-foel i Gaernarfon fyddai hi ben bore: hogiau'r Bryn a'r cylch yn croesi i'r ysgol sir, gweithwyr yn cyrchu i'w gwaith ac ar fore Sadwrn, diwrnod marchnad, rhai'n dŵad â'u cynnyrch i'w canlyn – menyn, wyau, ffowlyn neu ddau neu ambell fochyn. Ond y ffordd groes, o Gaernarfon i Dal-y-foel, roedd pawb am fynd y bore Gwener yma. Wedi glanio, roedd yna gryn filltir a thri chwarter wedyn, a thipyn o dynnu i fyny, i gyrraedd Brynsiencyn a phawb yn eu dilladau Sul trymion. Yna, sefyllian yno, mae'n debyg, cyn i Horeb agor ei ddrysau i'r cannoedd ar gannoedd a oedd yno'n barod yn disgwyl cael mynediad. Ond trefnwyd cerbydau i gario galarwyr Lerpwl a gyrhaeddai stesion Llanfair. Sut bynnag y teithid, deil y digwyddiad yn record o hyd, medd chwedloniaeth, am fod yn un o'r ddau angladd lluosocaf erioed a welwyd ar Ynys Môn. Yn digwydd bod, cynhebrwng arwr pennaf John Williams oedd y llall, sef John Elias.

Ai cyd-ddigwyddiad ynteu bwriad oedd bod John Elias . . .

CYNHEBRWNG MAWR

Cyn mynd ati i ddarllen yn fanylach hanes ei gynhebrwng
doeddwn i erioed wedi sylweddoli – serch pob cam gwag a
droediodd – maint y poblogrwydd a gadwodd a mawrdra'r
angladd a gafodd o ganlyniad i hynny. Nid na fu math o
gyfarfodydd coffa, yma ac acw, yn ystod y dydd er mwyn
rhai oedd heb foddion i deithio i Frynsiencyn neu fod
y daith yn rhy bell iddynt. Hwyrach mai gyda'r un
cynharaf oedd un a gynhaliwyd yn Ysgol Sir Llangefni
am naw y bore, a'r Prifathro yn rhoi cynghorion i'r
disgyblion yn seiliedig ar fywyd ac ymarweddiad
John Williams. Ond o ran y cynhebrwng swyddogol
hwyrach mai'r *Goleuad*, yn annisgwyl braidd, a
lwyddodd i grynhoi'r hanes orau:

*. . . a John Williams yn
gorwedd yn yr un fynwent?*

> Erbyn cyrraedd pen y Bryn, yr oedd tyrfa fawr wedi
> ymgasglu o gylch y capel, ac yr oedd yn amlwg fod Mon
> o ben bwy gilydd wedi anfon ei phlant i dalu'r gymwynas
> olaf i'w mab enwog. Yr oedd y rhes moduron yn olygfa
> nas gellir ei hanghofio. Safent yn rhes hirfaith o ben y
> bryn i lawr ar hyd y ffordd i wastadedd Mon, ac nis gellid
> gweled pa le y dibennai . . . Yr oedd y trefniadau yn
> berffaith. Cedwid un ochr i'r llawr i'r gweinidogion a'r
> pregethwyr a'r ochr arall i'r blaenoriaid a chynrychiolwyr
> byrddau a chynghorau cyhoeddus, tra y gollyngid y
> cyhoedd i'r oriel. Mewn ychydig o funudau yr oedd y

Ar y ffordd allan
o Horeb. Thomas
Charles Williams
'yn urddwisg ei radd'
sy'n wynebu'r arch.

Ar nos Sul yn haf 1884 y bu hynny: capel gyda lle i 700, a chynulleidfa o 1,500 wedi gwthio i mewn yno. Dihangfa gyfyng neu beidio, neu o'i herwydd, ymunodd 90 o'r newydd ag eglwys Horeb, Brynsiencyn y noson honno.

capel eang yn llawn i'r drysau a phob congl o hono dan ei sang, oddigerth y seddau a gedwid ar ochr aswy y llawr i'r galarwyr.[3]

Unwaith yr agorwyd y drws, disgynnodd pawb i'w le fel gollwng pac o gardiau, serch y gwahaniaeth dosbarth amlwg – nid fod yna le i bawb. Llwyddodd un gohebydd, Dewi Meirion, 'â thrafferth go fawr', i gael lle i sefyll yn y galeri. A dyma'r gŵr a safai yn ei ymyl yn sisial yn ei glust, 'Y tro diweddaf y gwelais i gynulleidfa fel hyn yma oedd pan oedd Richard Owen y Diwygiwr yma, a'r oriel yn cracio.'[4] Oherwydd yr awyrgylch, go brin i'r gŵr a rannodd y newydd annymunol gael cyfle i sisial y stori i gyd. Ond roedd hi'n un ddigon gwir. Yn ôl a gofnodwyd, 'rhuthrodd y gynulleidfa allan trwy ddrysau a ffenestri, ac ymhen ychydig funudau yr oedd y capel yn wag, ond aed ymlaen gyda'r oedfa ar gae cyfagos'.[5] Ond ni chlywyd yr un crac yn ystod angladd John Williams, ar wahân, hwyrach, yn lleisiau rhai o'r galarwyr. Ac meddai'r gohebydd, gan mor hyfryd oedd naws yr oedfa, 'Ni chynhyrfwyd dim arnom':

> Cyrhaeddwyd y capel ychydig cyn 12 o'r gloch. Cludwyd yr arch ar ysgwyddau 6 o wyr ieuainc a fu mewn cysylltad agos â Dr. Williams, – tri o honynt yn ei wasanaeth, a'r tri arall yn byw gerllaw Llwyn Idris, ac yn ymwelwyr cyson iawn a'r lle, ac ym mysg disgyblion y Doctor. O'r chwech yr oedd pedwar yn gyn-filwyr . . . Cododd yr holl dyrfa

fawr ar ei thraed fel y deuai'r orymdaith brudd i mewn. Cyfarfu'r Parch. T. Charles Williams, M.A., a hi [ei weddw] ger y drws, wedi ymwisgo yn urddwisg ei radd . . .[6]

A Thomas Charles Williams, 'yn urddwisg ei radd', a arweiniai'r gwasanaethau gydol y dydd, gyda mwy na digon, mae'n ddiamau, oherwydd y statws a berthynai i'r achlysur, yn fwy na pharod i'w gynorthwyo. Traddododd bregeth angladdol wedyn, fin nos. O wybod am wendid gweinidogion, ar ddechrau'r gwasanaeth yn y capel awgrymodd i'r siaradwyr y dylent fod yn fyr, gan ddweud nad lle i siarad oedd yno – er iddo draddodi anerchiad ei hun – ond lle i fyfyrio ac i wylo. Yr un oedd yn siarad fwyaf, meddai wrth y gynulleidfa, oedd yr un oedd wedi tewi ac yn fud yn ei arch. Yn ystod yr oedfa darllenodd bedwar llythyr. Serch i John Williams fod ar flaen y gad gyda brwydr y Datgysylltiad roedd dau o'r llythyrau oddi wrth Eglwyswyr: un oddi wrth Archesgob Cymru, Alfred Edwards, a'r llall oddi wrth Esgob Bangor, Watkin Williams. Ond y ddau lythyr arall a gafodd y sylw yn y wasg Gymraeg.

Hwyrach i ochenaid o siom godi o'r seddau wrth glywed nad oedd y Prif Weinidog – cyfaill agos John Williams a'r ymwelydd cyson â Llwyn Idris – yn medru bod yn bresennol. Mae'r telegram a anfonodd yr Ysgrifennydd Preifat ar ran y Prif Weinidog a'i briod, yn union wedi clywed am y brofedigaeth, yn dal ar gael.[7] Ond y diwrnod cyn yr angladd cafodd Lloyd George hamdden i ysgrifennu llythyr o gydymdeimlad a gwerthfawrogiad, a'i gael i gyrraedd Brynsiencyn dros nos. Dyma rai dyfyniadau ohono:

> Carasswn yn fawr gael ymuno gyda'm cyfeillion o bob rhan i Gymru i dalu 'y deyrnged olaf' i'm hen gyfaill, Dr. John Williams.
>
> Dyrnod drom i Gymru yw ei golli. Bu yn rheng flaenaf ei phregethwyr mwyaf am dros chwarter canrif . . .
>
> Ynghanol tywyllwch a dyrysni y cyfnod cynhyrfus hwn, anhawdd yw hepgor dysgawdwr oedd mor glir ei olygon, ac un a safai mor gadarn dros ddelfrydau uchaf ei genedl.
>
> Heddwch i'w lwch, a rhodded Duw ddeuparth o'i ysbryd i weinidogion ieuainc Cymru sydd yn dilyn y Tadau fel arweinwyr moes a chrefydd ein cenedl.
>
> Yn ddidwyll,
>
> D. Lloyd George[8]

Diogelwyd, hefyd, y telegram a anfonodd Ysgrifennydd Preifat Lloyd George i Lwyn Idris wedi i'r newydd gyrraedd 10 Stryd Downing.

Roedd enw awdur y pedwerydd llythyr, Evan Roberts, yn adnabyddus iawn ym Môn, ond am resymau gwahanol. Eto, byddai'r cyfeiriad oedd arno'n swnio'n ddiarth i bron bawb yn y gynulleidfa. Gallaf ddychmygu'r Llywydd yn darllen hwn yn ei Saesneg clasurol:

'Cartref',
Toller Road,
Leicester.
Nov. 1st, 1921

Dear Mrs Williams, –

Alas! the news, the very sad news, I read this evening in the local paper . . . [Dyna pa mor bell roedd hanes y farwolaeth wedi cerdded, a hynny'r diwrnod y bu farw.] It sounded so strange, so unreal, to read that the wellknown and beloved Doctor had passed away . . .

During my stay in North Wales, how considerate he always was. How gentle in his manner. How wise in

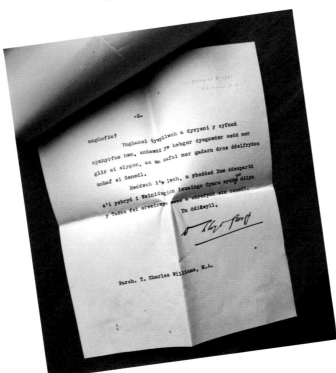

Llythyr Lloyd George yn Archifdy Prifysgol Bangor sy'n ymddiheuro na all ddod i angladd John Williams.

offering counsel to me, who was so young, and so new in the work.[9]

Aeth dros bymtheng mlynedd heibio er hynny ac Evan Roberts, y Diwygiwr ifanc, wedi hen encilio a chrefydd ym Môn, yn ôl y sôn, wedi colli'r gwres tanbaid a deimlid ddechrau'r ganrif. Bu gan John Williams ran amlwg ym megino'r tân hwnnw ac yna yn ei gludo i Fôn. Meddai *Baner ac Amserau Cymru*, 'Pan oedd Evan Roberts yn ysgwyd y wlad, rhaid oedd i'r Dr. John Williams, yn nghyfoeth ei garedigrwydd, osod ei hunan yn arweinydd iddo; a chofir gyda diolchgarwch iddo fod yn amddiffyn i'r bachgen hynod hwnw yn awr ei brofedigaeth.'[10] A does dim dwywaith na fu John Williams a'i deulu'n garedig iawn wrtho yn Lerpwl ac yna, yn nes ymlaen, ym Môn. Er enghraifft, wedi blinder y cyfarfodydd dros-ben-llestri

Dyma 'foethusrwydd Wylfa Manor'.

hynny yn Lerpwl, i gael ei gefn ato cafodd y bachgen ifanc, 26 oed, aros ym moethusrwydd Wylfa Manor cyn dechrau'i genhadaeth ar yr ynys.

A CHERBYDAU LU

Wedi i'r addoliad yn y capel ddod i'w derfyn, fe gymerodd hi bnawn hirfaith wedyn i'r cynhebrwng lusgo'i ffordd o Frynsiencyn i Fiwmares ac at y bedd agored ym mynwent Llan-faes. Mae'n ddiamau mai ymdeimlad

Evan Roberts a'r merched a'i cynorthwyai ym Môn: Mary, ei chwaer (yn sefyll), ac Annie Davies, cantores y Diwygiad.

o chwithdod a cholled a deimlai'r rhai a deithiai yn y ceir. Ond o edrych allan drwy'r ffenestri, heb wybod yr amgylchiad, hawdd iawn fyddai tybio'i bod hi'n ddydd gŵyl yn Sir Fôn. Safai plant tu allan i'w gwahanol ysgolion yn barod i ddiosg eu capiau, a moesymgrymu, pan ddeuai'r awr. Mewn mannau poblog fel Llanfair, Porthaethwy neu Fiwmares roedd tyrfaoedd allan ar y strydoedd. Yn ôl Y Clorianydd, 'tynnwyd llenni ffenestri'r tai ymhobman, a gwelid baneri yn hongian yn isel yma a thraw'.[11] I gael gwell golwg ar bethau daeth rhai ag ysgolion i'w canlyn tra oedd eraill, mwy ystwyth, yn dringo coed. Fwy yng nghefn gwlad wedyn, manteisiwyd ar y llechweddau – nid bod gormod o'r rheini ym Môn – i gael gweld y cynhebrwng yn ei gyd-destun, fel petai: llinell hir, hir, o geir yn llusgo ar draws yr ynys. Yn ôl Y *Wyntyll*, wedyn, roedd y cychod hwyliau a'r llongau oedd ar y Fenai wedi gostwng eu baneri i ddangos parch[12] – yn union fel y bu i'r craeniau ar afon Tafwys blygu eu pennau wrth i angladd Winston Churchill nesáu at yr afon honno dros ddeugain mlynedd yn ddiweddarach.

Ond yn gymaint â'r diddordeb yn faint o bobl oedd yn bresennol roedd yr un diddordeb, os nad mwy, yn nifer y ceir. Byddai nifer y ceir, a'u gwneuthuriad, yn dangos statws y rhai oedd yn galaru o'i golli. Serch fod John Williams yn berchennog car ddegawd ynghynt, roedd moduron yn dal yn bethau gweddol brin ar yr ynys. O'r herwydd, cafodd nifer y moduron bron gymaint o sylw yn y wasg â nifer y gynulleidfa: 'Yr oedd y rhes moduron yn olygfa nas gellir ei hanghofio. Safent yn rhes hirfaith o ben y bryn i lawr a hyd i wastadedd Mon, ac nis gellid gweled pa le y dibennai.'

Ond ar y ffordd o Frynsiencyn tua'r fynwent roedd hi'n fwy anodd cyfrif fyth:

Ceisiai y rhai a oedd yn y cerbydau yn awr ac eilwaith gael golwg ar hyd yr orymdaith drwy edrych yn ôl ac ymlaen pan y ceid darn union ar y ffordd; ond nid oedd gobaith ond gweled rhannau ohoni. Ymgollai'r rhan flaenaf i'r twnt i'r drofa acw ymlaen, a'r rhan olaf y tucefn i'r drofa bell o'r tu ôl; a phan gyrhaeddodd y rhai olaf i'r fynwent yn Llanfaes yr oedd y gwasanaeth dwys drosodd.[13]

Gyda'r difrifwch mwyaf, dybiwn i, yr ysgrifennwyd y geiriau uchod ond creodd olygfa gomig ryfeddol i mi – yn peri imi feddwl am gric mewn gwarrau am ddyddiau wedyn a 'phennau cam' teilwng o Fethodistiaeth ar ei gorau.

ACERI O BRINT

Mae'r sylw a roddodd y wasg i'r amgylchiad yn rhyfeddol, yn cau allan neu'n gohirio cyhoeddi sawl stori arall am wythnos, a rhagor na hynny. Cyhoeddwyd aceri o brint am y digwyddiad, yn y ddwy iaith, gyda newyddiaduron a chylchgronau megis *Y Cymro*, *Y Goleuad* a'r *Drysorfa* yn cyhoeddi rhifynnau coffa ychwanegol, yn ogystal. Roedd *The Welsh Outlook*, er enghraifft, fis wedi'r angladd, yn cario teyrnged Saesneg gan Elfed.

At ei gilydd, rhyfeddol o debyg ydi'r cynnwys – anniddorol o debyg, a dweud y gwir. Roedd hyn yn awgrymu i mi naill ai mor unfrydol oedd y farn amdano neu ei fod y math o ddeunydd oedd yn cwrdd â'r gofyn ar y pryd. Gallasai'r ddeubeth fod yn wir. Ar y llaw arall, hwyrach mai gyda charedigion ac edmygwyr John Williams yn unig y cysylltodd y gwahanol olygyddion ac osgoi gofyn i'w feirniaid neu ei elynion. Yn eu gofid o'i golli a'u hawydd i gadw'n fyw y cof amdano, diogelodd y teulu y rhan fwyaf o'r teyrngedau a gyhoeddwyd iddo – ac

mae'n gasgliad enfawr – ac yn y casgliad hwnnw'n bennaf y bûm i'n pori.[14]

Does dim dwywaith nad ei ddawn i bregethu a gafodd y sylw blaenaf o ddigon. Ceir penawdau ac is-benawdau megis 'Tywysog ym mysg pregethwyr', 'Y gwir bregethwr' neu 'Ei ôl ar y pulpud'. Meddai un o'i gyd-weinidogion:

Ffurfiodd ddosbarth iddo ei hun, ac nid oes neb yng Nghymru ac y gellir ei roddi yn yr un cylch gan mor wahanol oedd i bawb, a chymaint o feistr oedd yn yr alwedigaeth nefol. Am lawer o bregethwyr nis gellir gwrando arnynt heb feddwl am eraill, mewn llais, iaith, a mater. Ond pan gymrai ef ei destun, nid oedd neb yn meddwl am undyn ond yr 'Hen Frynsiencyn'.[15]

Yn naturiol, gan mai cyfeillion a chydnabod a ysgrifennai amdano yn bennaf, ceir atgofion personol, anectodau cofiadwy, cyfeiriadau at ei lu cymwynasau dienw a'i berthynas gynnes â'i deulu. Cyfeirir yn gyson hefyd at ei ddiwinyddiaeth a'i esboniadaeth Feiblaidd ac yn arbennig at ei weithgarwch dros yr enwad a garai mor fawr. Ond hwyrach mai'r un a lefarodd ac a ysgrifennodd yn fwyaf gonest amdano – hyd at yr asgwrn ar brydiau – oedd ei gymydog, Thomas Charles Williams. Beth bynnag a ddywedai'r ddau am ei gilydd ar goedd gwlad, o ddarllen y print mân cefais yr argraff sawl tro mai perthynas 'weithiau cariad, weithiau cas' oedd rhwng y ddau. Wedi'r cwbl, mewn dyddiau pan oedd pregethu'n ddiwylliant a'r pregethwr yn seléb roedd y ddau'n cystadlu am yr un encôr. Prun bynnag, drannoeth yr angladd aeth Thomas Charles Williams i'w stydi i gyfansoddi coffâd hir ar gyfer y wasg.

I ddechrau, canmolai mor agos fu'r berthynas rhyngddynt: 'A fu dau yn fwy i'w gilydd?' holodd. 'Efe oedd yn fy holi pan ddechreuais bregethu; efe a'm derbyniodd, cyn fy mod yn ugain oed, yn aelod o'r Cyfarfod Misol; efe a bregethai ar fy sefydliad yn yr eglwys hon, efe a'm priododd ac a fedyddiodd bob un o'r plant.' Ond yma ac acw mae'r arddull a'r cynnwys yn newid mymryn, fel petai'n eiddigeddu wrth ei ffawd:

> Ni wyddai efe ddim am dlodi. Er nad oedd ei deulu ond mewn amgylchiadau cyffredin, eto yr oeddynt yn gysurus, ac efe oedd yr unig blentyn . . . Am holl flynyddau ei oes cafodd lawnder hyd at foethusrwydd. [Nid bod Thomas Charles Williams, chwaith, yn byw ar y plwyf nac mewn tŷ unnos.] Ni chafodd efe y profiad lleiaf o anhawster ei frodyr llai i gael daupen y llinyn ynghyd. Ac am afiechyd, y mae'n amheus a fu efe ddiwrnod ar ei hyd yn gorwedd yn glaf ers deugain mlynedd . . . Clywais ef yn dweyd na chafodd erioed gur yn ei ben. Ac ni ddaeth unrhyw brofedigaeth fawr i gymylu ei aelwyd.[16]

Yn y casgliad teyrngedau anaml y ceir cyfeiriad at ei waith yn recriwtio. Mae un neu ddau yn nodi, mewn brawddeg neu ddwy, na chytunent â'i safbwynt. Felly eithriad diddorol,

Roedd yna wahaniaethau – ysmaldod oedd eithaf hiwmor John Williams; chwarae ar eiriau, crafog ar dro, oedd fforte ei gymydog, Thomas Charles Williams.

ac un i roi cydbwysedd, oedd cyfraniad 'Ll.G.W.' yn *Baner ac Amserau Cymru*. Mae'n debygol iawn mai'r 'gweinidog ifanc' hwnnw a gipiodd y wialen filwrol oddi arno ar un o strydoedd Caerdydd a'i herio, Llew G. Williams, oedd awdur yr erthygl. Yn un peth, mae iddi raen ac arddull newyddiadurwr wrth broffesiwn. Yn werthfawrogol, disgrifiodd wrando arno mewn 'tref fechan ar lan y mor' yng nghylch Llŷn ac Eifionydd – heb enwi'r dref honno – yn cael 'un o oedfaon mwyaf ei oes'. Ond ar ddiwedd ei erthygl, o dan yr is-bennawd 'Nerth yr ysbryd neu beidio', mae'n newid ei diwn:

'Mae rhywbeth pwysicach na heddwch, mae rhywbeth gwerthfawrocach na[c] einioes. Cyfiawnder, rhyddid, anrhydedd. Ni ymladdwn drostynt . . .'
— John Williams, *Y Beirniad* 1915.

Ni wn faint o ddarllenwyr y 'Faner' a welodd erthygl o'i eiddo [John Williams] ar y Rhyfel Mawr, a ymddangosodd yn y 'Beirniad'. Yr oedd ei nodweddion wedi eu hargraffu yn amlwg ar honno. Dawn lenyddol loew; ymadroddion dethol . . . a gallu mawr yr un pryd i lyncu camelod o gau-ymresymiadau heb wingo dim . . . Credo a mesur go helaeth o baganiaeth ynddi oedd credo John Williams, ond llwyddodd llawer a fu yn ei dal fel yntau i fod yn Gristionogion go dda.[17]

Eto, mae'n cloi'r erthygl drwy ddatgan mai 'un o brofiadau mawr bywyd' iddo fu 'clywed John Williams ar uchelfannau'r maes'.

'TYWYSOG A GŴR MAWR'

Wedi ei farw cyfeiriodd mwy nag un ato fel 'yr olaf o'r barwniaid'. Adnod y bu cryn ddefnyddio arni ddydd ei angladd, ac wedi hynny, oedd cwestiwn y brenin Dafydd wedi llofruddiaeth Abner: 'Oni wyddoch chwi i dywysog ac i ŵr mawr syrthio heddiw yn Israel?'[18] Wn i ddim ai felly'r ystyriai John Williams ei hun? Neu ai eraill, ei edmygwyr, a osododd hynny arno. Yn ôl y cofiant eto, pan gafodd ddoethuriaeth er anrhydedd gan y Brifysgol, 'ni wisgodd neb erioed ei radd yn fwy gostyngedig' – heb hyd yn oed gofnodi'r digwyddiad yn ei ddyddiadur.[19]

Ond roedd y trefniant i gael ei gladdu o fewn hyd coes rhaw i John Elias yn sicr o fod yn ddewis bwriadol ar ei ran. Mae'n debyg iddo benderfynu unwaith – a newydd droi ei ddeugain oed y byddai bryd hynny – mai ym Mrynsiencyn, pan ddeuai'r awr, y byddai ei fedd. A phan gafodd ei gyhuddo'n ddiweddarach o newid ei feddwl, a phenderfynu mai yn Llan-faes y byddai'r bedd hwnnw, ei ateb oedd mai'r lle, Brynsiencyn, oedd wedi newid ac nid John Williams. Yn ystod ei flynyddoedd yn Lerpwl ymddangosodd ail gyfrol y *Tadau Methodistaidd* a byddai yntau wedi darllen yr ysgrif deyrnged hirfaith i John Elias ac am yr 'angladd rhyfeddaf a fu yn Môn erioed, oddiar y dydd y cododd yr ynys ei phen allan o'r dwfr' a hwyrach chwennych cael arwyl debyg.[20] Yno hefyd roedd bedd ei rieni. Eto, golygai'n ogystal y byddai yn yr un pridd â John

Elias ac yn gymydog iddo hyd ddydd yr atgyfodiad. Fodd bynnag, yn y capel ar ddydd ei angladd tanlinellodd y Llywydd y tebygrwydd a oedd rhwng y ddau:

> Yr oedd y ddau a gleddid yn ymarferol o'r un oedran, a'r ddau wedi bod yn pregethu am bron yr un nifer o flynyddau: yr oedd y ddau yn brif bregethwyr eu hoes, ac wedi byw yn yr un Ynys . . . dilynai y ddau angladd yr un ffordd, i'r hen fynwent henafol, a chladdwyd y ddau o fewn dwylath i'w gilydd . . . *Moduron* oedd yn yr angladd hwn, – tua dau gant a hanner ohonynt. Blaenorid yr orymdaith yn angladd John Elias, ebe'r hanes, 'gan ddeuddeg o weinidogion yn marchogaeth bob yn ddau'. Yr oedd fy nhaid, 'rwy'n deall, yn un o'r deuddeg. [21]

Hwyrach y credai John Williams i fantell John Elias ddisgyn arno yn benodol ac iddo yntau, o'r herwydd, ddal deuparth o'i ysbryd.

Ond fel gydag unrhyw enwogyn, beth bynnag ei faes a faint bynnag ei gyfraniad, fel y diflanna'r blynyddoedd

anodd ydi cadw'r atgofion i gerdded a'r fflam i losgi. Bu ymdrech i wneud hyn gyda John Williams. Er enghraifft, yng ngwanwyn 1924 ymddangosodd *Gemau Brynsiencyn: detholiad o'i ddywediadau*.[22] Yn 1927 penderfynwyd sefydlu darlith ar bregethu yn dwyn ei enw, er budd myfyrwyr am y weinidogaeth. Ym Mrynsiencyn ei hun, ar nos Wener yn niwedd Gorffennaf 1923, dadorchuddiwyd cofeb iddo yn y capel. Yna yn 1934, drwy garedigrwydd gweinidogion Henaduriaeth Môn, gosodwyd tabled ar ffrynt y pulpud yn Seion, Llandrygarn, i nodi'r fan y pregethodd am y waith olaf, a hynny lai na mis cyn ei farw. A phan ddaeth hi'n ganmlwyddiant ei eni, trefnodd Henaduriaeth Môn – sefydliad oedd yn gysegredig yng ngolwg John Williams – gyfarfod i gofio hynny. A bachiad ardderchog y noson honno, 9 Rhagfyr 1953, fu cael E. Morgan Humphreys i annerch. (Bu yntau farw ddeunaw mis yn ddiweddarach.) Ac i gadw'r ddysgl yn wastad, y noson ganlynol caed ail berfformiad yn Lerpwl – lle treuliodd John Williams ail gyfnod ei weinidogaeth. Yna, mor ddiweddar ag 1983, i

Lens, Pas-de-Calais, Ffrainc, lle difethwyd 220 o byllau glo. Y mae'r 'Vimy Ridge' enwog a thrallodus gerllaw.

Mae Kitty Roberts,
a aned yn 1910,
yn cofio cynhebrwng
John Williams.

ddathlu canmlwyddiant agor capel Horeb, Brynsiencyn, fe gynhaliwyd cyfarfod 'Cyfarchion ac Atgofion' yn Horeb. Meddai Gerallt Lloyd Evans:

Yr olaf i ddweud gair oedd Dilys Griffiths, Llwyn Idris. Meddai, 'â'i thad yn amlwg yn ei threm', chwedl mwy nag un oedd yno, 'Does dim byd brafiach na dwyn i gof hen hanas y capal annwyl yma – capal yr oedd gan fy nhad feddwl y byd ohono fo. Braf ydi edrych yn ôl a chofio'r hen wynebau annwyl. Ond bellach edrych ymlaen ydw i, edrych ymlaen at eu gweld nhw eto ar eu newydd wedd.' . . . Ymhen llai na thair blynedd roedd hithau 'ar ei newydd wedd' a'i 'gweld' hi yn llawer rhagorach na thrwy unrhyw ddrych amser.[23]

Bu cyrchu mawr at fedd 'John Williams, Brynsiencyn' am ddegawdau, ac yn arbennig yn y blynyddoedd yn union wedi'i farwolaeth. Ond mae Kitty Roberts o Gaernarfon – un y cyfeiriais ati'n flaenorol ac sy'n 104 oed – yn cofio'n glir iawn iddi fynd ar daith i weld y bedd hwnnw. Roedd hi'n stori mor unigryw, ac yn cael ei hail-fyw wrth ei hadrodd, fel i mi benderfynu'i chofnodi hi air am air:

'Wel roedd hynny pan o'n i tua deuddag oed, deudwch. Oherwydd mi fuo raid imi adal yr ysgol yn bedair ar ddeg a mynd i ffwrdd i weini. Dw i'n meddwl mai dosbarth ysgol Sul oedd yn mynd. Nid yr ysgol Sul i gyd, fel tae. Dach chi'n gweld, i eglwys y plwy, Sant Peris, yn Nant Peris, y byddwn i'n mynd radag hynny. Ac mi roedd Musus Closs, gwraig tafarn yn y pentra, y Vaynol Arms – er mai'r Llan fyddan ni'n galw'r lle – yn awyddus i ni weld bedd John Williams, Brynsiencyn. [Roedd hi'n syndod i mi fod gan eglwyswraig ddymuniad felly, a brwydr y Datgysylltiad, rhwng yr eglwys a chapel, wedi cael ei hir ymladd a'i hennill gan y capelwyr.]

'Sut aethoch chi 'ta?'

'Wel, car a cheffyl o'r Nant i Lanberis. Yna, trên o Lanberis i G'narfon. Ac wedyn cwch drosodd i Sir Fôn.'

'On'd oedd yna waith cerdded mawr wedyn – bob cam i Lan-faes ym Miwmaris?'

'Oedd, debyg. Ond oeddan ni wedi mynd â phicnic hefo ni. Ond ma' gin i gof imi weld y garrag fedd fawr sy yno.'

'A theithio 'nôl wedyn?'

'Ia, ma' gin i gof ein bod ni wedi blino'n arw erbyn cyrraedd yn ôl i Lanberis y noson honno. Ond oedd rywun yn ifanc radag hynny, 'doedd?'

Fel gyda'r uchelwyr gynt, bu'r beirdd yn canu eu mawl iddo, yn enwedig felly wedi ei golli, yn eu plith Caerwyn, Pedrog, Dyfed a J. T. Job. Yn annisgwyl braidd, cyhoeddodd R. Williams Parry gywydd i'w gofio, dan y teitl 'Brynsiencyn' a'i gyhoeddi yn y *Western Mail* yn 1922.[24] Yn annisgwyl oherwydd iddo, er yn filwr drwy orfodaeth yn ystod y Rhyfel Byd Cyntaf, ymwrthod â rhyfela yn nes ymlaen. Ond, wrth gwrs, roedd un rhyfel drosodd a'r megino ar gyfer un arall heb ddechrau. Wedi lloffa mewn cylchgronau a phapurau newydd am gerddi i'w gofio, wrth gloi penderfynais ddisgyn ar gerdd dri phennill, gyda'r symlaf yn bod, a fyddai, hwyrach, yn ddewis ei deulu. O leiaf fe'i diogelwyd ganddynt. Saer coed wrth ei alwedigaeth oedd Hugh Williams, 6 Tai Newydd, Brynsiencyn, yn selog gyda'r achos yn Horeb a bardd gwlad. Beth bynnag am unrhyw newydd-deb yn y gwaith, o leiaf mae'n canu o'r galon:

> Yr annwyl Doctor Williams
> Yn ei fedd.
> Prif lediwr salm ac emyn.
> Yn ei fedd.
> Dehonglwr Pant-y-celyn,
> A Morgan Rhys a'i delyn,
> A'r ferch o Ddolwar wedyn,
> Yn ei fedd.
> Does yma ond ei ddarlun,
> Gennad Hedd.[25]

Wedi'r Rhyfel Mawr dewiswyd Hugh Williams yn flaenor yn Horeb. Bu wrth y gwaith o 1925 hyd ei farwolaeth yn 1942.

Mae'n bosibl mai gorthrwm yr odl a barodd iddo roi 'Gennad Hedd'. Ond mae hi'r un mor bosibl mai felly y credai Hugh Williams amdano.

John Gruffydd Jones, yn y sgwrs honno y cyfeiriais ati, a ddywedodd mai'r rhyfel 'a wnaeth fy nhad yn heddychwr' – heddychwr yn yr ystyr o un a wrthwynebai ryfela, o hynny ymlaen, ar unrhyw dir ac ar unrhyw delerau. Nid dyna oedd ymateb pob un o'r hen lawiau a fu drwy'r tân, o bell ffordd; nid dyna, chwaith, oedd ymateb John Williams, cyn belled ag y medraf gasglu. Ddegawd union yn ôl, aeth Max Arthur – yr awdur a'r hanesydd rhyfel – i sgwrsio gyda chyn-filwyr Prydeinig o'r Rhyfel Byd Cyntaf cyn i'r llais olaf un dewi a mynd yn fud. Bryd hynny, roedd yna 21 ohonynt yn dal i oroesi, yr ieuengaf yn 104 oed a'r hynaf ohonynt yn 109 oed. Yr wyneb a'r llais mwyaf cyfarwydd ar y pryd, diolch i'r cyfryngau, oedd Harry Patch. Fel Hedd Wyn, bu'n yntau'n brwydro yn Passchendaele ac ar Gefn Pilckem – yno dathlodd ei ben-blwydd yn 19 oed – a'i glwyfo. Dyma aralleiriad o atgof gan Harry Patch:

Brwydr Cefn Pilckem, Trydedd Brwydr Ypres, 31 Gorffennaf – 2 Awst 1917. Dyma ddelwedd enwog sy'n dangos amodau echrydus y dynion ar y Ffrynt Gorllewinol.

Ar ddydd fy mhen-blwydd yn bedair-ar-bymtheg, 17 Mehefin 1917, roeddem yn y ffosydd yn Passchendaele . . . Wythnos neu ddwy'n ddiweddarach dyma symud i Gefn Pilckem. Gallaf ddal i weld yr ofn a'r dryswch meddwl yn wynebau'r dynion wrth i ni fynd dros y top. Ymlusgo oedd yn bosibl, o sefyll i fyny caem ein lladd. Ar hyd a lled maes y brwydro gorweddai'r clwyfedigion. Prydeinwyr ac Almaenwyr, pob un yn erfyn am gymorth. Yn wahanol i'r Samariad Trugarog yn y Beibl, ni oedd y rhai a aeth heibio a'u gadael. Nid oedd yn bosibl aros i'w cynorthwyo. Deuthum ar draws gŵr o Gernyw, shrapnel wedi'i rwygo'n agored o'i ysgwydd i'w wasg, ei stumog ar y ddaear wrth ei ochr. Mae dolur bwled yn un glân – mae shrapnel yn eich rhwygo'n ddarnau. Pan oeddwn yn cyrraedd ato, meddai, 'Saetha fi'. Cyn i mi fedru cydio yn fy ngwn bu farw. Roeddwn gydag ef am y trigain eiliad olaf o'i fywyd. Ebychodd un gair – 'Mam'.

Ond cafodd Harry ddychwelyd i fyw oes hirfaith. Meddai Max Arthur yn ei ragymadrodd i'w gyfrol, *Last Post*: 'Bellach, ddeg a phedwar ugain mlynedd yn ddiweddarach, mae'r goroeswyr nodedig hyn yn para'n gytûn yn eu cred gyffredinol mai oferedd llwyr yw rhyfela.'[26]

O 4 Awst 1914 ymlaen llwyddodd John Williams, yn rhyfeddol, i rannu'r farn amdano, a rhannu'r wlad a rhannu byd ac eglwys yn y fargen. Nid mai dyna oedd ei fwriad. Ac yn wir, dim ond un sy'n fwy na bywyd, cymeriad unwaith mewn oes fel petai, sy'n abl i wneud peth felly. Os mai rhanedig oedd y farn amdano o Fôn i Fynwy – ymhlith y ffyddiog a'r di-ffydd – roedd ganddo gefnogwr yn y Bryn. Yn ei nofel *Rhys Lewis*, fel 'y bachgen gwirion' – 'gwirion' yn ei ystyr o ddiniweidrwydd yn hytrach na dylni neu ffolineb – y cyfeiriodd Daniel Owen at Seth, mab Thomas a Barbara Bartley.[27] Wedi iddo ymddeol, un felly oedd un o bartneriaid cyson John Williams ym Mrynsiencyn, boed y pregethwr mawr yn dewis hynny neu beidio:

> Canlynid y Doctor ar y pleser-deithiau hyn [saethu a physgota], ac yn wir ar achlysuron eraill, gan Hugh Hughes, bachgen o'r Bryn. Tyfodd cyfeillgarwch mawr rhyngddynt. Addolai Hugh y Doctor, ac ar yr un pryd âi'n hyf iawn arno. Os methai'r Doctor â saethu aderyn neu dynnu pysgodyn i'r lan, troai Hugh ato a dwrdiai ef mewn iaith gref . . . Pan ddaeth y newydd am wneuthur John Williams yn Ddoctor, prysurodd Hugh i Lwyn Idris i ofyn a gâi ef gario ffisig iddo . . . Mwynhâi gwmnïaeth Hugh, a bu'n garedig iawn wrtho.[28]

Yn ffodus i mi, roedd un o bobl y Bryn – Hugh Jones, Glan-rhos – yn dal i gofio'r traddodiad. Am ŵr yn nes i oed John Williams roeddwn i wedi meddwl, ond chwech oed oedd 'Hugh y Rhos' pan ddychwelodd John Williams i Frynsiencyn. Bûm wrth garreg fedd y teulu ym mynwent eglwys blwyf Llanidan a sylwi i 'Hugh T. Hughes' farw dridiau cyn Nadolig 1927 yn 37 mlwydd oed. Yn y chwe blynedd rhwng marw'r Doctor a'i angladd ei hun dywedir iddo gerdded droeon y deng milltir o Frynsiencyn at y bedd yn Llan-faes. Ac unwaith o leiaf, o deimlo'r mudandod mawr, gofynnodd gwestiwn nas anghofiwyd, 'Wyt ti byth am godi, mêt?'

Ond hwyrach ei bod hi'n stori sy'n dweud mwy am John Williams nag am Hugh. Mantais 'Hugh y Rhos' oedd na wyddai fawr ddim, mae'n fwy na thebyg, am y Rhyfel Mawr: dim mwy na bod 'na 'soldiars' ar Bont Borth rownd y ril, eroplêns yn codi a gostwng tua Gwalchmai 'na a bod ei fêt o 'di ca'l iwnifform gin y Brenin Mawr. Oherwydd diniweidrwydd – wel, o bobtu – *un* John Williams, a welodd 'Hugh y Rhos'. Cafodd y cofiannydd ehangach golwg arno a bu'n ddigon o realydd i gofnodi hynny. A gwnaeth hyn eto'n raenus a chofiadwy:

> Y farn gyffredin am John Williams, gan y rhai a'i hadwaenai ef orau, oedd ei fod yn ddyn o amcanion uchel ac anhunangar, ond ei fod hefyd yn dra agored i gyfeiliorni mewn barn ac i gymryd ei gamarwain gan eraill, a'i ddefnyddio i'w hamcanion eu hunain. Er ei fod yn eithriadol graff mewn rhai cyfeiriadau, eto yr oedd yn bur brin yn y ddawn i adnabod cymeriad . . . [29]

Hyd y gwelaf innau hefyd, roedd yna ddau John Williams. A dyfynnu llinell o farddoniaeth allan o'i chyd-destun a'i harallgyfeirio, roedd, hwyrach, 'yn llawn o ryfel ac yn llyn o ras'.[30]

Ond, chwedl Peter Hughes Griffiths – gweinidog a oedd yn gweithio i'r un ffyrm ag o ond yn gweld pethau'n wahanol – 'datod y ddau ddyn oddi wrth ei gilydd' oedd y gwaith anodd.[31] Fe'i cefais yn dasg amhosibl.

PAN elych i ryfel yn erbyn dy elynion, a gweled meirch a cherbydau, a phobl fwy na thi, nac ofna rhagddynt: o herwydd yr ARGLWYDD dy DDUW *fydd* gyd â thi, yr hwn a'th ddug di i fynu o dir yr Aipht.

2 A bydd, pan nesaoch i'r frwydr, yna ddyfod o'r offeiriad, a llefaru wrth y bobl,

3 A dywedyd wrthynt, Clyw, Israel: Yr ydych chwi yn nesâu heddyw i'r frwydr yn erbyn eich gelynion: na feddalhâed eich calon, nac ofnwch, na synnwch, ac na ddychrynwch rhagddynt.

4 Canys yr ARGLWYDD eich DUW *sydd* yn myned gyd â chwi, i ryfela â'ch gelynion trosoch chwi, *ac* i'ch achub chwi.

5 ¶ A'r llywiawdwyr a lefarant wrth y bobl, gan ddywedyd, Pa *wr sydd* a adeiladodd dŷ

FFYNONELLAU

||||||||||||||||||||||||||||||||||||||||||||||||||||||||||||||||||

Wylfa Manor a Chae'r Gors

1 *Almanac Caergybi*, Mai 1899
2 *Y Genedl Gymreig*, 16 Mai 1899
3 *Y Goleuad*, 17 Mai 1899
4 Lady's Pictorial, 20 Mai 1899
5 *Baner ac Amserau Cymru*, 17 Mai 1899
6 Papurau John Williams, Brynsiencyn, Archifau a Chasgliadau Arbennig Prifysgol Bangor
7 *Y Genedl Gymreig*, 16 Mai 1899
8 Papurau John Williams
9 R. R. Hughes, *Cofiant, Y Parchedig John Williams, D. D. Brynsiencyn*, 1929, t.163
10 Papurau John Williams
11 Gohebiaeth

I'r Gad, Feibion Gwalia

1 *Y Brython*, 10 Medi 1914.
2 Papurau John Williams. Llythyr, dyddiedig 21 Tachwedd 1921.
3 Cofiant, t.226.
4 Chronicle of the 20th Century, 1989, t.191.
5 *Y Gymraes*, 'Heddwch a Thynerwch', Mehefin 1915.
6 Gohebiaeth.
7 Cofiant, t.235.
8 *The War that Ended Peace: The Road to 1914*, 2013. Roedd ei nain ar ochr ei mam, Olwen Carey Evans, yn ferch i Lloyd George.

9   *Barn*, Tachwedd 1988. Roedd T.C. Simpson yn un o sêr y *Noson Lawen* a ddarlledid o Fangor wedi'r Ail Ryfel Byd.

10 *Y Wyntyll*, a'r is-deitl 'Newyddion Rhyddfrydol Môn', 8 Hydref 1914.

11 Ifan Gruffydd, *Y Gŵr o Baradwys*, 1964, tt.115, 117.

12 Trethiannau Moduron, Gwasanaeth Archifau Môn. Rover cynnar, grym 'wyth ceffyl', ac iddo bedair sedd, oedd yr EY 217. Ford Touring Car, EY 603, oedd yr un mwy pwerus. Eric ac Ann Owen, Rhoscolyn, pobl 'hen geir', fu'n lloffa'r wybodaeth.

13 *Y Clorianydd*, 12 Awst 1914.

14 Milwr wrth broffesiwn, fu'n ymladd yn Rhyfel y Boeriaid, a ddyrchafwyd yn Frigadydd Gadfridog yn ystod y Rhyfel Mawr a'i urddo'n farchog yn 1917. Cafodd ei ethol yn A.S. dros Fôn yn 1918. Gweler: David A. Pretty, *Rhyfelwr Môn*, 1989.

15 *Log Book of the Llanidan Council School, Brynsiencyn, Anglesey*.

16 Bobi Jones, *Crwydro Môn*, 1957, t.16.

17 *Y Clorianydd*, 12 Awst 1914. Roedd Morris Roberts yn gynchwarelwr na chafodd fawr gyfle am addysg; am gyfnod bu'n golygu'r Cyfaill Eglwysig.

18 W. J. Gruffydd, 'Litani', *Ynys yr Hud a Chaneuon Eraill*, 1930, tt.56-7.

19 *Y Clorianydd*, 24 Tachwedd 1915.

20 *Cofiant*, t.228.

21 Geraint Jones, *Anglesey at War*, 2012, t.41.

22 Beriah Gwynfe Evans, *Yr Herald Cymraeg*, 'Rhydd-gyfieithiad o Bennillion Harold Begbie, 'Fall In', 8 Medi 1914. Roedd y ddau'n newyddiadurwyr ac yn ystod y rhyfel yn dal safbwyntiau tebyg.

23 Clive Hughes, *Army Recruiting in Gwynedd 1914–1916*, Traethawd MA, 1983, tt.268-9.

24 *Gwaedd y Bechgyn*, 'Milwyr', t.193.

25 Gohebiaeth.

26 *Yr Herald Cymraeg*, 8 Medi 1914.

27 *Y Dinesydd Cymreig*, 9 Medi 1914. 'Mr Owen Pen y Pas', yn ôl Dafydd Whiteside Thomas, oedd Rawson Owen. Cadwai westy o fath yno a ffermio'r tir o'i amgylch.

28 *Yr Herald Cymraeg*, 8 Medi 1914.

29 Gohebiaeth ac *Epil Gwiberod yr Iwnion Jac*, 'Porthmon Moloch', 2009, tt.60–63. Duw rhyfel oedd y Moloch gwreiddiol.

30 D. C. Herbert C.F. [neu 'Un o'r ffosydd'], 'Brwydr y Coed', Y *Clorianydd*, 24 Ionawr 1917. Gweler: Alan Llwyd ac Elwyn Edwards, *Gwaedd y Bechgyn*, 1989, tt.71-2.

31 Gohebiaeth.

32 J. W. Jones (ysgrifennwyd yn y person cyntaf gan M. Meirion Roberts), *Crefft, Cledd, Cennad*, 1971, t.37.

33 Tom Nefyn Williams, *Yr Ymchwil*, 1949, t.36.

34 Tal Williams, *Salem: Y Llun a'r Llan*, 2011, t.24: 'Bu'n wraig weddw am 34 o flynyddoedd, ac yn ystod Rhyfel 1914–18 collodd ddau ŵyr, Robert a George, a fagwyd ganddi ar ei helwyd.' Dyma'r geiriau ar y garreg ym mynwent Nefyn: 'George Owen, lost in the great war 1914-1918, also his wife Mary, Ardref, Nefyn, 1883-1956 and their son Tommy 1914-1967'.

Listiwch! Listiwch!

1 *Cofiant*, tt.228-9.

2 Huw Llewelyn Williams, *Thomas Charles Williams*, 1964, t.144.

3 Luc 22:36. Gweler Y *Goleuad*, 11 Medi 1914.

4 Huw Llewelyn Williams, t.147

5   Angharad Price, *Ffarwél i Freiburg*, 2013, t.332.

6   Ceir cofebion iddo yn y ddau gapel ac, er Ebrill 2014, un ar fur ei gartref, y Neuadd, ffarm yng Nghemaes; ym mynwent Ebeneser mae ei fedd. Gwasanaethodd ei hen daid a'i daid fel gweinidogion i'r ddwy eglwys yn ogystal â bod yn ffermwyr. Gweler *Rhyfelwr Môn*, tt.14–15.

7   David A. Pretty, *Rhyfelwr Môn*, 1989, t.65.

8   Llew Tegid, 'Wrth Iddo Ef a'i Briod Gefnu ar Fedd Gwilym Arthur', *Gwaedd y Bechgyn*, t.157. Yn ôl *Yr Herald Cymraeg*, 17 Tachwedd 1914, bu'n Swyddog Ymrestru yn Nosbarth Bangor.

9   Gerwyn Wiliams, *Y Rhwyg*, 1993, tt.22–3.

10 R. Prys Owen, 'Effeithiau y Rhyfel Mawr', *Hanes M.C. Môn*, 1937, t.56.

11 *Y Genedl Gymreig*, 9 Chwefror 1915.

12 Gohebiaeth.

13 Brodor o Abergele a fu'n brifathro yn Llanberis a pherchennog 'Siop Talafon', 1842–1924. Agorwyd Capel y Graig (M.C.) yn 1904, pan oedd awelon y Diwygiad, yn ogystal, yn megino brwdfrydedd.

14 *Yr Udgorn*, 3 Ebrill 1918.

15 *Yr Herald Cymraeg*, 15 Medi 1914

16 Dafydd Roberts, *Trafodion Cymdeithas Hanes Sir Gaernarfon*, Rhif 45, 'Dros Ryddid a Thros yr Ymerodraeth, ymatebion yn Nyffryn Ogwen 1914–16', tt.115–26.

17 *Y Clorianydd*, 3 Tachwedd 1915.

18 Bryfdir, 'Rhyfelgan Bechgyn Cymru', *Y Brython*, 3 Medi 1914.

19 *Y Genedl Gymreig*, Chwefror–Mawrth 1915.

20 *Western Mail*, 8 Awst 1914. Gweler: Dewi Eurig Davies, *Byddin y Brenin*, 1988, t.27.

21 *The Post and Mercury*, 26 Tachwedd 1921.

22 *Adroddiadau Horeb, Brynsiencyn*, 1914–1918, Llyfrgell Gymraeg Prifysgol Bangor.

23 Eifion Wyn, 'Nadolig, 1916', *Caniadau'r Allt*, 1927, t.67.

24 *Y Clorianydd*, 9 Rhagfyr 1914.

25 Ibid, 14 Hydref 1914.

26 *Y Llan*, 28 Mawrth 1924.

27 *Yr Udgorn*, 7 Mehefin 1916.

28 Harri Parri, *Elen Roger*, 2000, t.29.

29 *Y Brython*, 'O Chwarel a Chlogwyn', 15 Hydref 1914.

Chwarae'r Capel a Byw'r Ffydd

1   *Welsh Army Corps: Army Book* 234, Llyfrgell Genedlaethol Cymru.

2   *Rhyfelwr Môn*, t.69.

3   Ibid.

4   Cofiant, t.227.

5   Ibid, t.233.

6   *Y Dinesydd Cymreig*, 23 Awst 1916.

7   *Crefft, Cledd, Cennad*, tt.35–7.

8   Cwmni Elidir, *Eryr mewn Coler Gron*, drama ddogfen yn olrhain y gwrthdaro rhwng safbwyntiau gwahanol yn 1914–18, 5 Gorffennaf 1997.

9   'Mab y Bwthyn', *Cerddi Cynan*, 1959, t.138.

10 Cofiant, t.233.

11 D. Densil Morgan, 'Ffydd yn y Ffosydd: Bywyd a Gwaith y Caplan D. Cynddelw Williams', *Cylchgrawn Llyfrgell Genedlaethol Cymru*, Haf 1995, tt.80, 100. Fis Medi 1914, gadawodd Cynddelw Williams eglwys Soar, ym Mhen-y-groes, Arfon, ac ymrestru'n gaplan gyda 10fed bataliwn y Ffiwsilwyr Cymreig. Dychwelodd ym Medi 1919 a gweinidogaethu wedyn ym Mhenmaen-mawr. Bu farw 22 Rhagfyr 1942.

12 Ibid. Hefyd, *Llyfr y Ganrif*, 1999, t.70.

13 *Y Goleuad*, 21 Ebrill 1916.

14 *Barn*, Tachwedd 1988.

15 Dewi Eurig Davies, *Byddin y Brenin*, t.101.

16 *Llyfr y Ganrif*, t.70.

17 *Y Brython*, 26 Tachwedd 1914.

18 *Yr Udgorn*, 4 Ebrill 1917.

19 1 Samuel, 17:43-7.

20 William Jones, 'O! Ynfyd!', *Adar Rhiannon a Cherddi Eraill*, 1947, t.24.

21 *Gwaedd y Bechgyn*, 'Syrffedu', t.193.

22 Gerwyn Wiliams, *Y Rhwyg*, t.99.

23 *Yr Herald Cymraeg*, 25 Medi 1917, llythyr dyddiedig 13 Medi 1917. Tŷ ffarm oedd Oerddwr, cartref y bardd, ar dir uchel uwchlaw bwlch Aberglaslyn. Bûm yn arwain y gwasanaeth ddydd ei angladd, yn 1966, ac roedd ei gefnder, Syr T.H. Parry-Williams, yn bresennol.

24 Ibid, 13 Hydref 1917.

25 R. Prys Owen, t.61

26 *Yr Udgorn*, 30 Ionawr 1918.

27 *Yr Ymchwil*, 'Llythyr o Wlad yr Addewid', tt.43-4 .

28 Ibid.

29 *Yr Herald Cymraeg*, 6 Tachwedd 2013, copi a gwybodaeth gan nai iddo, Elfed H. Evans, Licswm. Ceir darlun o'r milwr yng nghyfrol Gerwyn James, *Y Rhwyg*, 2013, t.67.

30 *Atgof a Myfyr*, t.135.

31 John Davies, *Hanes Cymru*, 1990, t.487.

32 *Cylchgrawn Llyfrgell Genedlaethol Cymru*, 'Ffydd yn y Ffosydd', t.87

33 *Y Goleuad*, 30 Mawrth 1917.

34 Percy Hughes, *Gwaedd y Bechgyn*, 'Eglwys Arras', t.118.

35 *Y Dinesydd Cymreig*, 7 Hydref 1914. Gweler hefyd lythyr Huw

P. Huws, *Yr Herald Cymraeg*, 5 Mawrth 2014.

36 *The Welsh Outlook*, 'Nodiadau'r Mis', 2 Ionawr 1916.

37 *Y Darian*, 24 Chwefror 1916

38 *Gwaedd y Bechgyn*, 'Brwydr y Coed' (Mametz Wood), t.91.

39 *Y Goleuad*, 6 Ebrill 1917. Deuai E. J. Jones yn wreiddiol o Benegoes, Machynlleth. H. Derwyn Owen oedd awdur y gerdd, myfyriwr yng Ngholeg Bala–Bangor.

40 Llawysgrif Edward Joseph, ym meddiant yr Athro Gareth Wyn Jones. Rhwng 1887 ac 1898 bu'r Parch. Edward Joseph, un o Ffestiniog, yn weinidog ar nifer o eglwysi yn America cyn ymsefydlu yng Ngarndolbenmaen. Roedd gan ei briod ac yntau ddwy ferch yn ogystal. Bu farw 26 Hydref 1919.

41 Gweler 2 Samuel 18:33.

42 Alan Llwyd, *Bob: Cofiant R. Williams Parry*, 2013, t.157.

43 *The Welsh Outlook*, Ebrill 1919; *Yr Haf a Cherddi Eraill*, 1924, t.118. Yn ei gyfrol, *ar draws ac ar hyd*, mae John Gwilym Jones yn cyfeirio at ddyweddi Joseph Richard, Winifred Owen, athrawes yn Ysgol Sir Penygroes; ysgrifennodd lythyr at ei gariad, ychydig ddyddiau cyn ei glwyfo. Ceir llun Joseph Richard yn *Nhrysorfa'r Plant*, Chwefror 1919.

O dan y lach

1 Lloyd George. *A Diary by Frances Stevenson*, 1971, t.11.

2 *Baner ac Amserau Cymru*, 12 Tachwedd 1921.

3 *Yr Herald Cymraeg*, 4 Mai 1915.

4 Cofiant, tt.229–30.

5 Gohebiaeth.

6 E. Morgan Humphreys, *Gwŷr Enwog Gynt*, Yr Ail Gyfres, 1953, t.20.

7 *Y Cymro*, 16 Mehefin 1915, t.47

8 *Lleufer*, Gwanwyn 1951.

9 *Y Faner*, 3 Chwefror 1984.

10 Gohebieth; *Army Recruiting in Gwynedd* 1914–16, tt.268–9.

11 Robyn Léwis, *Esgid yn Gwasgu*, Cyfrol y Fedal Ryddiaith, 1980, t.47.

12 *Rhyfelwr Môn*, t.66.

13 *Y Wyntyll*, 20 Mai 1915.

14 Cofiant, t.236.

15 *Y Faner*, 3 Chwefror 1984.

16 Llythyr i'r *Post and Mercury*, 9 Tachwedd 1921, a anfonwyd o Charlton House, Regent Street, Llundain.

17 H. Adams, 2 Penlleiniau, Llannor, mewn llythyr.

18 E. H. Griffiths, *Heddychwr Mawr Cymru*, Cyfrol 1, 1967, t.70.

19 Ann Wyn Owen, Eran, Rhoscolyn, Caergybi, mewn llythyr.

20 Gohebiaeth.

21 Ibid.

22 Gohebiaeth bersonol

23 Lewis Valentine, *Dyddiadur Milwr*, 1988, t.9.

24 Gerwyn Wiliams, *Y Rhwyg*, t.151.

25 *Gwae Fi Fy Myw*, tt.21–22.

26 Ibid, t.23.

27 David Jenkins, *Thomas Gwynn Jones*, 1973, t.257.

28 Ibid, tt.141, 248–9.

29 *Y Wawr*, Gwanwyn 1916; T.Gwynn Jones, *Manion*, 1930, tt.54–5

30 *Baner ac Amserau Cymru*, 19 Tachwedd 1921.

31 *Heddychwr Mawr Cymru*, t.70.

32 *Y Goleuad*, 20 Medi 1918.

33 'Hunangofiant', tt.97, 101, 105. Trwy garedigrwydd Guto ap Gwynfor, ŵyr iddo.

34 *Y Goleuad*, 'Tystiolaeth Cyfaill', 9 Tachwedd 1921.

35 *The Post and Mercury*, 9 Tachwedd 1921.

Dyn Lloyd George

1   O. Llew Owain, *Hanes y Ddrama yng Nghymru*, 1850–1943, 1948, t.116.

2   Cyfeirir at y llun yn *Y Dinesydd Cymreig*, 30 Mehefin 1915 ac mae copi ohono, 'Three Welshmen at Downing Street', yn *The Welsh Outlook*, Cyfrol 2. Rhif 7, Gorffennaf 1915.

3   *Yr Udgorn*, 3 Medi 1913.

4   William George, *Atgof a Myfyr*, 'Dafydd fy Mrawd', 1948, t.58.

5   Ibid, t.34.

6   A. J. P. Taylor (gol.) Lloyd George: *A Diary by Frances Stevenson*, 1971, t.77; Ffion Hague, *The Pain and the Privilege*, 2008, tt.30–31.

7   Olwen Carey Evans, *Lloyd George was my Father*, 1985, tt.70–71.

8   Frances Lloyd George, *The Years that Are Past*, 1967, t.40.

9   *Yr Herald Cymraeg*, 18 Awst 1914.

10 *A Diary*, t.122.

11 *The Pain and the Privilege*, t.31.

12 William George, *My Brother and I*, 1958, t.80.

13 *Gwŷr Enwog Gynt*, Y Gyfres Gyntaf, tt.25–6. Y cyfarfyddiad yn Nhŷ Newydd, Llanystumdwy, Ionawr 1945.

14 *A Diary*, t.74.

15 *My Brother and I*, t.79.

16 Roy Hattersley, *David Lloyd George – The Great Outsider*, 2010, t.311.

17 *Gwŷr Enwog Gynt*, Y Gyfres Gyntaf, tt.11–12.

18 *The Pain and the Privilege*, t.141.

19 Cofiant, t.237.

20 *Atgof a Myfyr*, tt.58–9.

21 *Y Faner*, 3 Awst 1984.

22 *ibid*.

23 *Baner ac Amserau Cymru*, 26 Awst 1916.

24 *Y Gwyliedydd*, Hydref–Tachwedd, 2013

25 *Yr Herald Cymraeg*, 29 Medi 1914.

26 W. J. Gruffydd, *Hen Atgofion*, 1936, t.45.

27 *Eryr mewn Coler Gron*.

28 Lleufer, Gwanwyn 1951, t.46.

29 *Crefft, Cledd, Cennad*, tt.106-9.

30 *Eryr mewn Coler Gron*.

31 Gerwyn Wiliams, *Y Rhwyg*, t.12.

A'r herio dewr o'r ddau du

1 Ifor ap Glyn (addasiad Lyn Ebenezer), *Lleisiau'r Rhyfel Mawr*, 2008, t.76. Y llythyr yn ddyddiedig, Medi 1916.

2 *Yr Udgorn*, 16 Medi 1914.

3 *Army Recruiting in Gwynedd* 1914–1916, tt.268-9.

4 *Lloffion Llŷn*, W. Arvon Roberts, t.74.

5 R. W. Jones, *John Puleston Jones M.A., D.D.*, 1929, t.190.

6 *Y Goleuad*, 23 Hydref 1914.

7 *John Puleston Jones M.A., D.D.*, t.205.

8 *Yr Udgorn*, 23 Ionawr 1918.

9 *Yr Herald Cymraeg*, 27 Mehefin 1916, t.7.

10 *Yr Udgorn*, 5 Ebrill 1916.

11 Dewi Eurig Davies, *Byddin y Brenin*, t.194.

12 *Atgof a Myfyr*, t.135.

13 *Yr Udgorn*, 26 Ebrill 1916.

14 Ibid, 27 Mehefin 1917.

15 R. R. Williams, *Breuddwyd Cymro mewn Dillad Benthyg*, 'Rhagair', 1964, t.vii.

16 Aled Eurig, 'Mametz: 'Bedydd Tân Byddin Lloyd George', *Barn*, Tachwedd 1988.

17 *Breuddwyd Cymro mewn Dillad Benthyg*, t.ix.

18 Papurau John Williams.

19 *Barn*, Tachwedd 1988.

20 *Eryr mewn Coler Gron*.

21 Papurau John Williams.

22 *Barn*, Rhagfyr 1988.

23 Papurau John Williams.

24 'Effeithiau y Rhyfel Mawr', *Hanes M.C. Môn*, t.55.

25 *Yr Udgorn*, 1 Tachwedd 1916. Derbyniai Cennin gopi o'r *Udgorn* am ddim am gyfraniad i'r golofn farddol. Roedd yn dad maeth i'r actor Stewart Jones.

26 Ibid, 17 Ebrill 1918.

27 Ibid, 1 Mai 1918.

28 *Enwau Meibion Llangefni a fu yn y Rhyfel Mawr 1914–1918*, cyhoeddwyd Tachwedd 1919.

29 *Yr Herald Cymraeg*, 25 Mai 1936. Byddai W. J. Davies yn cyhoeddi ei nofelau yn *Yr Herald Cymraeg* fesul wythnos.

30 Ibid.

31 Gohebiaeth.

Tyner fu'r saint ohono

1 Gohebiaeth.

2 *Barn*, Rhagfyr 1988.

3 *Dr John Williams, Brynsiencyn a'i Ddoniau (1852–1921)*, 2009, t.37.

4 Papurau John Williams. Y gyntaf o bedair cymdeithas a ffurfiwyd ond a gyfunwyd, 15 Mai 1921, i greu'r Lleng Brydeinig.

5 *Y Brython*, 'Wrth Grybinio', 21 Mehefin 1917.

6 *Y Goleuad*, 'Nodiadau'r Dydd', 20 Gorffennaf 1917.

7 *Gwaedd y Bechgyn*, t.219.

8 *Western Mail*, 17 Medi 1931.

9   Cofiant, t.259.

10 John Williams, *Cofiant a Phregethau y Parch. J. Hughes, D. D.*, 1899.

11 *Baner ac Amserau Cymru*, 12 Tachwedd 1921.

12 Maredudd ap Rheinallt ac Owena D. Thomas, *Caerwyn*, 2010, t.85.

13 Awen Mona, *Cyfrinach y Dyffryn a Throion yr Yrfa*, casgliad o bedair o storïau a 35 o delynegion (1911).

14 *Baner ac Amserau Cymru*, 12 Tachwedd 1921.

15 *Trysorfa'r Plant*, Ebrill 1907. Mae iddi saith pennill wyth llinell. Yn dilyn, argraffwyd copïau unigol o'r gerdd gan Wasg Gwenlyn Evans, Caernarfon.

16 *Yr Udgorn*, 23 Mehefin 1915.

17 R. Tudur Jones, *Ffydd ac Argyfwng Cenedl*, 'Awr Machlud y Pregethwr Mawr', tt.154–69.

18 Derec Llwyd Morgan, *Tyred i'n Gwaredu: Bywyd John Roberts Llanfwrog*, 2010, t.36.

19 *Eryr mewn Coler Gron*.

20 Gohebiaeth.

21 *Gwŷr Enwog Gynt*, y Gyfres Gyntaf, tt.66–7. Oedfa ym Mhafiliwn Caernarfon yn 1905

22 R. R. Hughes, *Y Goleuad*, 9 Tachwedd 1921.

23 *Y Goleuad*, 2 Mehefin 1914.

24 Gohebiaeth.

25 Copi ysgrifenedig.

26 *Y Traethodydd*, Ionawr 1924, t.22.

27 *Crefft, Cledd, Cennad*, t.33.

28 Cofiant, t.271.

29 Ibid, t.164.

30 Papurau John Williams.

31 Ibid.

32 Gwybodaeth bersonol gan ei hŵyr, Huw Williams, Bae Penrhyn.
33 *Western Mail*, 17 Medi 1917.
34 Papurau John Williams.
35 John Bryn Williams; roedd ei dad, y Parch. T. Idan Williams, yn hanu o Frynsiencyn.
36 *Y Cymro*, 9 Tachwedd 1921.
37 Diarhebion 31:28.
38 *Y Cymro*, 22 Medi 1915.

'Since "Old Brynsiencyn" is gone'

1   Cofiant, t.232. Geiriau'r Brigadydd Gadfridog Edward Cuthbertson wedi marw John Williams; milwr o'r hen ysgol ydoedd ac olynydd Owen Thomas i ofalu am y milwyr Cymreig: 'The world is much poorer to me since "Old Brynsiencyn" is gone.' Ymwelodd â Chyfarfod Misol ym Môn, yng nghwmni John Williams, a'i annerch.
2   *Almanac Caergybi*, Tachwedd 1921.
3   *Y Goleuad*, 9 Tachwedd 1921.
4   Papurau John Williams.
5   R. Prys Owen, tt.220–21.
6   *Y Goleuad*, 9 Tachwedd 1921.
7   Papurau John Williams.
8   *Y Goleuad*, 9 Tachwedd 1921.
9   Ibid.
10 *Baner ac Amserau Cymru*, 12 Tachwedd 1921.
11 *Y Clorianydd*, 9 Tachwedd 1921.
12 *Y Wyntyll*, 10 Tachwedd, 1921.
13 *Y Goleuad* , 9 Tachwedd 1921.
14 Papurau John Williams.

15 Y *Goleuad*, 9 Tachwedd 1921, coffâd cyd-weinidog, John Evans, Llangoed.

16 Ibid.

17 *Baner ac Amserau Cymru*, 19 Tachwedd 1921.

18 Am Abner, gweler 2 Samuel 3:38.

19 Cofiant, t.242.

20 Y Parch. John Morgan Jones a Mr William Morgan, *Y Tadau Methodistaidd* (cyfrol 2), 1897, t.484.

21 Y *Goleuad*, 9 Tachwedd, 1921.

22 Owen Pritchard, *Gemau Brynsiencyn: detholiad o'i ddywediadau*, Llyfrau'r Dryw, 1924.

23 Gohebiaeth.

24 *Western Mail*, 22 Ebrill 1922; Cofiant, t.273; *Yr Haf a Cherddi Eraill*, 1924, t.34.

25 Papurau John Williams. Yn 1925 dewiswyd Hugh Williams yn flaenor yn Horeb; bu farw yn 1942.

26 Max Arthur, *Last Post*, 2005, t.12.

27 Daniel Owen, *Rhys Lewis*, 1885, t.82.

28 Cofiant, tt.258-9, 271.

29 Ibid, tt.282-3.

30 R. Williams Parry, 'W.J.G.', *Cerddi'r Gaeaf*, 1952, t.70.

31 Y *Drysorfa*, rhifyn coffa, Ionawr 1921.

Cydnabyddiaethau Lluniau

Gwnaed pob ymdrech i ddarganfod hawlfraint y lluniau ac i sicrhau caniatâd i'w defnyddio.

Amgueddfa Lloyd George: 135

Archifdy Prifysgol Bangor: 6, 12, 18, 23, 25, 35, 39, 61, 72, 75, 79, 86, 87, 93, 94, 97, 105, 107, 131, 133, 146, 147, 178, 181, 185, 191, 207, 208, 213, 217, 221, 223, 225, 228, 231, 235, 239, 244

David A. Pretty a Chymdeithas Hanes Mechell: 49, 63

Gerallt Lloyd Evans: 218-219

Gwenda Richards, Caernarfon: 234

Gwilym Jones, Cemaes: 15, 19, 20, 26, 27, 149, 211, 224

Gwyn ac Edwina Jones, Brynsiencyn: 16-17, 227 (uchod)

Harri Parri: 53, 81, 157, 227 (isod)

John Gruffydd Jones, Abergele: 90

Library of Congress, UDA: 45, 55, 57, 59, 73, 84, 91, 99, 108, 109, 112, 115, 125, 153, 161, 165, 169, 176, 187, 189, 192-3, 195, 197, 232-233

Llyfrgell Ceredigion: 141

Llyfrgell Genedlaethol Cymru: 8, 29, 34, 36, 41, 67, 103, 217, 221, 254

Parth Cyhoeddus Wikimedia Commons: 31, 33, 43, 77, 110, 121, 122, 131, 135, 137, 138, 139, 143, 145, 167, 199, 216

Yr Athro R. Gareth Wyn Jones, Bangor: 101, 228

Rhoda a Trefor Jones, Caernarfon: 89, 173

W. Arvon Roberts: 154. Cerdyn post a atgynhyrchwyd yn *Lloffion Llŷn*, Gwasg Carreg Gwalch 2009.

Worldwar1postcards.com: 158, 163. Lluniau trwy ganiatâd caredig Tony Allen